试讲策略

——

名师
这样教

XIAOXUE YUWEN SHIJIANG CELÜE

——

MINGSHI ZHEYANG JIAO

王瑛◎著

浙江工商大学 出版社

ZHEJIANG GONGSHANG UNIVERSITY PRESS

图书在版编目（CIP）数据

小学语文试讲策略：名师这样教 / 王瑛著. — 杭州：浙江工商大学出版社，2024.3
ISBN 978-7-5178-5849-2

Ⅰ.①小… Ⅱ.①王… Ⅲ.①小学语文课－教学研究 Ⅳ.①G623.202

中国国家版本馆CIP数据核字（2023）第249067号

小学语文试讲策略——名师这样教

XIAOXUE YUWEN SHIJIANG CELÜE——MINGSHI ZHEYANG JIAO

王　瑛　著

责任编辑	厉　勇
责任校对	李远东
封面设计	胡　晨
责任印制	包建辉
出版发行	浙江工商大学出版社
	（杭州市教工路198号　邮政编码310012）
	（E-mail：zjgsupress@163.com）
	（网址：http://www.zjgsupress.com）
	电话：0571-88904980,88831806（传真）
排　版	杭州朝曦图文设计有限公司
印　刷	浙江全能工艺美术印刷有限公司
开　本	787mm×1092mm　1/16
印　张	17.25
字　数	312千
版 印 次	2024年1月第1版　2024年3月第2次印刷
书　号	ISBN 978-7-5178-5849-2
定　价	68.00元

序

王冬精

  试讲,是开展教学研究、展示教师风采的一种非常简明、有效的方式。近年来,教育部门常常把试讲作为中小学教师资格考试面试的主要手段,相关行政部门也把试讲作为招聘教师、选拔教师的重要依据。但不少小学语文教师对试讲缺乏基本的认知,对试讲的内容和要求也缺乏必要的了解,市场上也没有系统的可供参考的资料,类似《小学教学设计》这样的专业刊物也没发过相关稿件。因此,王瑛老师的《小学语文试讲策略——名师这样教》这本书可以说解了大家的燃眉之急,给各位老师提供了一条通往成功的捷径。

  王瑛老师有着丰富的工作经验,参加工作33年来,经历了国家3次课程改革,执教过一到六年级的小学语文,担任过学校教研组长、教科室主任和区教研室小学部主要负责人,承担过各级各类教育教学课题的研究工作。丰富的阅历与扎实认真的工作态度,使得她对教材、教学以及对如何借助教材落实最新课程精神,有着更为深刻的理解。由于工作关系,她经常受邀参与教师资格证、教师招聘、教师考核等有关考试,对其中的相关程序、相关要求、相关评分标准等,有一定的积累与认知。另外,近10年来,她专注于研究试讲,阅读了大量相关书籍,收集了许多这方面的资料,听取了千余名教师的回馈,不断揣摩,反复实践,帮助数以百计的试讲者圆了自己的梦想,并逐渐形成了自己一套独特的理论和实践经验。因此,她提出的理念、概念,是基于亲身实践的提炼;对相关内容的建议、要求,也都是基于实战的需求。

  在这本书的前面部分,王瑛老师给我们勾勒出试讲的理论架构,首次就试讲的概念、特点、原则、意义和作用,结合小学语文学科进行了阐述,廓清了关于试讲的许多模糊概念,明确了试讲与说课、串讲、观摩课、交流课等的区别与界线。

万丈高楼平地起。针对不同类型的试讲及其特点，王瑛老师从试讲稿的撰写和注意事项谈起，告知大家试讲最基础的东西，抓住了试讲的牛鼻子。虽然由于试讲留给大家的时间有限，不是每次试讲都需要或者来得及写试讲稿，但是，试讲稿的相关内容是我们试讲的依据，关联试讲时教材的分析与解读，教学过程的呈现等内容，需要大家在平时多加关注与训练。

实用性强是本书的一大特点。针对教师选拔、招聘的试讲，王瑛老师结合案例，提炼出十分具体且操作性强的指导秘诀，分别从现场试讲注意事项、试讲的一般技巧、试讲的特殊技巧等方面给予试讲者细致而有效的指导。

本书还有一大特色是王瑛老师给大家提供了"得分宝典"。分数是大家的命根，获得高分数是大家梦寐以求的事情。王瑛老师借做评委的机会，收集了各种类型的试讲评价表，在分析、总结、研究提炼的基础上，结合评价内容、评价标准、分值，揭秘试讲者获得高分的秘诀，给考编教师、考教师资格证的老师，提供了得分的"葵花宝典"。

当然最受大家喜欢的还是各种类型的试讲案例。在这本书里，王瑛老师结合小学语文学科不同年级和不同文体的课文，给大家提供了各种类型的案例，这些案例都是考上编制或者在各类评比中取得优异成绩的试讲者的实战记录(个别实录还附有视频，供大家直观学习)。为了让大家明白其中奥秘，王瑛老师还借助旁批的形式，进行解读，让大家"知其然"，并"知其所以然"。

试讲的准备时间和现场演绎时间都非常短，要在有限的时间里获得最大效益，一般的做法可不行，但跟着王瑛老师行。她帮助你练就"火眼金睛""铁齿铜牙""百变金刚"，让你在面试的战场上更胜一筹。

叶圣陶先生曰："一字未宜忽，语语悟其神。唯文通彼此，譬如梁与津。"愿各位读者，熟读深思，积极实践，细细品味，不辜负王瑛老师的一片心意。

是为序。

2023年7月于太原

(王冬精系山西省教育科学研究院小学语文教研员，资深媒体出版人，全国百强期刊《小学教学设计》主编)

目　录

第一章　走进小学语文试讲

第一节 什么是试讲

一、试讲的作用

试讲作为面试流程中的一个环节,在教育领域中已经存在了很长时间。在学校、教育部门、教育机构的教师招聘、教学研讨过程中,试讲一直是用来评估教师或讲师的教学能力和表达能力的常见方式。这种方式可以追溯到教育系统的发展历史,因为教师招聘的过程一直需要评估候选人的教学技巧和能力。

虽然无法确定试讲概念的确切起源,但它是教育领域中的一种普遍实践,为学校、教育部门和教育机构提供了评估和遴选教师的手段。

试讲也用于其他领域,例如培训、演讲或工作场合中的展示。无论用途如何,试讲都是一种通过实际演示来展示个人能力和专业素养的方式。

二、试讲的定义

作为一名教师,相信大家对试讲并不陌生。说起试讲,它也有一些别称,诸如模拟上课、无生课堂等等。一般根据需求设定试讲的时间,不会太长,几分钟到二十分钟不等。本文论述的试讲是指没有学生参与的现场模拟上课活动。这是一种比较独特的开展教学研究的活动,是展示教师专业素养的有效方式。

试讲与说课既有联系又有区别。"说课"是一种具有"说"和"听"的对象的语言交际行为,是教师对课程及教材内容进行深入解读,在全面分析学情的基础上,结合相关教学理论开展教学设计,并用口头语言辅以实物演示、图像、板书等方法向听的对象(领导、同事、评委等)述说自己对这一教学内容的分析及教学设计和理论根据的过程。[①]

按照方贤忠教授的话来说,说课是在教师备课的基础上,授课教师面对同行教师或研究人员系统地谈自己的教学设计及其理论依据,然后由听者评说,以达到互相交流、共同提高的目的。[②]

试讲是一种具有"讲"和"听"对象的语言交际行为,同样需要教师基于课程特点对教

---

① 曹爱卫:《小学语文说课指导》,江西教育出版社,2022,第6页。

② 方贤忠:《教师专业发展的4项基本技能:备课、说课、观课、评课》,华东师范大学出版社,2013,第75页。

材进行深入解析,在全面了解学情的基础上,结合相关教学理论开展备课活动,其更倾向于演绎思维过程;试讲也在模拟课堂教学的过程中运用教学语言,有时候可以辅以实物演示、图像、板书等方法向听的对象(领导、同事、评委等)展示教(教了什么、怎么教的)—学(学了什么、怎么学的)—评(课堂互动中及时给予有针对性的指导)的过程。不过,与说课不同的是,试讲不需要讲教学设计的"理论依据"。

试讲和说课同样"不受时间、空间、人数限制,简便易行,具有较强的参与合作性,能很好地解决教学与教研,理论与实践相脱节的矛盾,对教师深化备课、完善教学设计方案具有重要意义"。[①]但试讲更能直观形象地呈现课堂教学的"现场样态",使教与学的过程展开得更为充分,试讲者的教学能力、知识水平和表达能力得到更好表现。

网上这样描述:试讲(模拟上课)是讲课老师模拟上课的情景,把课堂教学中的过程在没有学生的情况下用自己的语言描述出来。它是一种将个人备课、教学研究与上课实践有机结合的教研活动,突出教学活动中的主要矛盾和本质特征,同时能摒弃次要因素,使教学研究的对象从客观实体中直接抽象出来,具有省时高效的特点。它把传统的说课和上课合而为一,浓缩结合,展现了教师的综合素质。

基于前人论述,笔者认为,狭义的试讲指在规定时间内,教师或其他教育工作者通过口语、体态语,运用恰当的教学方法,模拟呈现某一教学内容的完整教学环节或片段教学环节,向同行、专家、领导等听众展示自身教育理念与教学技能的一种教学形式;广义的试讲除了指模拟课堂教学环节外,还包括准备环节的教材研读、试讲稿撰写,以及评价环节的听者评价、课后反思等,是开展集体教学研究的一种形式。

第二节 小学语文试讲的特点

试讲,要求教师在规定时间内,说清楚自己上的课是什么,打算怎样上课,学生会学到什么程度,让听者能清晰地了解教师如何展开教学过程,学生如何进行学习活动,教师如何做到"教—学—评"一致。整个试讲过程可以使教师的教学构思从隐性思维走向显性思维,教学样态从静态呈现走向动态呈现。在此过程中,体现出以下特点。

---

① 方贤忠:《教师专业发展的4项基本技能:备课、说课、观课、评课》,华东师范大学出版社,2013,第75页。

一、便捷性

试讲操作简便,对时间、空间、参与人员的要求不高,同时也不涉及授课对象——学生,相比有生课堂,更具有实操性。以一个区的小学语文骨干教师评比为例,活动一般放在同一所学校进行,参赛选手众多,通过有生课堂来参加评比就需要安排好几天的时间,甚至可能会出现同一班级被安排重复上课的情况;由于展示有前后顺序,可能干扰选拔比赛的公平公正;由于活动牵扯面广,还会造成工学矛盾等问题。如果能采取试讲的形式,那么活动时间就可以灵活机动,可以放在周末,也可以放在工作日;只要有三个教室:一个候考室、一个准备室、一个面试室,就可以确保活动的有序公平;一般只需要给参赛选手发放序号,选手按要求准备1个小时,然后按顺序进行10—15分钟的试讲展示,就可以很好地解决参赛人员众多、班级少、工学矛盾突出等问题,大大提高评比效率。

二、实践性

教师在规定的时间里撰写的试讲稿,往往会参考教材配套的教师教学用书、相关名师与骨干教师的教学设计并结合自身的教学经验,有的是拼拼凑凑,有的是巧妙融合,有的是融会贯通后的创新。一份试讲稿的撰写,能很好地体现撰写者或者研究团队的研讨、深入思考的成果。但这样一份不知成效如何的试讲稿,如果直接应用于有生课堂实践,往往容易将问题暴露在课后,通过试讲这一方式,则可以将教学设计在课前就进行实践运用,针对所暴露出的问题进行反思与改进,然后再应用于有生课堂,在实践的过程中再度审视教学,认识教学规律。同时,也可以在试讲的实践过程中,体现教师临场发挥能力、有效组织教学能力,展现教师现场的教学机智,把"预想"转换成"现实"。

三、专业性

从前期的准备到规定时间内试讲稿的撰写、正式试讲,再到评点交流,整个试讲过程就是一个不断探究、深入思考的过程,是教师专业成长的必经之路。

首先,试讲有理念的支撑,在整个备课过程中,教师个人或团队,以教育教学理论,尤其是新课程理念为指导来解读教材,构思教学,表达教学行为。

其次,试讲者、评价者与其他参与者在一起交流经验、陈述观点的过程,既是运用理论(教育学、心理学、新课标等)做理性思考、讲清思路的时机,也是互相学习、切磋教艺、获得收益的最佳机会。这样一个完整的合作、探究、提升的过程,呈现了"教—学—评—研"的全过程,是现场集体备课、改课的一种重要形式,体现了教研的创新性与实践性,具有专业引领的价值。

再次，试讲打破了传统的教师"备课+上课"的主体项目，"研究"因有了试讲可以从后期走向前期，从理论走向实践。名师或优秀团队的介入，使试讲活动具有很好的示范性与辐射性。部分地区通过钉钉直播、腾讯会议等媒介，对试讲进行现场直播和现场改课等创新性实践探讨，不仅具有时效性和过程性，而且具有直观性，吸引了更多青年教师的关注，使这一教研形式登上了教育研究的大雅之堂。

当然，试讲再好也有局限性。试讲虽然呈现了课堂上教师应对、理答的智慧，但仅仅局限于教师的预设，而非课堂真实样态；此外，学生在课堂上的真实学习情况呈现的也是基于教师的预设需求，动态的生成是无法看见的，因此会出现试讲非常"精彩"、课堂非常"实在"的情况。

第三节　小学语文试讲的原则

试讲这种高效的研究形式，日益成为提高教学理论水平、促进教师专业发展的一条重要通道。试讲和其他教学研究活动一样，必须遵循教育教学原则，必须符合教学设计编写及其说明原则。

基于试讲的特点，参照教学原则，试讲的原则可以归纳为以下几条：

一、科学精准原则

科学精准原则是保证试讲质量的前提和基础。试讲的科学精准原则主要体现在以下几个方面。

1.对学情清楚掌握，科学全面

基于学生本位，试讲内容的设计要深入地结合学生的学情，弄清楚学生的原有知识、已有生活经验、具备的学习能力及身心发展特点，选择更适合相应学段学生的试讲方法。要了解学生学习的起点，寻找最近发展区；要懂得学生学习的痛点，给予合适的学习支架；要站在学生立场寻找教学难点，运用教学手段巧妙化解。

2.对教材深入剖析，有效整合

教师要站在统领、涵盖语文教材全局的位置上，审视要进行试讲的内容处于其中的哪个位置，并针对性地进行适当的教学设计，以帮助学生在这个过程中有梯度地进行深入学习，做到"瞻前顾后""勾连上下"。弄清要试讲的内容在统编教材中所涉及的知识点与能力点,所涉及的语文要素与表达要素,所涉及的人文主旨与单元主题,以及所涉及的相关学习任务群。

3.对目标精准把握,凸显要素

以《义务教育语文课程标准(2022年版)》的要求为基准,依据学段目标、年级目标、单元目标,结合课文在单元中的文本位置和学生的实际情况,对课文进行课时划分,依据课时不同,确立该试讲内容的课时目标,聚焦语文要素,把握核心目标,做到"一课一得"。

二、合理有效原则

整个试讲过程安排要合理有效,操作性强。教学流程的安排要完整清晰,分成若干板块呈现,每个板块安排一个主要学习任务,设计若干个学习活动,以任务驱动的方式来达成教学目标。

试讲过程中更要重视统筹,从整体到部分再回归整体,按照一定的逻辑与模拟的课堂教学有机融合。在试讲过程中体现课程、教材、编者的意图,体现文本、教师、学生之间的共振,体现试讲者与倾听者之间的共情。

三、特色创新原则

试讲,是基于对课堂教学的预想,通过现场呈现的方式来体现教者智慧。它需要试讲者通过独角戏式的演绎,体现"教—学—评"的独特与创新。

基于此,教师应在试讲过程中发挥自己的特长,例如有的教师会吟诵古诗词,可以在朗读上多展示;有的教师书画功底深厚,可以在板书上多展示。

有的青年教师对教学工具制作、多媒体技术运用等新事物的接受和运用程度较高,也可以运用到试讲中去。比如小微课的制作介入,可以改变从头到尾一个人唱独角戏的单调;丰富多样的教学工具的使用,增加了试讲过程中的趣味性,比如把磁贴卡片分发给学习小组,写下小组讨论的关键词,改变了学习方式,让学生的"学"变得主动。试讲者要善于将教学设计中的创新点放大,给听评者眼前一亮、豁然开朗的感受,让听评者更好地了解试讲者的设计意图,感受到试讲者的教学素养。

第四节　小学语文试讲的意义

一、有利于教师选拔

试讲能现场展现试讲者备课过程中对先进教育教学理念的掌握、理解与运用,展现其对课程标准、教材文本、学生学情等情况的了解与把握,展现其课堂教学进程中调控水平的高低。因此,专家、评委能够在短时间内通过一堂课的试讲判断试讲者是否胜任教育教学工作。

对教师专业素养、教学效果的评价,一般要通过听课、备课、了解学生学业情况、召开相关座谈会等方式进行,但受时间、空间上的限制,都难以全程跟进。如果是刚毕业的师范生(或大三、大四的学生),除了实习、见习、代课外也没有很完整的教学经历,无法用常规的方法去考查。全国性的教师资格考试或者一个县(市、区)的教师招聘工作,涉及的人数巨大,更是难以按常规进行。试讲由于时间短,又无需学生参与,不受场地的限制,能在短时间内让更多的人参与,提高了评价(选拔)效率。因此,近十几年来,各地选拔优秀教师、招聘新教师、认定教学资格,都通过试讲的方式进行。通过现场试讲,试讲者的理论水平、执教能力、语言表达、临场应变等都能充分展示出来。

二、有利于教师成长

课堂是教师专业成长的主阵地。学科知识、教学技能、教学实践能力的不断提高和发展,体现了教师的专业发展基点。在试讲的过程中,教师要深入研究教材,全面了解学情,还要结合先进的教育教学理论,依据自己的教学风格和对教学的理解把理论和实践结合起来,对教学进行创造性建构,运用适合学情的教学语言,深入浅出地加以演绎。在展示与交流的过程中,教育教学能力再次得以提升,之后还会继续完善。在这个过程中教师的理论水平、实践能力、反思探究也会变得更加专业。这样螺旋上升的过程就是专业成长的过程。

三、有利于教研提升

这是一个互相成就的过程。试讲的过程,是教师个体与众多听评者群体之间互相学习、互相交流的过程,在这种"沉浸式"教研模式里,不管是主动的还是被动的,参与者都在成长。青年教师通过试讲,深入剖析教材,构思课堂教学,细化教学流程,提升了备课能力、课堂驾驭能力;专家教师的评点还可以帮助他们发现问题,减少失误,把上课时可能造成的偏差、失误都消灭在预演过程中。作为专家角色的老教师,在此过程中,为了更有说服力,必定理论联系实际,有理有据展开理性剖析,还会给青年教师示范讲演。那么作为专家教师,自己必须对课标、教材、教学理论、学生情况等做更深入的研究,对当前的课堂教学改革有更精准的把握,才能指导教研组开展扎实有效的试讲活动。

这是一个提高教学效益的过程。试讲有利于教师在正式上课之前就对教学进行较为系统的思考与预设,对课堂教学板块的设置、流程的安排、方法的使用等提前进行验证,对学习成效的达成有预期,可以都是基于理性思考与调整完善后的再实施,等教师进入真正的课堂教学,就能大大提高课堂教学质效。如能坚持这样的教研活动,并做好积累与反思,学校的整体教学质量也会得以真正提升。

第二章 小学语文试讲的

>>>

类型、内容及流程

第一节　小学语文试讲的类型

小学语文试讲,按照不同的分类方式,可以有多种不同的类型。从试讲形式角度划分,可以根据有无学生听讲,将试讲分为有生试讲和无生试讲,还可以根据试讲内容是否指定,分为自由试讲与命题试讲,命题试讲还可以分为指定命题试讲和抽选命题试讲;从试讲目的角度划分,如根据试讲的组织管理者的不同目的,可以分为研究型试讲与评比型试讲,研究型试讲还可以分为交流试讲和示范试讲。本书重点从组织管理者,同时也是试讲参与者的目的角度,将试讲划分为两类。

一、研究型试讲

研究型试讲,旨在改进教研组、备课组的教学研究方式,优化教学设计,优选教学方法,探讨教学重点、难点、热点问题,寻求最优解决路径,以此不断促进教师整体教学研究水平的提升。

其步骤是先由组内一位或几位教师准备并写成试讲稿,试讲后众人评议;也可以组织优秀教师进行示范性试讲展示,试讲后组织教师参加评析;还可以让试讲教师将试讲内容应用于课堂教学,最后组织教师将试讲和上课的内容联系起来进行评析。教研组全体成员在试讲、观课、评析的全过程中开阔眼界,不断提升。

当前的语文教研,除了省、市、区(县)教研部门组织的相关活动,学校还会专门安排学科教研时间,每个年级组定期进行教研组的集体备课活动。这种有固定时间的常规性的教研活动,常常以主题化研究为导向,每次教研活动解决1—2个教学实际问题,如以"教学有效性研讨"为主题进行教研活动,对"怎么导入是有效的?""怎么设问是有效的?""情境怎么营造是有效的?""学生怎么活动是有效的?"等具体问题展开研讨。在教研活动中加入试讲,可先将教师各自的做法应用于模拟实践,大家一起评比、诊断、改进,运用集体智慧攻破难题,最后把最佳教研成果运用于课堂教学,深入推进教研,使有效教学真正落到实处。

二、评比型试讲

评比型试讲,是目前教资面试、教师招聘、职称晋升、选拔人才等场合常用的一种考核方式。所以,这种类型的试讲,不同于研究型试讲,它是以比较优劣为主要目的的。一般来说,组织这种类型试讲的部门,是省、市、区(县)相关教育行政部门,学校、教育机构在招聘教师时也常采用试讲形式。此类试讲,对参与人员有特别限定,一般以相关公告为准。

此类试讲流程一般如下。

1.确定试讲的顺序和内容

参加选拔的教师(或准教师),通过抽签,确定试讲的顺序。并根据序号,按组织者规定的间隔时间抽取试讲内容。

2.按时准备试讲

教师要在规定时间内完成试讲准备。进入准备教室后,教师按照试讲内容进行独立备课,一般不能携带任何参考资料,准备时间控制在30分钟到1个小时。在短时间内撰写一课时的试讲稿,并进行记忆、演绎是具有一定难度的,这对教师的语文素养、教学设计能力和临场发挥能力是一种极大的考验。

3.按照抽签顺序进行试讲

准备时间结束,教师进入面试教室,进行试讲,接受评委的考核。在这个环节里,教师要注意一定要按照相关规定进行试讲,比如试讲时不能出现自己的学校和姓名等敏感字词,否则会按违规处理。另外,还要注意试讲时间的把控,计时员一般在最后1分钟会举牌提醒,不可超时,也不可过早结束。

4.评委打分,评定等级

首先,评委根据评价量表各自打分;然后,组织者根据活动前制定的评分标准汇总分数,有的会去掉一个最高分,去掉一个最低分,再取平均分,有的是把所有评委的分数相加后取平均分;最后,组织者把选手的分数从高到低排好顺序,如有等级,再按比例做好等级的划分。

第二节　小学语文试讲的内容及流程

试讲的内容和流程与教学在时间顺序和内容上的安排相一致,也就是和真实的课堂教学过程相一致。施良方、崔允漷主编的《教学理论:课堂教学的原理、策略与研究》一书,对教学过程做了以下安排:导入、呈现、运用与总结。杭州市小学语文教研员刘荣华老师认为教学过程是由教学环节组成的,教学环节应该紧扣教学目标。一节课的教学环节不能太多,环节过多,教学节奏太快,学生就只能被教师牵着走。教学环节的实施,关键是要展开教学环节,让学生收获知识,学得主动。综合考虑,一个10分钟左右的试讲,一般可以分成"引入感知—重点学习—巩固拓展"三大板块展开。

正所谓"教无定法、贵在得法",根据不同的活动目的、教师对文本的不同解读以及教学实际的不同需求,试讲的内容与流程也会有所差异。以下是常见的小学语文试讲内容和流程。

板块一:引入感知。在这个板块,大致要完成这些内容及流程:创设情境,揭示课文题目,初读课文,整体感知,根据学生预习情况反馈生字新词学习情况,梳理出课文的主要内容等。

在这个板块里要注意运用简洁有效、灵活多变的导入形式,完成对生字新词的精准指导,包括正音和正形,如指导读准难读的字音,多音字的教学,容易写错的生字的书写等,还可以结合图片、文字资料等理解一些难懂的词语,同时对课文内容进行梳理,可以根据不同类型和文体的课文,运用不同的方法进行梳理与概括。比如,叙事类课文可以根据起因、经过、结果或者时间、地点、人物、事件来梳理,说明类的文章可以根据事物的几个方面来梳理脉络。

板块二:重点学习。这个板块一般是试讲的重头戏,主要完成精读课文、品味语言、发现写法等内容及流程。这是教学重点和难点突破的关键展现。

试讲者可以围绕一个关键问题,找到2—3处相关句段,抓住关键词句进行品读,可以根据教学内容的需要,设计学习支架,介入学习资料,丰富学习内容。运用自主探究、小组合作等学习方式,通过默读、朗读等多种形式,来深化对学习内容的理解。在此基础上还可以引导学生发现写法特点,比如写人类课文是如何抓住动作、神态、语言等刻画人物形象,写出人物特点的;议论文是如何通过摆事实、作比较、引用名言来论证自己的观点的。

板块三:巩固拓展。该板块一般要求完成总结升华、练习巩固、拓展延伸的内容和流程。

小学语文融工具性与人文性为一体,因此在这个板块里,教师要选择运用不同形式的拓展内容,可以设计富有特色的练习,帮助学生进行巩固提升。比如,根据文本的写作特点,进行仿写、仿说,这是较为常见的方式,还可以进行想象补白、创意表达等,然后进行全班的分享交流点评活动,教师可以根据教和学的情况,提出评价标准,完成"教—学—评"的闭环教学,做到"教—学—评"的一致。有些低年级段的试讲会在此板块对生字词的教学进行再次巩固复习和练习,会对本课时要求会写的生字进行写字指导,有的会按照结构特点(左右、上下、全包围、半包围等)、偏旁部首特点(比如都是单人旁等)进行归类指导,有的会针对出错较多的字、难写的字等做有针对性的指导。最后,通过灵活多变的总结形式对教学进行精彩收尾,可以是自然结课,也可以提出作业要求,还可以推荐阅读等。

在整个试讲的过程中还要进行相应的板书设计,结合情境再进行生字新词的教学。不同文体、不同学段的课文在试讲流程上略有不同,教师可根据课文的实际情况,对不同板块做相应的调整。

第三章　小学语文试讲稿的撰写 >>>

第一节　小学语文试讲稿撰写的特点

虽然说一份好的试讲稿是完成一次出色试讲的前提,但是试讲准备的时间一般为30分钟到1小时,在这么短的时间内要完成试讲稿撰写、修改和记忆,是非常考验一个试讲者的素养、能力的。因为一般试讲稿都是自己试讲时的参考,不会作为评比的依据,因此,试讲稿的撰写就是一个非常个性化的过程,呈现的结果也是五花八门、各具特色的,但不外乎有以下特点。

一、简洁明了,板块清晰

为了节省撰写时间,一般用自己看得懂的方式逐一罗列出几大板块,每个板块要完成的教学任务用小点标注。比如第一板块,就写个大"一",里面的任务用小"1"。这样自己要试讲的整体架构就会一目了然。

二、重点突出,方法明确

教师要将撰写试讲稿的重心放在凸显重点上,记录好要围绕讨论的关键问题,分点表述自己重点要品读的句子或片段,按照从主到次、从详到略的顺序排列好。然后加入特殊的标记,如着重符号,标注要讲解的关键词等。在每个句子或片段下面写明学习方法,比如,默读、批注、小组讨论等,最好不重复用同一个方法。

此板块的内容最忌讳的是面面俱到,要懂得取舍之道,一课一得。对于教学重点环节要舍得花时间展开教和学的过程,引发听评者的共鸣。在撰写时还要注意板块之间过渡自然,不能出现前后脱节甚至是前后矛盾的现象。为了防止忘记,可以用不同颜色的笔记录重要的连接句和小结语。板书的位置也可以做适当的标注。

三、前后勾连,学评一致

撰写时要注意语文要素之间的勾连与学习方法的梯度呈现,学段之间、不同单元之间、同一单元的不同位置之间,语文要素和能力方法都是不同的。比如静态描写和动态描写,五年级上册的要求是"初步体会课文中的静态描写和动态描写",五年级下册的要求则是"体会静态描写和动态描写的表达效果";再如,同样是学习"提高阅读速度的方法",《搭石》《将相和》《什么比猎豹的速度更快》《冀中的地道战》做了有层次、有梯度的安排,可介绍相应的提高阅读速度的方法,在实践中循序渐进地落实教学目标,教学时每篇课文要与"学习提示"、课后练习相照应,介绍提高阅读速度的具体方法。在中年级初步学会默读,做到不出声、不指读的基础上,《搭石》作为本单元开篇,引导学生养成集中注意力的阅读习惯,学习不回读的阅读方法,这是学生提高阅读速度的基础和起点;《将相和》学习扩大视域的方法,引导学生尽可能连词成句地读文章;《什么比猎豹的速度更快》引导学生结合文章段落特点,抓住关键语句迅速把握课文内容;《冀中的地道战》主要引导学生带着问题读,做积极的阅读者,并且能综合运用学过的方法,提高阅读速度①。

引入感知、重点学习和巩固拓展三大基本板块之间要注意教—学—评的一致,前后内容的衔接要勾连呼应,不能顾此失彼。比如揭示课文题目的时候让学生质疑,提出了几个问题,在教学过程中,这些问题是否都得以解决,最后小结的时候也要呼应一下。

四、首尾呼应,一气呵成

一般试讲稿的撰写内容按照"总—分—总"的方式呈现。在撰写之前,应该花费一定的时间在脑海中构思整个试讲过程。在整体建构的基础上再做板块细化,考虑基本成熟后一气呵成,不拖泥带水。最后边记忆边润色修改,直到满意为止。

图 3-1 是一位试讲者撰写的试讲稿,用时 30 分钟,试讲准备时间是 50 分钟,剩下的20 分钟时间就是修改、完善、记忆的时间,非常从容。

图 3-1　试讲稿

---

① 人民教育出版社课程教材研究所小学语文课程教材研究开发中心:《义务教育教科书教师教学用书语文五年级上册》,人民教育出版社,2019,第 29 页。

第二节　小学语文试讲稿撰写的注意事项

一、有备而来

小学语文试讲稿的撰写是一个厚积薄发的过程。苏霍姆林斯基的著作《给教师的一百条建议》讲过一个"一辈子与15分钟"的故事：一个在校工作了33年的教师，上了一堂非常精彩的观摩课，邻校的一位教师问他："你的每句话都具有巨大的思想威力。请问，你花了多少时间准备这堂课？"那位教师回答说："这节课我准备了一辈子，而且，一般地，每堂课我都准备一辈子。但是直接针对这个课文题目的准备，则花了15分钟⋯⋯"这位教师的话讲出了备课与上课的真谛。

引用这个故事，就是要告诫试讲者，要写好一份试讲稿，平时必须花费大量的时间和精力去研究教学，提升教育教学理论，注重个人的教学修炼，日常教学要勤于反思，善于积累，才会在关键时刻展现"英雄有用武之地"的风采。

二、从学出发

虽然撰写的是试讲稿，但是关注的重点应该是学生，学生的学习情况。学生的真实学习状态是试讲的出发点，这个出发点要包含学生已有的知识经验、已经具备的学习技能、该年段学生的心理特点等，尤其要关注学生的学习兴趣和情感态度。关注教什么、怎么教固然重要，但关注学什么、怎么学、学得怎么样更重要。

三、另辟蹊径

不管是选拔型还是研究型试讲，都是一种科学的教学艺术再创造的过程，属于教学艺术的范畴。只有另辟蹊径，才能独占鳌头。

1.构思要巧妙

要与平时的家常课有所区别。板块的呈现，环节的设计都要有独创新颖之处。

2.语言要优化

试讲者通过富有感染力的教学用语、演讲或朗诵用语等，一方面可以将预设课堂的教学效果通过自己的语言给予再现，另一方面也可以用自己的情感语言调动听评者的情绪和思想，以产生共鸣与共享的效应。因此在撰写时要注意优化语言，多用排比句式可以激发情感，多用商量语言可以拉进距离，等等。

第四章　小学语文试讲的注意事项　>>>

第一节　试讲前的准备事项

参加试讲前要做好准备工作,还要关注准备的主要事项。

一、注意仪表

2008 年修订的《中小学教师职业道德规范》第五条规定:为人师表。坚守高尚情操,知荣明耻,严于律己,以身作则。衣着得体,语言规范,举止文明……中国是礼仪之邦,教师为人师表,更要注意自己的仪表仪态。

1.穿着打扮

(1)着装符合教师身份,衣着得体。不穿奇装异服,不过度暴露身体部位。女教师一般穿套装、裙子,男教师穿西装、便服,只要整洁大方,符合职业身份即可。不要过度追求正式,反倒显得刻板、做作。

(2)发型清爽利落,梳理整齐。女教师扎马尾、扎小辫、头发披肩,男教师头发长短适宜,选适合自己脸型的发型,看起来精神抖擞、神清气爽就好。切忌披头散发或刘海遮目,试讲时也不要屡屡撩发,很不雅观。

(3)配饰,注意宜少不宜多,宜精不宜烂。一个点缀的胸针,还不如一个党徽有分量。

(4)妆容自然。画个淡妆提升气质,还可以改善气色,特别在熬夜起早没有睡好的情况下,更需要用口红、粉底做一些弥补,好的妆容可以给自己加分,毕竟爱美之心人皆有之。

(5)其他,比如鞋子与服装要搭配,身高偏矮的可以搭半高跟鞋,切忌穿过高、走起来嗒嗒作响的鞋子。

2.举手投足

衣着打扮很重要,这是给人的第一印象,但是举止文明、姿态优雅大方更重要。

走路的姿势要昂首挺胸,步伐大小适合,速度适中;手里拿着的试讲稿、资料、教具等要叠放整齐。

遵守公共秩序。没有轮到的时候安静等待,不大声喧哗;被工作人员引领的时候要表示感谢,态度亲和;有困难时要及时求助工作人员,不无理取闹……坐有坐姿,站有站相,时时处处彰显出一个教师的素养和教养。

二、调整心态

试讲，毕竟是要在公众面前展示自我素养和形象，所以既要有重视之心，做好充分准备，又要有平常心态，不可压力过大，焦虑万分，导致发挥失常，追悔莫及。

1.适度紧张

从应激心理学角度看，当人们处于适度忙碌紧张状态时，能对外来各种信息的刺激产生高度的敏感性，肾上腺会分泌出大量激素，使人产生在常态下无法产生的能量。适度的紧张是激发潜能的有效措施，因此保持适度的紧张感，会让人精神振作，跃跃欲试，非常期待自己的表现。不可过度紧张，头上冒冷汗，双手直发抖，这样肯定会影响正常发挥。试讲者可以通过做深呼吸、自我心理暗示、嚼口香糖、与他人讲话等方式缓解过度紧张的情绪。

2.自信乐观

积极乐观的心态源于日常充分的准备。只有成竹在胸，才会表现得自信大方。一般准备充分的教师，都有自己的准备小秘诀，有的按照不同文体准备模板，现场根据课文内容直接进行灵活套用；有的熟记各种开场白、连接语、评价语，现场准备时只要搭建试讲框架，提取关键信息即可；还有的熟记各个学段的单元人文主题、语文要素和相对应的课文目录，能在拿到课文的一刻，迅速制定出精准的教学目标。

第二节　现场试讲的注意事项

试讲成败的关键还是在于试讲者的现场表现。前面的都是纸上谈兵，这一刻是真的上"战场"。从评委打分表单项罗列的评价指标和评价分值来看，"教学实施"的评价分值占比高达30%—50%不等，"言语表达"次之，占比15%—30%不等，"教学设计"和"教学评价"各占10%—20%不等，其他还有"职业认知""心理素质""仪态仪表"等各占5%—10%不等。从打分表的评价标准来自我审视自己的试讲质量，这是最好的一种准备方式，它会时刻提醒自己要注意的事项。

一、注意情绪

现场试讲要求在短时间内和听评者达成情感上的共鸣、思想上的共享，因此试讲者首先要注意的就是自己的情绪，你情绪饱满，富有激情，讲得滔滔不绝，抑扬顿挫，才有可能调动听评者的情绪,让他(她)对你产生兴趣,激发他(她)对你的好感。其次,试讲时活力四射,也会增强自己的自信,激发思维的活力,使试讲更具有创新力和感染力。

二、注意交互

现场试讲虽然看上去是试讲者一个人在台上"唱独角戏",但这是一种错觉,真正会试讲的教师,应该是心中有目标,眼里有学生,时时处处都在弯下腰来平等地与学生进行交流,或讲解,或引导,或点评,或商量。因此试讲者的表情神态也应随之发生各种变化,或鼓励,或赞许,或严肃,或欢欣。试讲者所处的位置,也会随之发生移动,或在黑板前书写,或走上前来与前后左右学生交流,或俯下身子倾听、检查学生学习。要参照日常上课时的教师活动空间,切不可呆板僵硬,只是站在讲台前一动不动,一讲到底。如图4-1所示,梯形空间里都是活动范围。

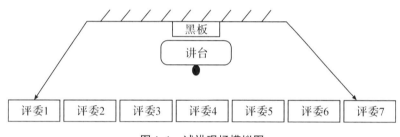

图4-1　试讲现场模拟图

三、注意节奏

现场试讲的时间一般是设定好的,8—15分钟不等。试讲者要根据时间,做好规划。过早结束或时间到了还有很多内容没讲,都是遗憾。首先是控制好语言节奏,不可过快或过慢,平时练习的时候要注意自己1分钟能讲几个字,做好记录,找出规律,这样试讲稿的撰写字数就可以控制在规定时间内;其次是控制好时间节奏,各个板块不应平均分配时间,不要以为什么都说就是好的试讲,应该以重点突出、详略得当、张弛有道为上。一般10分钟的试讲,引入感知,控制在1分钟左右;重点学习,是重头戏,一般是6分钟左右;巩固拓展,一般是3分钟左右。

四、注意流畅

现场试讲语言从始至终要保持流畅。如果能够脱稿讲是最好,不能脱稿讲时,可以左手拿稿子,右手拿粉笔。看稿时间要短,瞄一眼就行。看稿子不能遮住自己的脸,最忌拿着稿子念或者生硬地背稿子,语言结结巴巴。

第五章　小学语文试讲的一般技巧 >>>

第一节　开场白技巧

开场白很重要,因为好的开头是成功的一半。从走进教室的门(或者是试场)那一刻起,试讲者的表情应该是微笑的,走姿是挺拔和自然的,脸可以微侧,看向评委和场地,迅速熟悉环境,在走到教室正前方的位置停下来时,目光要柔和地看向每个评委,然后开口说:"各位评委老师好,我是1号考生。"声音要响亮,语言要亲切中透出自信。接下来会出现两种情况:一种是评委组长会开口交代一下要求和注意事项,比如试讲过程中不允许出现试讲者的学校、姓名,试讲时间是8分钟等;另一种是计时员会提醒"现在开始试讲,计时开始"。

试讲者一般可以采取这样的回应方式:一种是评委交代要求后,以"感谢考官的提醒,接下来开始我的试讲"回应;另一种回应方式是微笑回应计时员的提醒,上前(或后退)来到黑板前,直接进入试讲的师生问候或者点明自己的试讲题目。

第二节　揭题技巧

正式进入上课环节,首先就是揭题。揭题的方式有很多,试讲者可以根据不同课文类型、自己的习惯和特长等,选择不同的揭题方式。

第一种是直接揭题。可以这样说:"今天我们一起来学习一篇新的课文《四季之美》。"

第二种是谈话导入。同样是《四季之美》,可以这样说:"春有百花秋有月,夏有凉风冬有雪。同学们,在你们眼里,四季是如何的?"

第三种是创设情境。比如让学生看看图片,欣赏四季之美,然后说:"今天让我们跟着日本作家清少纳言去感受《四季之美》。"

第四种是链接作者。从介绍作者入手——名人名家的名篇,一般都可以采用此种揭题方式。

第五种是从预学反馈开始。比如《月是故乡明》,可以说:"课前老师让大家收集关于月亮的诗句,那咱们来玩以'月'为题的飞花令游戏吧!"让学生去发现,和月有关的诗句,大都和思乡有关,然后走进当天的课文学习就水到渠成了。

第六种是展示特长后揭题。比如,有的教师唱歌特别出彩,在试讲《燕子》一课时,唱几句《小燕子》,"小燕子,穿花衣,年年春天来这里……",执教《猴王出世》时唱一曲《西游记》的主题曲等,可以迅速拉近与评委的距离,也使得开场白与众不同。有的教师画画特别出彩,在试讲《白鹅》一课时,可以边画边让学生猜教师画的是什么。还有的教师会跳舞或者模仿,也很有新意,例如试讲一年级《小公鸡和小鸭子》时,教师表演,让学生猜是什么动物,并问一问它们各自的本领是什么,为后续的课文学习做好铺垫。

第七种是用质疑的方式揭题。对课文题目提出自己的问题,一般用在学生没有预习过课文的情况下,比如一年级下册的《吃水不忘挖井人》,预设学生质疑"吃水的人是谁?挖井的人又是谁呢?"。又如三年级上册第四单元是学习阅读策略预测,可以让学生一边读一边预测,那么看到课文题目《总也倒不了的老屋》就可以提出类似"老屋为啥倒不了呢? 老屋总是倒不了,是被施了魔法吗?"等有趣的问题。通过如此问答,让相关的单元语文要素也得到了落实。其他还有猜谜、看图说故事名字、给关键词做判断、时代背景讲述等导入方法。

在实际运用的过程中,很多教师会融合多种方法来揭示课文题目。比如五年级上册的《落花生》,可以融入猜谜、质疑和链接作者三种方式来揭示课文题目:

同学们,上课之前咱们先来猜个谜语:麻屋子,红帐子,里面住着个白胖子——打一物。你们知道是什么吗? 对了,就是落花生。(板书课文题目)那你知道这篇课文的作者是谁吗? 谁来介绍一下?(指名回答)听了你的介绍,我们知道了作家许地山的笔名就叫——落华生。你有什么想问的吗?(指名回答)是呀,这样一位大作家,为什么取这样一个普普通通的笔名呢? 就让我们一起走进许地山的童年,走进今天的课文(指着课文题目)——(齐读课文题目)《落花生》。

第三节　整体感知技巧

初读课文,整体感知板块是对课文整体的把握与梳理。在这个板块的教学中,教师一般会对课文的基础性目标进行指导与落实。教师让学生初读课文,一般会提出两个方面的要求:一方面是初读课文,读准字音,读通课文;另一方面是边读边思考课文的主要内容。

一、字词教学技巧

反馈字词的学习情况,一般有以下几种方式:

第一种是集中式。集中反馈的好处是板块呈现清晰、聚焦，缺点是比较呆板，脱离语境。比较多见的是分组分类呈现的方式：有的按照字音、字形、字义三个方面展开，对文中比较难读的字音，比如前后鼻音、平翘舌音、多音字等进行重点正音，如教学三年级上册《在牛肚子里旅行》一课时，会将多音字"答、应、骨"一起呈现；有的对字形进行归类整理，比如左右结构、上下结构、包围结构、独体字等，如教学二年级下册《我是一只小虫子》的字形时，教师们喜欢把"屁、屎、尿"放在一起让学生学习；有的会把学生不常见的、容易混淆的词语放在一起，通过讲解、看注释、看图片、作比较等方式理解意思，如三年级上册《搭船的鸟》中，"船舱、船篷、蓑衣、橹"作为一组词语呈现，让学生对照课文的第一段和文中的图片理解这些词语；还有的会把同一类的词语放在一起，比如将三年级上册《大自然的声音》中的"轻轻柔柔的呢喃细语、雄伟的乐曲、充满力量的声音、热闹的音乐会、轻快的山中小曲、波澜壮阔的海洋大合唱"等描写声音的短语合在一起，又如将六年级下册《北京的春节》中的儿化音"零七八碎儿、杂拌儿、玩意儿"等放在一起读一读，体会老舍"京味儿"语言的特点。

有些集中式呈现的词语还可以关联课文主要内容的梳理，起到"一箭多雕"的效果。例如在教学二年级下册《沙滩上的童话》时，教师让学生进行了分小组学习，给组长一个信封，三个任务，信封里呈现的词语是：垒起城堡、挖着地道、凶狠魔王、轰塌城堡、抢去公主、救出公主。教师这样呈现教学过程，如图5-1所示。

任务卡一	任务卡二	任务卡三
亲爱的小队长： 请你将信封内的词语卡片取出平放在桌面上，每个词语至少读两遍，保证每位勇士都能正确认读和理解，如有队员遇到困难，其他队员记得互相帮助哦。	亲爱的小队长： 请你再次拿出信封中的词语卡片，组织小队里的勇士们，将这些词语按照一定的顺序排列起来，并说明这样排列的理由哦！	亲爱的小队长： 恭喜你们已经完成了前面两个任务。接下来，请你们小队将这些词语连成一句话，梳理出课文讲了一件什么事。小队内每位勇士都要说一说，看谁说得最棒哦！

图5-1　任务卡连起教学过程

同学们，现在我们分组学习字词，请小队长拿出信封，请组里的每个小伙伴都正确地读一读这些词语，如果有人不会读，其他同学要帮助他。（学生逐一朗读并正音）恭喜大家顺利过了第一关。第二关任务是将这些词语按一定的顺序排一排，并要说出这样排列的理由哦！（请学生到黑板前面来排一排）和这个小朋友一样排列的请举手！你们都是出色的小勇士！最后的难关来了，请你们小组将这些词语连成一句话，说一说课文讲了一个什么故事，小组里的每个小朋友都要说，看谁说得最棒！

第二种是分散式。教师会在整个阅读教学的过程中结合语境进行相应的字词教学。这样呈现的好处是字不离词、词不离句，灵活机动又减缓了字词教学的坡度。比如二年级下册《雷雨》中生字"垂"的教学，会结合第2自然段"忽然一阵大风，吹得树枝乱摆。一只蜘蛛从网上垂下来，逃走了"这句话展开以下的教学：

同学们，当刮起大风，树枝乱摆的时候，我们的蜘蛛是怎么做的？哪个字最能说明它逃得快？（指名回答）是的，你们看，（出示"垂"字）一起读好它的翘舌音 chuí，再看这个字的字形，写的时候要注意笔顺，（师示范写）先写中间的"千"，再写中间部分的"艹"，最后写一长一短的两横。请小朋友在书上描一个写一个。（模拟展示其中一名学生的书写作业，必须是有典型问题的）现在我们来看看这位小朋友的书写，请大家根据刚才的要求对照着评一评。（模拟修改）是的，四个"横"要注意长短，现在请在书本上再写一个，争取一个比一个写得好。

同学们想一想，蜘蛛从网上"垂下来"就是指——（指名回答）对，是"落下来""掉下来"的意思，那是不是可以把"垂下来"换成"落下来"或者"掉下来"呢？同桌讨论一下。（指名回答）哦，有的同学认为可以换，有的认为不可以换，这是为什么呢？咱们一起来看个视频，请仔细看蜘蛛垂下来时有什么不一样的地方。（模拟看视频）

你第一个发现，你来说。（模拟学生回答）说得对极了，蜘蛛垂下来时，一头有丝连着，而掉和落是没有的。看来它们虽然都有向下的意思，但还是有区别的。生活中，我们会用到哪些和"垂"有关的词语呢？来，看图说一说（模拟出示图片）——小朋友不开心垂着头，可以叫垂头丧气；河边的柳树垂着柳条，可以叫垂柳。

分散学习字词也有一些弊端，一是时间分配比较困难，二是在阅读教学的过程中穿插字词教学有时会感觉生硬，有时会破坏情境的连贯性。

第三种是集中和分散相结合。这种方法运用得当，收到的效果会较好，当然对设计者的要求也高，要收放自如，有机融合。比如教学四年级上册《陀螺》一课，可以在揭示课文题目的同时引出它的另外两个名字"冰尜儿""角锥"，读好儿化音和翘舌音，接着让学生结合课文内容说说陀螺的组成，关注到"嵌滚珠、钉铁钉"，读好多音字"钉"的两种读音，知道作动词的时候读第四声，作名词的时候读第一声；同时结合图片理解什么是"嵌滚珠"。在朗读指导的过程中，发现学生对"旋转、转动"的读音出现了混淆，随机进行比较正音，相机指导书写"旋"字。在品读课文关键语句，体会"我"心情变化的过程中，结合语境理解积累"懊恼、恍惚、溃败、自豪"等表示心情的新词。在学生批注中发现部分学生对"转起来能增加许多妩媚"不理解,让学生结合工具书,从本义到引申义,结合课文中描写陀螺转起来的句子如"在冰面上旋转,舞蹈""旋风般撞向对手,刚一接触,又各自闪向一边""大陀螺摇头晃脑,挺着肚皮""一扭身又照样旋转起来""一次次冲击,一次次闪躲"等去品读去想象,感受"妩媚"的丰富与传神。

第四种是在学生预学的基础上进行反馈教学,这样的教学更富有针对性。精准教学提高了字词教学的效率。例如舒平老师在教学五年级下册《跳水》一课时,通过课前预习单的统计反馈,了解到学生认为难读的词语是"桅杆、龇牙咧嘴、吓唬、放肆"(如图5-2所示),因而强调了"唬"的轻声,"龇"的平舌音。她还了解到有35人对"桅杆"不理解,就借助示意图(如图5-3所示)的讲解解决了这个问题。她从生字抄写的情况中发现,有部分学生写错了"肆"字,把第一笔的横写成了撇,因而重点示范该字的书写。

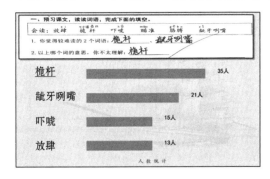

图5-2　预学反馈

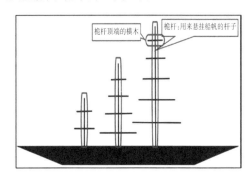

图5-3　桅杆示意图

又如笔者在教学《四季之美》一课时,从预学单中发现学生认为"红晕、凛冽、着实迷人"比较难读,笔者先前预设学生在书写的过程中会写错"黎"和"漆"(如图5-4所示),但从学生预写反馈中发现,是"幕、暮、慕"易混淆,遂对教学进行修正,重点落在了三个mù的辨析与书写指导上(如图5-5所示)。基于学生实际情况进行字词教学,有选择、有重点、有方向,在教学过程中不平均使用力量,不面面俱到,这种做法应该大力提倡。

图5-4　词语解释

图5-5　错误示例

二、梳理课文技巧

在梳理和概括课文的主要内容时，首先要注意根据年段目标确立梳理和概括的方法。统编教材对"概括课文主要内容"能力训练点做了以下安排，如图5-6所示：

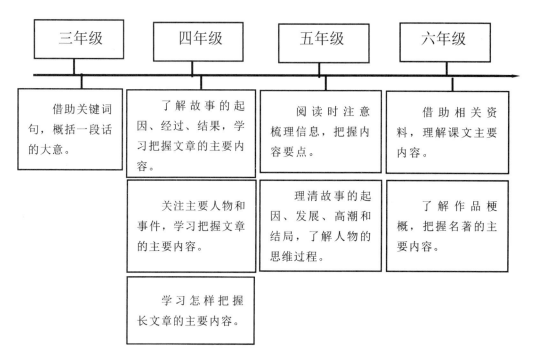

图5-6 "概括课文主要内容"能力训练点安排

对概括课文主要内容这一能力的培养，训练点的安排按照年级的递增，逐一在各单元篇章页上标明，清晰明了。教师们在试讲时要对自己所讲的课文是属于哪个年段、要落实哪个能力训练点，做到心中有数。

其次要注意语言的组织要简明扼要。概括、梳理的目的就是提取关键信息，把文章读短，读成一两句话，切忌和复述混淆，一般也不提倡在试讲时教师自己把课文主要内容转述一遍，可以通过师生合作的方式共同完成。

第一种是问答式。教师一般直接指名学生说说课文的主要内容，根据学生的回答，做出评价。例如四年级上册《麻雀》，教师可以根据课后习题1的要求，直接提问："读了课文，谁来说说课文围绕麻雀写了一件什么事？"勾连前一个单元的语文要素"了解故事的起因、经过、结果，学习把握文章的主要内容"的学习，让学生自己尝试用这样的方法来继续巩固该能力训练点。在学生回答的过程中，梳理出"这件事的起因、经过和结果是怎么样的"。

第二种是根据预习情况反馈式。以四年级下册《"诺曼底号"遇难记》为例,可以让学生在课前预习完成《义务教育教材语文作业本》(以下简称《语文作业本》)上第4题的思维导图,尝试根据提示概括出课文的主要内容,如图5-7所示。

（a）

（b）

图5-7 思维导图

"课前,同学们都预习过课文了,这是两名同学课前预习时梳理的思维导图,谁来说一说,你发现有什么地方不一样吗?"让学生去发现第三个方框,一个写"英勇牺牲",一个写"沉入海底",哪个更正确呢? 讨论发现,上面的方框都是围绕哈尔威船长写的,因此"英勇牺牲"比较正确。然后利用思维导图,说说这件事情的起因、经过和结果,再连起来说一说课文的主要内容。

第三种是师生共同梳理式。这种方式比较适合在教授新的概括课文主要内容的方法时使用。比如教学四年级上册第七单元《为中华之崛起而读书》时,学习"关注主要人物和事件,学习把握文章的主要内容",这一要素是在二年级"了解故事的主要内容",四年级上册第四单元"了解故事的起因、经过、结果,学习把握文章主要内容"的基础上,做进一步的提升。本课侧重引导学生通过先弄清每件事情讲了什么,再把几件事情串联起来的方式把握文章的主要内容。这个能力训练点的落实是重点也是难点,需要教师分步进行引导,使每个学生都有收获。

第四节　精读部分技巧

阅读教学的重头戏就在此板块,既要品读语言,又要感悟写法。为了达到预期的效果,试讲时要做到三个确保。

第一,确保时间。如果你试讲的总时间是8分钟,至少在本环节安排5分钟。

第二,确保内容。一般是聚焦一个或两个关键问题展开,内容的选择紧紧围绕关键问题的解决展开,不枝不蔓,重难点突出,一般选择2—3处最密切相关的语段进行品读。

例如,教学四年级下册《挑山工》一课时,教师聚焦的第一个关键问题是:挑山工是怎样登山的? 第二个关键问题是:联系上下文说说挑山工所说的话中包含了怎样的哲理。有教师可能会问,那这些关键问题如何把握? 这里也有快速确定的方法,如果是略读课文,一般关注的是课前的"导读提示";精读课文,一般关注的是课后习题。以四年级下册《天窗》为例,如果试讲第一课时,就可以抓课后习题第1、2题展开,聚焦第一部分"下雨时被关在屋里时,小小的天窗成了唯一的慰藉"展开,主抓的关键词句就可以关注课后习题第三题的第1小题。如果是第二课时,就关注"晚上被迫上床休息时,小小的天窗又成了唯一的慰藉"以及课后习题3中的第2小题,如图5-8所示。

> 默读课文,说说天窗在哪儿,为什么要开天窗。
>
> 在什么情况下,小小的天窗成了同学们"唯一的慰藉"? 找出相关语句和同学交流,再有感情地读一读。
>
> 读句子,回答括号里的问题。
>
> ◇你想象到这雨,这风,这雷,这电,怎样猛厉地扫荡了这世界,你想象它们的威力比你在露天真实感到的要大十倍百倍。("扫荡"给了你怎样的感觉? 为什么通过天窗感受到的风雨雷电的威力,比在露天真实感受到的要大十倍百倍?)
>
> ◇因为活泼会想的学生知道怎样从"无"中看出"有",从"虚"中看出"实"。(结合课文,说说学生是怎样从"无"中看出"有",从"虚"中看出"实"的。)

图5-8 课后习题

第三,确保语文要素。单元语文要素包含了阅读要素和表达要素,要根据实际情况逐一落实。

例如教学三年级下册《我们奇妙的世界》,本单元以"奇妙的世界"为主题,语文要素是"了解课文是从哪几个方面把事物写清楚的",关注"写清楚",一是指文章主要写的事物有什么特点,二是了解从哪几个方面来写。如果是第一课时,一般是会学习"天空的珍藏"部分。可以这样进行该板块的试讲:

一、梳理"天空"

同学们,让我们把目光聚焦到"天空的珍藏"部分,请你们默读第2—8自然段,找一找天空珍藏了哪些奇妙的景物呢? 我要请一名同学在屏幕上圈画景物,其他学生在书上圈画。(稍作巡视)都找完了吧,来看看这名同学圈的:太阳、云彩、雨点、余晖、群星。你们跟他一样吗? 真不错,大家都找到了。

同学们,你们看,这些普通得每天都能看到的景物,为什么在作者看来是奇妙的、有生命的呢? 你们能发现它们的共同点吗? 先同桌之间说一说。你来汇报。(请学生)你

呢?(请学生)还有你。(请学生)哦,你们都不约而同地找到了一个关键词"变幻"。(教师板书:变幻)

它们在怎么变幻呢? 请你试着填一填《语文作业本》的第4题,小组内讨论,请小组代表写在词卡上,写完后贴到黑板上来,具体如图5-9所示。

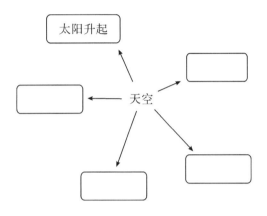

图5-9　贴词卡

看,这是大家讨论的结果,大家一起读:太阳升起——云彩飞行——雨点降落——余晖变幻——群星闪烁。

这些事物每天都在这样变幻着,我们不由得感叹——(有感情地齐读)这是一个奇妙的世界,一切看上去都是有生命的。

二、感受"奇妙"

请挑选自己喜欢的一个事物,和同学说一说,它是怎么变幻的?(稍作巡视)

请你来说说,你喜欢的是太阳,你先把相关的段落读给大家听。(出示第3、7自然段)你找得很正确,读得也很好,那它是怎么变幻的?

哦,你感受到了它颜色的变化,从早晨的粉红色、蔚蓝色,到傍晚的金色、红色和紫色。(教师板书:颜色)

太阳的升起和落下,在天空中不断变化着色彩,天空就像被打翻的调色盘,太奇妙了。咱们一起来读一读。

作者除了抓住颜色来写外,还抓住了什么来写呢? 你来说,哦,你找到的是写云彩的句子。(出示第4自然段)

这里的"雕饰"是什么意思? 对,就是精心地雕刻装饰。现在我要赋予你们魔法了,你们拥有一双神奇的小手,你们想把云朵雕饰成什么呢? 它又在干什么呢? 赶快来说一说吧!

你说,哦,云彩呈现出兔子的形状,那是它与乌龟赛跑时在中途休息呢!你呢?还有你……原来云彩喜欢变幻出各种奇妙的——形状,(教师板书:形状)告诉我们许多奇妙的故事,带着这种神奇和欣喜,一起来读一读第4自然段吧!

晴天的云彩不断变幻着形状,让人感觉十分奇妙,那么下雨的时候又会是怎样一幅景象呢?请你们大声读出来吧!(出示第5自然段)

雨后,我们会看到地上有许多水洼,就像有趣的镜子,映射着我们的脸。读了这句,你们的眼前好像出现一幅怎样的场景?是的,一个小小的、浅浅的水洼成了"化妆镜",映射出我们的脸。多么奇妙的云彩!让我们一起边想象画面边读一读第4—6自然段。

刚才我们感受过了白天天空的奇妙,那么夜晚降临的时候又会是怎样一幅景象呢?请你把找到的部分读给大家听。(出示第8自然段:黑夜降临了,我们看见夜空中群星闪烁,就像千千万万支极小的蜡烛在发光。)读了这个句子,你有什么感觉?对呀,这么普通的事物被这么一比喻,让我们感受到了一闪一闪的美好。难怪作者说——这是一个奇妙的世界,一切看上去都是有生命的。(出示句子)

三、读出"奇妙"

从日出到日落,从晴天到雨天,直至夜幕降临,我们这个世界每天都在变幻。老师想和大家一起合作读第1—8自然段,红色部分一起读,我读画线句子,你们读其他的句子。

读完之后,你还有什么新的发现?你说。写了一天的变幻。你说。哦,文章是按照时间的顺序写的。你很会总结。

如果是习作单元的阅读课教学,要注意表达要素的渗透,例如教学三年级上册第五单元课文《搭船的鸟》,本单元的阅读要素是"体会作者是怎样留心观察周围事物的",表达要素是"仔细观察,把观察所得写下来",所以在试讲时不仅要关注作者对哪些事物做了细致的观察,让学生说说是从哪里看出来的,还要渗透写法。以翠鸟的外形为例,作者抓住外形的颜色特点写出了小鸟的美丽,并且是按照整体到局部的顺序来有序表达的。最后可以安排小练笔,让学生联系生活中观察过的小动物,也可以对照老师提供的图片,模仿、迁移、运用,尝试写一写。

如果是阅读策略单元的阅读课,试讲的时候要渗透阅读策略的习得和运用。例如四年级上册第二单元的要素是"阅读时尝试从不同角度去思考,提出自己的问题",在试讲《一个豆荚里的五粒豆》时,教师要有意识地鼓励学生积极提出问题,让学生学习用不同的疑问词提问,边读边动脑筋思考,用便利贴记录下自己随时随地提出的问题,然后分小组对问题进行归类,最后展示大家提出的问题,会发现有的问题是针对课文的一部分内容提的,有的是针对全文提的。

第五节　总结提升技巧

元代陶宗仪《南村辍耕录》中写道:"乔孟符(吉)博学多能,以乐府称,尝云:'作乐府亦有法,曰凤头、猪肚、豹尾六字是也。'大概起要美丽,中要浩荡,结要响亮。尤贵在首尾贯穿,意思清新,苟能若是,斯可以言乐府矣。"这里的"凤头、猪肚、豹尾"也被称作"六字法",文论家也多用来评论古文写作。这是一种对诗文创作的开头、主体以及结尾的比喻说法。就是说,文章的起头要奇句夺目,引人入胜,如同凤头一样俊美精彩;文章的主体要言之有物,紧凑而有气势,如同猪肚一样充实丰满;文章的结尾要转出新意,宕开一笔,如同豹尾一样雄劲潇洒。其实好的试讲跟好的文章一样,既要有"凤头""猪肚",也要有"豹尾"。

本板块包括回顾过程、总结课文、体会写法、拓展内容、情感提升等内容。例如在教学四年级下册《母鸡》时,可以分三步走。

第一步,拓展内容,赞美母爱。

老舍先生仅仅是在赞美母鸡吗? 读了这句话,(出示:它负责,慈爱,勇敢,辛苦,因为它有了一群鸡雏。它伟大,因为它是鸡母亲。一个母亲必定就是一位英雄。)你一定会想到——母亲。

那老舍先生是否是你们想的那样呢? 我们来看资料·(配乐)妈妈整天地给人家洗衣裳……妈妈的手起了层鳞……她的手是洗粗了的。她瘦,被臭袜子熏得常不吃饭。老舍的母亲给人家当女仆,挣钱供儿子去念书。因为——(齐读)一个母亲必定就是一位英雄。

第二步,比较阅读,体会写法。

这个单元,我们学习了老舍的《猫》和《母鸡》,比一比,说说这两篇文章在表达上有哪些相同和不同之处,完成学习单后小组交流,把意见展示在板贴上。(师巡视)

咱们来看看每组的成果吧! 请1号小组来汇报。你们发现了两篇文章的结构都是总分的构段方式,在写动物的时候都通过具体的事例写出了各自的特点,(板书:结构)不同的是,《猫》用的是明贬实褒,《母鸡》是前后对比。很不错!

其他小组有补充吗? 请3号组。是的,语言都很口语化,读起来很亲切。(板书:语言)6号组。是的,表达的情感都是喜爱,但是《母鸡》是先讨厌后喜爱,有情感的变化过程。(板书:情感)

同学们,你们真会学习,(指着板书)把两篇课文的结构、语言、情感等各方面进行比较,梳理出了它们的异同。

第三步,布置作业,拓展延伸。

老舍写动物的文章有很多,如《小麻雀》《鸽》《二马》《猫城记》等,可以找来看看,也可以看看其他作家描写动物的作品,还可以同学合作,制作动物名片卡,画一画、写一写自己喜欢的动物。

第六节　收尾技巧

试讲接近尾声,不可草草收场,要让人感觉意犹未尽,余味悠长,才是正确选项。有的是自然收尾,随着试讲内容的结束而结束;有的是留下新的疑问,下节课继续探讨。试讲诗歌类的课文还会以配乐诵读、吟唱的方式结束。还有的教师会问学生今天有什么收获,然后小结收尾。笔者提倡的是高潮收尾,就像唱歌一样,在最强音结束,有震撼人心的效果,给人印象深刻。比如在教学四年级下册《黄继光》时可以这样收尾:

同学们,通过学习,我们了解了黄继光、钱学森的英勇事迹,收获不小。正是因为有了他们的牺牲和奉献,才有了我们现在的幸福生活,低头看看胸前的红领巾,再抬头看看墙上的五星红旗,让我们全体起立,向这些英雄敬礼!

第六章　小学语文试讲的特殊技巧　>>>

第一节　语言技巧

朱光潜先生说："情感的最直接的表现是声音节奏,而文字意义反在其次。文字意义所不能表现的情调常可以用声音节奏表现出来。"这段话强调了声音、节奏的重要性。在试讲过程中,有走动的声音、粉笔书写的声音等,而教师语言是试讲过程中最重要的声音。

试讲最考验人的是试讲者的语言。语言是"思维的外衣",流畅的语言反映的其实是流畅的思维。语言表达要求用词准确,语意明白,结构妥帖,条理清晰,文理贯通,合乎规范,没有语病。如果音色清晰,嗓音优美,普通话准确度高,发音标准,那是最好。但不是什么人都有这样的天生优势,大部分人还是只有普通的声线和音色。作为教师,一般的素质还是具备的,肯定具有驾驭试讲所必备的语言功底,所以不用太过在意。在此基础上,注意试讲时语言的起承转合,控制好声音的节奏才更重要。

一、语气语调

在试讲过程中要注意语气语调的变化,给人抑扬顿挫、感情饱满之感。根据不同的内容和表达的需要,选择用不同的语气,如质疑的时候适合用疑问的语气,命令、请求的时候用祈使语气,在表达强烈情感时多用感叹语气等。试讲时语调的变化也是需要随时调整的,比如试讲的内容是《记金华的双龙洞》,总的基调就是轻快、喜悦的,如果是《青山处处埋忠骨》,基调一定是深沉而哀伤的。同时,在试讲过程中还要注意声音响亮,声音的高度在了,气场也跟着起来了,要让你的声音灌满整个教室,让每一个人听清楚你说的每一个字。当然,语速的快慢张弛也不能忽视。

很多老师在试讲时语言起伏基本没有变化,听起来就像在听机器人播报,时间一长就会让大家想睡觉或者想离开,因为这样的语言有一定的催眠效果,让人听着昏昏欲睡,时间一长甚至会产生一种厌烦的情绪。

那是什么原因造成的呢? 其实是有些教师陷入了一种背稿的状态,没有考虑在语言行进过程当中,我们的体验其实是运动且变化的。

那怎么改变这样的状态呢? 我们需要通过时时的调整和控制,比如当我们说得激动的时候,可以加快我们的心理节奏,进而让我们的语言也加快,如果说到一些伤感、回忆的事情时,可以让我们的心理节奏放慢,进而语速也会放慢;至于声音的大小,我们可以有意识地将声音向外向远打出,这时声音就会明显放大。总而言之,我们在试讲时语言不能平淡,而要运动和变化,根据不同的语境来变换我们的语言。

二、导语

导语就是试讲过程中的引导语,是教师对学生回答的有目的的引导性语言,比如教学《大象的耳朵》一课,导入课文题目的环节可以这样进行:

同学们,上课之前咱们来玩一个看耳朵猜动物的游戏。(出示图片)你来猜,**你能告诉我你是怎么想的吗?** 哦,你猜是小兔子的耳朵,因为长耳朵竖得高高的,到底对不对呢?看——果然是。**其他小朋友猜的时候也要像他那样说出理由哦!……现在请大家仔细观察一下这些动物的耳朵,再看看大象的耳朵,你有什么发现吗? 请你说。**你真会发现,是的,其他动物的耳朵都是竖着的,(板书:竖着)而大象的耳朵是耷拉着的。(板书:耷拉)这是为什么呢? 让我们走进今天的课文,一起去看看——《大象的耳朵》。(板书课文题目)

在这段话中,加粗的文字就是对学生回答的引导语,这里这样做的目的:一是增加学习的趣味性,拉近与学生的心理距离,让学生很快地被教师吸引到课堂中来;二是要让学生通过看耳朵猜动物去发现小兔、小羊、小鹿、老鼠的耳朵都是竖着的,而大象的耳朵是耷拉着的,为后面的学习埋下伏笔。

引导语常用于环节转换的时候,还是以《大象的耳朵》一课为例,揭示课文题目后要进行第二个环节的学习。教师可以这样处理:

请大家齐读课文题目——大象的耳朵。**那大象的耳朵是怎样的呢? 快到课文中去找一找。**你第一个找到,是课文的第1自然段,你能来读一读吗?

在这里,教师用一个问句"大象的耳朵是怎样的"让学生去读读课文,找到句子。从而从揭示课文题目自然地进入到第1自然段的学习,去发现大象耳朵的特点。

三、评语

评语就是对学生的学习做出评价的语言,评价是很重要的语言,在试讲过程中常常会起到很多作用。第一,正面引导的作用。如,教学生字新词时,教师根据读音进行了分类出示,对学生进行正音时,会这样说:"你读得很正确,尤其读对了这一组词中的前后鼻音。请你当小老师来领读。"第二,给出明确信号的作用。如,教学《咕咚》一课,教师问:"咕咚到底指的是什么呢?"学生回答:"咕咚就是木瓜掉进湖里发出的声音。"这时,教师就要表示肯定:"你说对了,这里指的就是木瓜掉进湖里发出的声音,所以你们看这两个字都是口字旁。"如果学生回答错误,教师也要给出明确信号,如教学《棉花姑娘》一课,教师问:"是谁治好了棉花姑娘的病?"学生回答:"是瓢虫。"这时,教师要马上做出评价:"你没有说完整,请再说一遍。""对啦,是七星瓢虫。"因为瓢虫是有很多种类的,比如二十八星瓢虫是害虫。第三,鼓励表扬的作用。如,教学《端午粽》一课,有读长句子的要求。教师出示长句子:粽子是用青青的箬竹叶包的,里面裹着白白的糯米,中间有一颗红红的枣。对读得一般的学生要及时鼓励:"这么长的句子,你读对了每一个字,老师要送你魔法棒,帮助你读得更好,(给句子加上停顿斜杠)你愿意再来读一遍吗?"相信听了你的评价和鼓励,学生第二遍会读得更好。第四,"承上启下"的作用,既是对前面学生回答的点评,又是对后面学生回答提出了新的要求。比如有的题目答案是多元的,教师希望学生思考问题的角度要不同,这个时候,评语就会发挥重大作用。如教学《海上日出》写"天晴时的日出"这一部分,一位教师是这样试讲的:

品读语段,体会日出之变化。

同学们,读读课文的第2、3自然段,想想太阳是如何变化的呢?请同桌合作,完成学习单(如表6-1所示)。(师巡视)

表6-1　学习单

什么在变?	找到哪些关键词?

老师在巡视的时候发现,有的小组找到了一处,有的找到了两处,能不能再继续读读找找呢? 说不定有更多的发现。

都填完啦? 哪个小组先来汇报? 感谢1号小组的分享,他们找到了颜色的变化:红是真红、红得非常可爱、深红。真是开了个好头。**其他找到不一样变化的小组继续来分享!**

……

(指着表格)你们看,形状越来越圆,颜色由浅入深,光亮由弱到强,位置由低到高。你们简直和巴金一样善于观察呀! 那作者又是用了哪些词去衔接日出的全过程的呢? 你来说。是的,用"过了一会儿、到了最后、一刹那间",这些都是表示——时间的词,而且时间很——短。

(小结)海上日出之"奇",就奇在太阳在短时间里位置变化之多,光亮变化之快,颜色变化之美,难怪巴金先生会不禁感叹道——(一起读)这不是很伟大的奇观吗?

这里加粗的评语,很好地体现了教师的意图,教师希望同学们能从不同方面去发现早晨太阳的诸多变化,有颜色的变化、光亮的变化、位置的变化、形状的变化,等等,从而感受变化之美。

四、结语

结语包括对一部分内容学习的小结,也可以是全部内容的总结。结语要简短、明晰。例如教学《爬山虎的脚》一课,教师教学的第一部分内容是爬山虎脚的样子,学生学习完成后,教师这样小结:"刚才我们通过读一读、画一画、辨一辨的方式知道了爬山虎脚的位置、颜色和样子。同学们不仅会观察,还会分辨,很了不起!"教师这样小结,是在有意识地渗透学习方法,目的是告诉同学们,用这样的学习方法我们有效地完成了第一个学习任务,接下来的学习任务也要尝试着用自己认为合适的方法继续自主学习。当第二部分爬山虎如何爬墙学习完毕后,教师对内容学习作结:"我们一边读一边演,知道了爬山虎一巴,一拉,一贴,就能一脚一脚地往上爬了。"这个部分的小结,是在告诉孩子,关注脚的动作,就能知道爬山虎是如何爬的。课文的第三个学习任务是了解作者是如何观察的。教师可以这样小结:"你们跟叶老先生一样有一双会发现的眼睛,发现了作者观察的秘密,那就是不仅要细致观察,还要连续观察。我们也要用这样的方法去观察自己喜欢的事物。"教师的小结勾连了本单元的"交流平台",把单元要素有机融入。

第二节　体态技巧

这里的体态指的是教师的身体语言,可以起到一切尽在不言中的效果。非言语体态语,虽是无声的,却对语言起着形容、强化和补充的作用。教师可以通过准确的体态语言交流思想,表达感情,传递信息。所以,试讲是离不开体态语言的加入的。

一、眼神

民谚道:"一个目光表达了1000多句话。"眼睛是心灵的"窗户",是人体传递信息最有效的器官。试讲的过程中,教师的眼睛始终要与评委保持交流状态。有的教师说,我一看评委就吓得要死,哪里敢看评委呀!其实,只要你的眼光保持在评委的水平方向就行,你可以看着他们,如果实在害怕,也可以看他们的头顶、鼻子、嘴巴。这样是不是就容易一点了?千万不能在讲的时候仰着头,翻着白眼,思考着自己的下一句话是什么,你可以往下看着评委前的桌子,仿佛那里坐着小学生,你低下头和孩子有交流。也千万不能眼神飘忽不定，这是不自信的表现。一般来说，你的手势出去的方向，就是你眼睛看的方向。比如，请最后的男生来说一说，眼睛就应该往最后的位置看；请第一排扎小辫的女生读，你的眼睛也要看着第一排，仿佛那里坐着一个扎小辫的女生，她回答正确了，你还要表扬她：“读得很正确，尤其读对了这个多音字‘扇’！”你的眼神是赞许的、满意的。同样，如果她读错了，你就用鼓励的眼神看着她，说：“别紧张，再读一遍！”你熠熠生辉的眼神会给评委留下深刻的印象。

二、眉毛

眉毛配合着眼神，也能表达丰富的情感。如《草原》一课，老舍写道：“这次，我看到了草原。这里的天比别处的更可爱，空气是那么清鲜，天空是那么明朗，使我总想高歌一曲，表示我满心的愉快。”那肯定是眉头舒展的；但是如果读到的是《青山处处埋忠骨》中“从见到这封电报起，毛主席整整一天没说一句话，只是一支接着一支地抽着烟”，你肯定会紧锁眉头；在读《黄继光》一文中“黄继光愤怒地注视着敌人的火力点”时，你也会竖起眉毛，表示你满腔的怒火。

三、嘴巴

嘴巴可以传达丰富的情感。在整个试讲的过程中，你的嘴巴是最辛苦的，一直在不停地运动着。在控制好唇动的节奏时，也可以利用嘴型的变化，表达你所想要的情绪，如《鹿角和鹿腿》一文，读到“鹿忽然看到了自己的腿，不禁噘起了嘴，皱起了眉头”来表示小鹿失望的、抱怨的情绪时，可以演一演。读《漏》一文，读到老虎和贼一齐滚下了山坡，浑身沾满泥水，撞在一块儿，他俩对看了一眼，以为对方就是“漏”，同时惊恐地大喊“漏哇——”，这时的嘴巴张成O形，表示惊慌害怕到了极点，是不是很有意思？

四、手势

试讲时，手势配合着语言，往往可以起到事半功倍的效果，所以手势是很好的辅助语言。请学生回答问题，就用手势做出“请”的动作，请学生看黑板，就让手势上扬指向黑板。常用的还有竖起拇指或鼓掌，以表示敬佩、称赞。老师在试讲的过程中，为了激发情绪，会使用2—3次手势。比如，为了强调某个正确答案，教师会这样处理：一边竖起个大拇指一边说：“你不仅读正确了古诗，还读出了节奏和韵律，老师要为你点赞！”有时候手势是为了更好地指导朗读，如读到《浪淘沙》“如今直上银河去，同到牵牛织女家”时，教师一定会把手臂伸展抬起，头仰望星空，做出向往的样子，仿佛在看牛郎织女团聚的美好。

更多的时候手势是为了理解文中的动词,带着表演的意味。比如,在试讲《肥皂泡》一课时,课程要求用自己的话说说吹肥皂泡的过程,教师会和同学们一起演绎"和弄和弄、蘸、吹、轻轻一提、扇送"等动作。更有趣味的教师会在情境创设的时候使用手势,例如在试讲《大象的耳朵》一课时,教师会把手握成话筒状,说:"我来采访一下小动物们。小兔,小兔,你为什么说大象的耳朵有毛病啊?"还有的教师会跟学生示弱,比如在试讲《揠苗助长》时,教师会扮演那个农夫,故意用手挠着头皮,皱着眉头跟学生求助:"你们说我的办法不好,那你们有什么好的办法啊?"解开难题后,用手拍着额头表示忽然醒悟:"对对对!这样禾苗就不会枯死,还能快快长大了!"在表达强烈的情感时,手势的加入更是不可或缺。比如,在试讲《圆明园的毁灭》一课时,课后要求"反复朗读,读出情感的变化",不管是昔日的辉煌还是此刻的毁灭,都要辅以恰当的手势。特别是读到"统统掠走、任意破坏、毁掉"等词句时,教师一定会紧握拳头表示愤慨和痛恨之情。

五、脚步

在试讲的过程中,有的老师会站在一个地方一动不动,或者移动的范围很小,这些都是不可取的。既然是模拟上课,在教室里你怎么可能一直站在讲台前上课呢?所以,我们要利用好自己的脚步,来使自己的位置根据需要发生变化。首先,脚步可以拉近距离,包括空间距离和心理距离。比如,上课开始,可以上前跨出一步,身子微微前倾,跟同学们说:"同学们,准备好了吗?咱们开始上课了!"以此拉近与学生的距离。在跟学生交流的过程中,也要离开讲台,走到座位处,倾听他们的回答。在没有学生的情况下,评委就是你的"学生",请走到他们面前去侃侃而谈。脚步也要往左右两边移动,照顾到所有的学生。其次,脚步移动的速度可以表达不同的情感,控制试讲的节奏。比如,教学《闻官军收河南河北》一诗,读到"喜欲狂"的时候,一定会想象那个场景,这时的脚步是轻快的,处处洋溢的是喜悦之情;而读到《秋夜将晓出篱门迎凉有感》的"遗民泪尽胡尘里,南望王师又一年"时,脚步一定是沉重而缓慢的。最后,步态要注意分寸,既不能像《白鹅》里的鸭子那样"步调急速,有局促不安之相",也不能像鹅老爷那样"大模大样的,颇像京剧里的净角出场"。

六、面部表情

微笑是最美的语言。在试讲的开始和结束,都要保持礼貌的微笑。在试讲的过程中,微笑着和学生交流,能让人感受到你是个很有亲和力的老师。当然,根据课文内容的变化,面部的表情也会随之发生变化。此刻的教师,就是话剧舞台上的演员,根据需要时而微笑,时而严肃,时而赞赏,时而愤怒……总之要和学生共情,和评委共情,和教材共情。最忌讳的是由于紧张,自始至终都是一副表情。

除了以上体态语外,其他还有腰部的转动、脑袋的仰俯、脊背的挺曲等,也要遵循恰当、得体的原则。

第三节 板书技巧

板书是试讲中必不可少的内容。好的板书是一道美丽的风景,可以为试讲者加分不少。王松泉先生在《语文板书教学及板书学研究概述》中这样写道:板书的教学作用,在于它是反映课文内容的"镜子",展示作品场面的"屏幕";是教师教学时引人入胜的"导游图",学生学习中掌握真谛的"显微镜";是开启学生思路的"钥匙",进入知识宝库的"大门";是每堂课的"眼睛",读写结合的"桥梁"。

小学语文的板书,由于教学内容的不同,教师个人素养的不同,学生年段的不同,体裁目标的不同,表现的形式也是多种多样的。一般常见的板书形式有总分式、提纲式、表格式、思维导图式、图文并茂式,等等,有时还会有多个板书,例如林志明老师在执教五年级下册《田忌赛马》时,有两块板书,如图6-1所示。既有主导式板书,又有合作式板书,这样的板书更能体现教师的设计意图和生本理念。

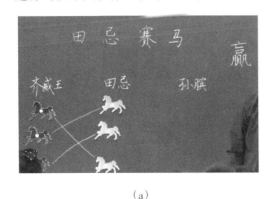 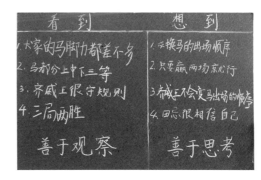

(a)   (b)

图6-1 《田忌赛马》板书

试讲,最后物化的成果就是试讲者留下的板书,所以板书很重要。因为是试讲,试讲者在撰写试讲稿时可以做好充分的预设,板书设计必须关注以下几个要求:

(1)目的明确。通过板书可以看出教师讲授的顺序和思维过程,了解教学的重难点。板书的内容确定之后,什么时候书写,写在什么位置,决不能随心所欲,要根据讲课的方式而定。

（2）科学合理，书写的内容确保准确无误，做到概括、有条理。

（3）美观整洁。不空不繁，不错不杂，文字工整流畅，图像符号清晰美观，布局匀称得体，大小颜色适度。（建议重点强调的内容用彩色粉笔书写）

（4）体现年段特点。每个年段的板书也有明显的特点，低段的阅读课，既要重视识字写字，又要引导学习课文，以试讲二年级上册《纸船和风筝》这一课为例，教师把要辨析的生字"漂、飘"，要理解的生词"山顶、山脚"，要学习说的祝福语，松鼠的纸船、小熊的风筝，用一幅简笔画串联起来，真是一目了然，如图6-2所示。同时，还要把低段学习识字方法中的猜读法进行回顾总结，板书在旁边，方法渗透，目标明确。

图6-2 《纸船和风筝》板书

中段的阅读课，图文结合的方式会逐渐减少，在关注内容的同时更注重学法、写法的渗透。以四年级下册《海上日出》为例，该板书的"奇观"点明了中心，中间的图片是学生根据课文内容排出的顺序，"日出前、日出时、日出后"写出了行文的顺序，最下面的"时间、形状、亮光、位置、颜色"清楚地告诉学生，作者就是抓住早晨太阳随着时间的推移发生的各种变化来写作的。这一板书符合习作单元的阅读教学，指向的是方法的习得。它是由师生共同完成的，如图6-3所示。

图6-3 《海上日出》板书

高段的板书除了关注内容、写法,还要关注语言,以五年级下册《手指》第一课时为例,板书"搔"是根据学生字形掌握情况,指导示范写的一个生字,"样貌、作用"是从内容的角度发现每个手指的写法,中轴上的"语言风趣"是这篇课文以及整个单元的语文要素,最后的"拟人显趣、事中见趣、用词有趣"是语言风趣的具体表现手法。鱼骨图(如图6-4所示)串联了整篇课文每个手指的特点,可谓设计巧妙、精准。

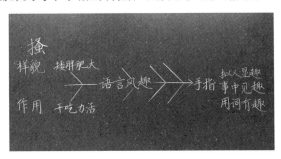

图6-4 《手指》鱼骨图

除了上述要求外,还要注意以下技巧:

(1)教师边试讲边板书,讲究时机。时机把握好了就显得水到渠成,自然适恰。板书的完成是分步走的。第一步,写课文题目,有的喜欢在试讲开始前写好,这样不会因为板书课文题目而打断后面的一气呵成;有的喜欢边讲边写,特别是课文题目中有生字出现的,比如《铺满金色巴掌的水泥道》,课文题目中的"铺"和"泥"就是要求会写的生字,这时就可以直接进行书写指导;有的揭示课文题目后再写。都是可行的。

第二步,示范指导书写谷易写错的字,这是基于学生预习时出错或者认为比较难写的生字。以教学《搭船的鸟》第一课时为例,教师在揭题后会问:"这只搭船的鸟是什么鸟?"学生会回答"翠鸟",教师乘机出示课前学生书写的"翠"让学生观察,发现写错了,上面的"羽"字不能带钩,最后一竖也不能冲到里面去。这个时候就让学生跟教师一起书空,端端正正地写好规范字,位置一般在左上或者右上角,和主板书不要混在一起,写的时候也要注意自己的头部不要挡住自己的书写,要让学生看清楚。

第三步,是在梳理文本的时候,有的教师会把课文主要内容作为主板书的一部分。比如教学《搭船的鸟》,教师会根据学生的回答板书"外形"和"捕鱼"梳理出主要内容。

第四步,在聚焦重点语段,品味语言时,比如《搭船的鸟》第2自然段研究"外形"部分,根据"这是一只怎样的翠鸟?"板书"美丽",探讨"作者是怎么观察? 怎么写的?"后相机板书"按顺序、抓特点"。

第五步,在总结提升时,还以《搭船的鸟》为例,小结"外形"部分的学习,知道作者对翠鸟进行了"细致观察",用红色粉笔书写。

这个五步法,适合大多数课文的板书时机。

(2)板书要师生共同完成。好的板书不是教师的独角戏,就像课堂也不是教师的专场,更应该是学生的主场才对。有老师会问,试讲没有学生,板书怎么让他们完成?这就要讲求一个技巧,你的语言和预留的空间里要有学生。比如,教学《黄继光》一课,教师的主干问题是:"默读课文,画一画相关的句子,圈一圈你认为能突显人物品质的关键词,在小卡片上写下你认为黄继光是一个怎么样的人。写好后贴到黑板上来。"在作结的时候,教师用画横线的方式来代表学生贴的卡片,起到了师生共同完成板书的效果。

(3)板书也要随机应变。在试讲的过程中,教师由于紧张,忘记板书了,怎么办?千万别慌张,乱了自己的阵脚,你要想别人又不知道你到底要写多少板书,也不知道你会在何时板书,所以你有补救的机会。某个内容全部学完了,小结的时候补上去;课文全学完了,总结的时候还可以补救,没什么大不了的。

(4)板书要讲究扬长避短。有的老师粉笔字很漂亮,就可以发挥自己的长处,多写一点。有的老师书写不好,动作还慢,怎么办呢?就要避开自己的短板,可以就写课文题目和指导书写的生字,其他可以用符号来替代,只要板书的意图让人看懂就行。还有的老师内容准备较多,害怕时间来不及,如果允许,就事先准备好板贴,直接粘贴。考编面试一般不可以的,那就用画横线、符号等方式模拟板书,需要强调的是课文题目一般是要求写完整的。

此外,板书也可以巧妙使用,起到别出心裁的效果。例如五年级上册《圆明园的毁灭》一课,第一部分是"昔日的辉煌",板书一般会写"众星拱月的布局、风格各异的建筑、珍贵的历史文物",试讲第二部分"毁灭"时,可以通过擦去板书的方式,感受"被毁灭之痛惜与愤怒",教师可以边擦边引读:"从1860年的10月6日开始,英法联军在圆明园内抢掠、破坏时间长达12天,众星拱月般的布局——没有了,风格各异的建筑——没有了,珍贵的历史文物——也没有了。"又如三年级下册《海底世界》一课,在整体感知时要解决"说说课文是从哪几个方面介绍海底世界的"这一学习任务,学生对第2自然段有了意见分歧,有的学生认为是在写"海底的宁静",有的学生认为是在写"海底的光线",这个时候就可以采取延时评价的方式,把两种意见都板贴在黑板上,打上问号,然后通过细读文本找依据的方式,让学生自主发现,最后确定是在写"海底的宁静"。

第四节　试讲稿撰写技巧

对于教师来说,最难的就是试讲稿的撰写了。在大家表现力差不多的情况下,试讲稿的好差,在某种程度上决定了你分数的高低和名次的前后。所以,大家要重视试讲稿的撰写。

一、改创结合

因为试讲是模拟上课,体现的是教与学的全过程,所以试讲稿跟教案有着直接的关联,但又不是教案,是教案的演绎版本。既然是教案的演绎版本,那就可以从教案入手,改写教案成为撰写试讲稿的有效途径。

首先,试讲中的目标制定和教案是一致的,一般是分课时制定,确立一课时的教学目标。教学的重难点也是一致的,指向语文要素和人文要素,指向方法的习得、能力的培养、情感的熏陶。目标制定中的知识与能力、过程与方法、情感态度与价值观也是要指向识字与写字、阅读与鉴赏、表达与交流、梳理与探究。教师要对课文的总目标进行分解,按照试讲的课时制定目标。如果试讲的是第二课时,要做好与第一课时的衔接,不断层,不生硬,可以通过回顾或者检测的方式跟进教学。

其次,试讲稿的撰写一般是基于对教学流程的改造。既要涉及教师的教,更要关注学生的学。对于初学者来说,可以把要说的每句话都写下来。怎么改造教案变身试讲稿呢?下面谈几个要点。

第一个技巧就是改。要把一些陈述性的语言、分析性的语言,改成教学性的语言。比如,《月是故乡明》的第一板块,可以这样改造,如图6-5所示。

```
一、借诗入题,点明中心
1.出示课文题目,齐读课文题目。
2.想想课文题目的诗句出自何处。
3.吟与月亮相关的诗句,发现主旨。
```

(a)

```
一、借诗入题,点明中心
    同学们,今天我们学习的课文是——(一起读)《月是故乡明》。这句诗出自哪里?(指名回答)是的,来自杜甫《月夜忆舍弟》的"露从今夜白,月是故乡明"。说到月亮,你们能来展示一下自己的收集吗?(指名说)你来。举头望明月,低头思故乡。你再来。春风又绿江南岸,明月何时照我还?还有,明月楼高休独倚,酒入愁肠,化作相思泪。
    同学们,一起读读这些诗句,你们发现了什么?(指名说)是的,月亮一直是文人墨客常常吟诵的对象。哦,自古以来,月亮常常寄托了中国人的思乡之情。(板书)那季羡林先生的这篇文章,又想告诉我们什么呢?让我们走进今天的课文。
```

(b)

图6-5　《月是故乡明》的第一板块

第二个技巧就是减。由于试讲的时间是有限的,所以教师要注意对教学内容做减法,不是所有的教学设计都需要呈现,要会做减法,做到主线分明,一课一得。以《忆读书》第三板块"梳理经历,把握要点"为例:

【教学设计】板块三:梳理经历,把握要点

1.初读课文:快速默读,初步体会作者的读书感悟。

(1)开篇,冰心奶奶说了这样一句话:一谈到读书,我的话就多了。

(指生朗读)

(2)关于读书,冰心奶奶把想要告诉我们的千言万语化为了一句话,是哪一句呢? 快速默读课文,找一找,用波浪线画出来。

> 读书好,多读书,读好书。

(3)多读书,读好书,冰心奶奶读了哪些书? 她认为怎么样的书才是好书呢?

2.再读课文:快速默读,借助"图表"梳理作者读书经历。

(1)出示学习提示,明确学习要求,如图6-6所示。

> 学习活动一:梳理读书经历
> 1.快速默读课文。
> 2.借助图表梳理作者的读书经历(《义务教育教材语文作业本》第4题)。

图6-6 学习要求

(2)填表交流。

(3)交流反馈。

预设一:冰心奶奶自七岁开始读《三国演义》《水浒传》等章回体小说,当时的读书方法是一知半解地读。

……

预设二:作者十二三岁和中年以后都读了《红楼梦》,读书方法是反复阅读。

……

预设三:1980年到日本访问回来后,作者读万卷书,此时冰心奶奶学会了——挑选、比较。

小结:我们通过一张图梳理了冰心奶奶的读书经历,她用一生的读书经历来告诉我们:读书好,多读书,读好书。读好书,那么她认为怎么样的书才是好书呢?

这个部分的教学设计,为何做减法? 这个内容指向的教学目标是"能用较快的速度默读课文,借助《语文作业本》的图表梳理作者的读书经历,把握内容要点"。对于试讲来

说,它是属于略教的部分,所以要对这个部分的内容进行缩减。如何做减法? 可以这样操作:

【试讲】板块三:梳理经历,把握要点

开篇,冰心奶奶说了这样一句话:一谈到读书,我的话就多了,你能找出来吗? 她最想说的是——(齐读)读书好,多读书,读好书。是什么样的读书经历,才会有这样的感触呢? 快速默读,借助图表来梳理出作者的读书经历,完成《语文作业本》第4题。

这是丁丁同学的学习单,请你来跟大家汇报一下。你们认同吗? 是的,我也觉得他做得挺好。抓住4个时间节点,我们能快速地梳理出冰心奶奶的读书经历。(边说边板书)七岁,一知半解地读《三国演义》和《水浒传》,十二三岁和中年以后反复读《红楼梦》,1980年访日回来挑选、比较着读。

那么她认为怎么样的书才是好书呢?

第三个技巧是加。哪些内容是要加的呢? 当然是最关键问题的解决了,要把教学和学习过程铺展开来,让听者感受到你设计的巧妙和演绎的精彩。这个部分浓墨重彩的试讲,就是掀起高潮、打动评委的最佳节点了。例如,教学四年级下册《“诺曼底号”遇难记》,品读语言感受哈尔威船长的崇高品质是教学最精彩的部分,试讲时要聚焦关键内容做好加法:

【教学设计】品读“语言”,走近人物

1.默读第12—40自然段。哈尔威船长在指挥救援工作的时候,一共下达了四道命令,用横线画出这四道命令,标上序号,圈出关键词,在旁边写写自己的感受。

2.品读语言,交流感受。

(1)重点抓哈尔威船长发布的前两道命令展开教学。

(2)相机在词卡上写出能表现人物品质的关键词,板贴到黑板上。

(3)指导朗读,体会对话虽简短却有力的特点,读出画面感。

(4)聚焦后两道命令,简要品读。

3.观察四道命令,有什么发现? 联系上下文谈体会。

4.再次朗读,透过语言感受人物品质。

【试讲】品读“语言”,走近人物

接下来让我们走近哈尔威船长,走进这篇小说的高潮部分。

默读第12—40自然段。哈尔威船长在指导救援工作的时候,一共下达了四道命令,请你把这四道命令画出来,标上序号。

同学们都画好了吗? 第一道命令在第几自然段? 谁能来读一读? 你读出了一个怎

样的船长形象? 说说你的理解?

你抓住了关键词,读出了船长的威严,你能再威严些发布这道命令吗?

谁还能从这道命令中读出船长的形象? 请你来说说。你真会读书,你通过与上文的对比,读出了船长的镇定自若。你们瞧,同一个句子,不同人读,就会读出不一样的感受。孩子,你能镇定自若地发布这道命令吗? 很好,把你提炼的关键词写在词卡上。

还有么? 哦,你联系上下文知道他把自己给忘记了,真是——舍己为人呀。

你读到了——指挥有方,前面还是一片混乱,现在变得井然有序。你们把自己提炼的关键词也写到词卡上去。

同学们,现在你们就是哈尔威船长,你们正站在指挥台上,让我们一起来发布这道命令,读:

哈尔威船长站在指挥台上,大声吼喝:"全体安静,注意听命令! 把救生艇放下去。妇女先走,其他乘客跟上,船员断后。必须把六十人救出去!"

果敢、镇定,我看到我们班诞生了42名镇定自若、威严的哈尔威船长!

我们继续往后看,船长的第二道命令是什么?

这道命令,是在一段对话中传达的。请看这段话,这段对话很精彩,值得我们反复品读,我们先自己读一读,想想对话传达了怎样的信息。

在这样紧急的情况下,哈尔威船长首先向洛克机械师了解了哪些情况? 为什么会想到炉子、火、机器? 请你解释一下。

是的,炉子、火、机器决定了诺曼底号的沉浮,这关系到所有人的生命。

我们继续往后看这段对话,紧接着哈尔威船长又向奥克勒福大副询问了什么情况? 你说。是的,是时间,是轮船沉入大海的时间。

奥克勒福大副告诉船长还有20分钟,船长冷静地回答了两个字"够了",同学们,什么够了? 救多少人的时间够了? 船长为何如此确定20分钟就足够成功救援60个人呢? 你感受到了——经验丰富! 把你提炼的关键词写到词卡上去。

现在我们来看他发布的第二道命令,老师有个疑问,他前面说要把所有的人都救出去,现在却说——你就开枪打死他。是不是一种矛盾呢? 大家讨论一下,发表自己的观点。

是的,同学们,保证所有人成功逃生的前提是什么? 保持秩序,所以船长此时发出了这道看似无情却无比深情的命令,读:哪个男人胆敢抢在女人前面,你就开枪打死他。

这段对话太精彩了,现在时间留给大家,我们同桌之间练一练这段对话。

哪一组想来读一读这一段对话？注意背景是一片呼号和嘈杂，声音一定要响亮。

这么精彩的对话，老师也想和你们一起读一读，咱们配上一段满是呼号和嘈杂的背景音乐。洛克机械师在哪儿？

……

现在我们一起读读第三道、第四道命令，从中你读出了什么？

你读到他没有忘记弱小，哪怕他只是个见习水手。

你读到了最后关头，他还在提醒大家快干。

观察这四道命令，你有什么发现？

是的，命令越来越简洁、越来越简短，此时此刻，随着救援进程的开展，船长已无需多言。让我们合作着来读：

海难来临时，他站在指挥台上镇定、威严地发令——

面对人性的考验时，他冷静地发令——

危难时刻，他还心系每一个弱小的人——

最后他留给人们的只有两个字——

这个部分的教学直击重点，创设有效情境，抓住关键词句，品读人物语言，感悟语言背后震撼人心的船长品格。试讲时要入情入境，在多种形式的读中感受人物品质，表达自己的内心感受，以期达到在语文实践活动中涵养学生的语文素养，也让教学走向高潮的目的。

课堂头录也是可以借鉴的内容之一，教师要会取其精华去其糟粕。对照教案的处理方式，可以改，可以加，可以减，也可以转。

下面以王崧舟老师《母鸡》的课堂实录为例，谈谈如何转换为试讲稿。

【课堂实录】

师：同学们，挺胸、抬头、微笑，精神状态不错。今天我们继续来当小问号、小工兵、小先生，希望同学们好好表现。现在，看老师在黑板上写了一个什么字？

师板书：鸡。

生：鸡。

师：你用这个"鸡"组几个词，说给同学和老师听。

（生抢着回答）

生1：大鸡、小鸡。

生2：山鸡、野鸡。

生3：公鸡、母鸡。

生4：肉食鸡。

师：同学们说的可真不少。这节课我们就专门来学习母鸡。老师要来当小问号问同学们一个问题。你看到"母鸡"这个词，首先联想到什么？

生1：我想到母鸡会下蛋，因为我喜欢吃鸡蛋。

师：那你要好好感谢母鸡。

生2：我想到了母鸡会不会孵小鸡。

生3：我想这只母鸡是不是鸡妈妈，它要是鸡妈妈，会怎样对它的孩子。

师：同学们的联想可真丰富。现在就请同学们来当小问号来问一问，作者可能写母鸡的什么？

生1：作者很可能写母鸡的叫声。

生2：作者很可能写母鸡下蛋。

生3：作者很可能写母鸡怎样关心它的孩子。

生4：作者很可能写母鸡的特点。

生5：作者很可能写自己喜不喜欢母鸡。

师：同学们想到的问题可真不少。老师把你们提出的问题归纳为两个：

1.母鸡的特点是什么？

2.作者对母鸡的态度是怎样的？

（师板书：态度 特点）

师：这节课，我们就来理解课文内容，解决这两个问题，体会作者的情感。现在我们先来当小工兵预习课文，解决文中的生字词，把课文读熟。要求：大声朗读课文两遍，然后边读边标出自然段、生字、不理解的词。不理解的词可以结合上下文来理解，不会的可以查字典，也可以请教老师。

这个部分的课堂实录比较长，主要是导入，有活跃气氛的作用在里面。从内容来看，学生应该是没有预习过这篇课文的。从课文题目入手，在预测、猜想的过程中导入课文的教学。如果是试讲，时间是8—10分钟，那这个部分就太冗长了，需要进行有效调整。

【试讲一】

同学们，挺胸、抬头、微笑，精神状态不错。今天我们继续来当小问号、小工兵、小先生，希望同学们好好表现。今天我们要走进的课文是老舍先生的《母鸡》。小手拿起来，和老师一起板书课文题目，齐读课文题目——母鸡。

（板书：母鸡）

课前大家都预习过课文了，谁来当当小问号，你还有什么地方是不理解的？

哦,老舍先生对母鸡的态度让你不理解。(板书:态度)

你呢? 你想知道老舍家的母鸡有什么特点?(板书:特点)

这节课,我们就来理解课文内容,解决这两个问题,体会作者的情感。现在我们先来当小工兵预习课文。要求:大声朗读课文两遍,读准字音,读通课文,遇到不理解的词可以结合上下文来理解,不会的可以查字典,也可以请教老师。

还可以对王崧舟老师的课进行统整,基本采用他的教学情境,进行大幅度改造。

【试讲二】

同学们,之前我们学习了老舍先生的《猫》,你觉得他对猫的态度是如何的?

是呀,字里行间处处透露出对猫的喜爱之情。

今天我们还要学习一篇老舍先生写的小动物的文章,齐读课文题目——母鸡。

这只母鸡是老舍先生的夫人养的,可是老舍先生一上来, 就向夫人投诉了这只母鸡,还为此写了一份控诉状。他要控诉母鸡什么呢? 赶快打开课文去读一读吧!

通过设置悬念的方式,激发学生的学习兴趣,又简洁又明了。

二、关照文体

施畸在《中国文体论》中指出:"创作文章,如不论体类,其势犹无轨之火车,失缰之骏马,虽在天才,不免危殆。"创作文章,要遵循文体特征,同样道理,阅读文章、教学文章也要遵循文体特征。

《义务教育语文课程标准(2022年版)》在"学段要求"的不同学段"阅读与鉴赏"中都明确讲到不同文体的教学要求,比如它在第三学段中这样表述:阅读叙事性作品,了解事件梗概,能简单描述印象最深的场景、人物、细节,说出自己的喜爱、憎恶、崇敬、向往、同情等感受;阅读诗歌,大体把握诗意,想象诗歌描述的情境,体会作品的情感。受到优秀作品的感染和鼓励,向往和追求美好的理想。阅读说明性文章,能抓住要点,了解文章的基本说明方法……

从中可以提炼出提高试讲稿撰写速度的诀窍,就是在准备时可以按照文体分类撰写,不同的文体撰写有其独特之处,慢慢形成不同文体模板。

比如撰写说明文,联系"阅读说明性文章,能抓住要点,了解文章的基本说明方法",就可以从"写了什么,用了什么说明方法"入手。如果是诗歌,勾连"阅读诗歌,大体把握诗意,想象诗歌描述的情境,体会作品的情感"就紧紧抓住"朗读、想象、体会"。设计时可以用以下基本模板:

一读,读正确;二读,读节奏;三读,读内容;四读,读主旨,最后能背诵。

这个模板基本就把现代诗歌、古代诗词等都涵盖进去了。散文抓"形散而神不散"，小说抓"环境、情节、人物"三要素，等等，化复杂为简明，试讲时一定能手到擒来。

第七章　小学语文试讲的评价

>>>

第一节　试讲评价的基本认识

根据试讲的类型来分,评价也可以分成两类。一类是研究型试讲评价,一类是评比型试讲评价。

如果是研究型试讲,那么评价是整个试讲活动中不可或缺的一部分,是对试讲者及其团队的集体研讨成果的一个必要的反馈。对试讲预期达成的目标、任务、效果做出科学的判定,以期进一步调控试讲活动,帮助试讲者与参与者共同提高教学研究活动的质量。

只有把评价的根系扎得越深,教师从试讲活动中收获的果实才能越多。只有把试讲与试讲评价进行有机结合,通过分析和评判,才能帮助试讲者、参与者共同提升教学水平与教学能力。

如果是评比型试讲,那么评价就是决定胜负排名的关键环节,同样不可或缺。一般评比型试讲评价,都会设计科学合理的评价量化表。评委根据现场情况,当场进行打分或等级量化。一般会在三位试讲者试讲结束后,由主评委组织现场讨论,在座评委根据三位试讲者的情况,对照评分量化表,逐一打分,并阐述理由,大家协商确定评比分数区间或等级后各自打分。也有的会在面试之前开会,统一标准,各自打分。

不管是研究型试讲评价还是评比型试讲评价,都应该遵循公平、公正、客观的原则。对试讲者(及其团队)负责,也是评委对自己的要求。如果是评比型试讲评价,一般组织方会和评委会签一份类似承诺书的协议,来保障和约束评委的公平公正。如果是研究型试讲,一般具有很强的现场性,试讲一结束,就会进行即时评价,这个时候不管是试讲者还是参与者都处于精神高度集中、思维特别活跃的时刻,即时点评能给在场的各位留下深刻、清晰的印象。时间长了,评价就会失去意义,大大降低研究活动的效果。同时,评价者也应有感而发,或全面展开,或集中一点,立足发展、包容的胸怀,有理有据评点,给参与者以启发、触动和深思。

第二节　试讲评价的内容

试讲评价的内容一般分两个部分:第一块内容基本上应和试讲的内容相对应,指向的是教学设计、教学实施与教学评价;第二块内容指向的是试讲者在试讲过程中表现出来的综合素养,指向的是职业认知、心理素质、言语表达、仪态仪表等作为语文教师必备的素养。

一、指向教学设计的评价

对教学设计的评价可以从设计的科学性、艺术性以及该设计的教学目标达成度来考量。这里参考方贤忠教授对教学设计评价的内容[①],要求能根据教学需要,合理运用多种媒介,发挥辅助教学的作用和功效,提高教学效率;教学设计注重"文道结合",渗透教书育人的思想。

评价内容一般包括以下几个方面:紧扣教学目标,遵循认知规律,符合教学规律展开教学;教学环节结构严谨,衔接自然,形成"启动—呈示—沟通—延伸"的认知规律,既让学生获得知识,又让他们培养了相应的能力,发展了思维;教学设计能很好地把握重点、难点,并且有突破重点、难点的方式、方法;教学设计给学生提供了主动参与的空间,关注学生的个性化发展,有利于不同层次的学生都获得一定的发展和提高。

二、指向教学实施的评价

对教学实施的评价指向的是教师如何围绕教学目标,有计划、有步骤地组织教学活动,且各个环节是否衔接自然,师生合作学习是否成效显著。具体而言,要从新课的导入开始说起,然后按照教学设计的步骤展开,如教学字词,梳理文本,品读语段,感悟写法,布置作业,拓展提升,课堂小结等,在此过程中还需要同步进行板书设计。其主要包括:教学程序合理,结构严谨,过程流畅;教学方法灵活多样,符合学生的心理特点和认知规律;以学生为本,善于启发学生的思维,激发学生的积极性和主动性;基本概念、基本原理讲解清楚,重点、难点得到解决,教学目标达成;板书设计主题突出,层次分明,书写规范、清楚,无错别字。

三、指向教学评价的评价

有教就有学,有学就有评。在整个试讲过程中,每一个教学实施的过程,都应该有相应的教学目标,教学目标的达成情况如何,教师都要给予相对应的评价。主要包括以下内容:

---

① 方贤忠:《教师专业发展的4项基本技能:备课、说课、观课、评课》,华东师范大学出版社,2013,第102页。

（1）能对学生进行过程性评价。比如在学习的过程中对学生朗读做出"读正确""读流利"还是"读出了情感"的评价。对书写做出是否"写正确""写端正""写美观"等不同等级的评价。

（2）能客观地评价教学效果。指向的是试讲者在完成一个板块后对学习成效做出的客观评价，比如对生字新词认读情况，对梳理课文内容做出小结性评价。也可以在整个试讲过程结束后，对整堂课做出回顾性总结与评价。比如，这节课我们运用什么方法，学到了什么知识和技能，哪里还需继续探究等。

四、指向试讲者综合素养的评价

试讲虽然没有进入课堂进行现场教学实施，但是试讲者的现场表现，仍然可以反映出试讲者是否具备一名教师的基本素养。评价时可以从以下内容着手。

（1）职业认知：热爱教育事业，有正确的职业认知和价值取向；具备从事教师职业应有的责任心和爱心。

（2）心理素质：积极上进，有自信心；有较强的情绪调控能力和应变能力。

（3）仪表仪态：行为举止自然大方，肢体表达得当，有亲和力；衣饰得体，仪表得体，符合教师的职业特点。

（4）言语表达：教学语言规范，口齿清楚，语速适中；表达准确、简洁、流畅，语言具有感染力。

（5）文化内涵：从教师对教材的解读、教学的设计、教学的讲解等感知其是否具有一名优秀教师所应有的丰厚的文化内涵、知识储备。

第三节　试讲评价的标准

试讲既是教学研究活动，又是评比活动，为了确保试讲的质量，必须确定试讲的具体标准，对试讲的各个板块提出明确的要求。衡量试讲水平的高低，除了看试讲的基本要素外，还要注意以下几个方面：

一、创新性

试讲者是否能够根据学情、教材特点，在教材的处理、教法的应用、流程的安排上有与众不同的设计。试讲是否具有创造性、新颖性是衡量试讲是否有特色、能否拿高分的重要依据。如果两位试讲者,一位是四平八稳,中规中矩;一位是有所创新,但不够完美。作为评委,应该都会倾向于后者。因为只有教师有了创新思维,才能培养出有思维活力的学生。有创新的教师也会更有前途。华东师范大学教授郑金洲先生在其著作《教学方法应用指导》一书中指出:今日之教育教学活动,"道"已充裕,"学"渐丰满,惟"技"阙如。就是说现在新教改的道理老师们都懂,新教学规范与规则也了然于胸,然而将新理念、新规范转化为具体的方法与技能融会贯通于教育教学却不尽如人意,还任重而道远。而试讲正是一个从隐形走向显性,比较快速展示教师综合素养的有效载体。

二、科学性

试讲活动是模拟上课,指向的是学生的成长,是学生的一种特殊的认识过程,对教师来说是促进学生发展智力、培养能力的过程。既然是过程,就要有过程的环节和结构。因此,试讲要清晰地展现各个过程的安排和师生相关的活动。如方贤忠先生在《教师专业发展的4项基本技能:备课、说课、观课、评课》一书中提到的"自主—指导教学模式",其过程程序是:提出要求—自学—讨论、启发—练习运用—评价、小结;"问题—探究教学模式",其教学程序是:问题—假设—验证—总结提高。在整个试讲过程中,衡量标准是:教学过程的科学性、流畅性,对阶段安排的概括性和语言表达的清晰性。

三、可操作性

试讲活动是为教学实践而讲,但不仅仅是为讲而讲。可操作性衡量的标准是:教学时间和空间安排的合理性,教师的教与学生的学之间的互动性、和谐性,教学过程的可实施性。如,教学容量要适切,内容太多了一节课无法完成,太少了学生"吃不饱"。即使安排合理,但不能顺利达成教学目标,这也是不可取的。

附:试讲评价量表

表7-1　教师招聘试讲评价表

试讲内容_____　试讲者(序号)_____

板块	选项	得分
教学设计能力(20分)	1.教材理解准确、处理合理;教学目标明确,重点突出,调理清楚,系统连贯。(7分) 2.教学设计注重过程开展,渗透教书育人思想。(6分) 3.教学设计中重点的落实、难点的突破有一定的方法,且科学、有效。(7分)	
教学实施能力(30分)	1.教学程序合理,结构严谨,过程流畅。(7分) 2.教学方法灵活多样,符合学生的心理特点和认知规律。(7分) 3.以学生为本,善于启发学生的思维,激发学生的积极性和主动性。(8分) 4.基本概念、基本原理讲解清楚,重点、难点得到解决,教学目标达成。(8分)	
教学基本素养(40分)	1.专业基础扎实,知识面广,教学过程中无知识性错误。(7分) 2.教学过程中能反映出一定的教育学、心理学基础。(7分) 3.普通话标准,咬字准确,语言清晰,语调平稳,语速适中。(7分) 4.教学语言清晰,简洁准确,有一定的讲解技巧,富有吸引力;肢体语言表达得当,具有感染力。(7分) 5.板书设计主题突出,层次分明,书写规范、清楚,无错别字。(7分) 6.思维敏捷,反应灵敏,心理素质好,具有一定的应变能力。(5分)	
仪态仪表(10分)	衣着简洁大方,举止稳重端庄;具有亲和力,精神饱满、自然、自信,交际适度、得体。(10分)	
总分		
评委签名		

表7-2 教师招聘面试打分表

考生序号_____

序号	项目	评价指标	评价分值	得分
1	职业认知 （5分）	热爱教育事业，有正确的职业认知和价值取向	3分	
		具备从事教师职业应有的责任心和爱心	2分	
2	心理素质 （5分）	积极上进，有自信心	3分	
		有较强的情绪调控能力和应变能力	2分	
3	仪表仪态 （5分）	行为举止自然大方，肢体表达得当，有亲和力	3分	
		衣饰得体，仪表得体，符合教师的职业特点	2分	
4	言语表达 （15分）	教学语言规范，口齿清楚，语速适宜	8分	
		表达准确、简洁、流畅，语言具有感染力	7分	
5	教学设计 （10分）	了解课程的目标与要求，准确把握教学内容	3分	
		能根据学科的特点，确定具体的教学目标、教学重难点	4分	
		教学设计体现学生的主体性	3分	
6	教学实施 （30分）	情境创设合理，关注学习动机的激发	6分	
		教学内容表述和呈现清楚、准确	8分	
		能够根据学生认知特点和学科教学规律，选择恰当的教学方法	8分	
		教学环节安排合理，时间节奏控制恰当	5分	
		板书设计突出主题，层次分明；板书工整、美观、适量	3分	
7	教学评价 （10分）	能对学生进行过程性评价	5分	
		能客观地评价教学效果	5分	
8	结构化 面试 （20分）	思维严密，条理清晰，逻辑性强	5分	
		能正确地理解和分析问题，抓住要点，并及时做出反应	5分	
		具有创造性地解决问题的思路和方法	10分	
总分				
评委签名				

这些评价表具有普适性，一般中小学的语文、数学、科学等都可采用，当然随着时代的进步、课程的改革，评价表也在不断更新、微调。

此两表仅供参考。面试评价表一般分两个部分，试讲的分值是80分，结构化面试是20分。

第八章　第一学段课文试讲解析

>>>

第一节　一年级下册识字课《姓氏歌》第一课时试讲解析

试讲时间:8分钟

一、教材解析

《姓氏歌》是《义务教育教科书语文一年级下册》识字第2课,这是根据传统蒙学读物《百家姓》编写成的韵语识字,全文共两小节。第一小节的前四行采用"一问一答"的形式,分别以自我介绍和介绍他人的方式引出姓氏"李"和"张",后两行采用"三字一句"的形式,介绍了两组音近姓氏"胡、吴""徐、许";第二小节列举了《百家姓》中排名靠前的8个姓氏,以及4个复姓"诸葛、东方、上官、欧阳"。

本课渗透了中国传统姓氏文化,主要采用"加一加""说偏旁"两种常见的方式介绍姓氏,同时体现了合体字的特点。课后练习中还扩充了用组词的方式介绍姓氏的方法,为本册课本的识字学习打下了基础。

经过一学期的学习,学生对班级其他同学的姓名已有大致的了解,所以对学习本课姓氏知识颇有兴趣。但面对一年级学生注意力集中的时间短暂的特点,学生的认知能力和理解能力有限的情况,可以通过创设丰富多彩的互动活动,引导学生改变被动接受知识的学习方式,在自主学习、主动探究的过程中感受语文学习的乐趣,让学生体验学习的快乐,将习得的方法用于互动交流,不断激发学习动力。

二、试讲目标

(1)运用加一加、组词、说偏旁等方法认读"姓、李"等10个生字,认识"弓字旁",学写"姓"。

(2)采用多种朗读方式,正确有节奏地朗读课文。学习用文中介绍姓氏的方式,尝试说一说。

(3)了解姓氏起源和种类,感受中国传统姓氏文化。

三、试讲流程

(一)知姓氏,写"姓"字

同学们好,我是王老师,那你猜猜我姓什么?

那你姓什么呢? 李同学你好!

那你呢? 你呢? 唉,你们两个都姓"zhāng",我怎么区别啊?

别着急,就让今天的"姓氏歌"来告诉我们。

1.(出示卡片)一起读这个"姓",后鼻音。再读。中国最早的姓是随母亲姓,所以"姓"是女字旁。古时候女人负责生儿育女,繁衍后代,就有了这个"姓"字,一起读。

"姓"是左右结构的字,左边要让着右边,第一笔撇点,第三笔横变成了提,"生"从竖中线起笔,二横最短,三横最长。

2.我们现在的姓大多跟爸爸姓,这就又有了"氏",(出示卡片)读好翘舌音"氏"。"姓氏"这两个字意思相同,就是指我们的姓。

3.今天我们就来学一首有关姓氏的儿歌。一起读课文题目:姓氏歌。

(二)寻姓氏,分姓氏

1.接下来听我为你读儿歌:

姓氏歌

你姓什么? 我姓李。什么李? 木子李。

他姓什么? 他姓张。什么张? 弓长张。

……

谢谢你们的掌声,请你们自由读课文,读准生字,读通儿歌。

2.同学们读得很认真,这些生字你能读正确吗?

李 古 吴 钱 王 官

张 赵 孙 周

请你来读。前后鼻音读对了,我们跟他读第一行。

第二行,你来。这里的"孙"是平舌音,其他是翘舌音,一起读第二行。

通过和学生互相问候的方式,拉近和学生的距离,从质疑两个同音不同字的"zhāng",进入课文的学习,自然亲切。在识记"姓"的时候,讲讲姓氏的来历,教师配合肢体动作和语言解释,自然过渡到书写,利于学生对字形和字义的把握。在理解课文题目的同时,学生也丰富了关于中国姓氏文化的知识。

这个试讲板块主要是要在读准字音、读对节奏、读好儿歌的同时发现姓氏的秘密——有单姓和复姓之分。

3.把生字宝宝送回儿歌中,我们来开火车,一人读一行。注意读出问的语气。你姓什么? 语气上扬。(板书)火车继续开。

小火车开得又快又稳。咱们看第二小节,每个字中间有个像小雨点的符号,它是——顿号。听老师读,你们跟着读:

赵、钱、孙、李,(手势请学生接着读)

周、吴、郑、王,(手势请学生接着读)

诸葛、东方,(手势请学生接着读)

上官、欧阳……

要像雨点落下来一样,有停顿。

真好,我们一起来合作,老师读红色部分,你们读黑色部分。

4.儿歌中藏着哪些姓氏呢? 我们来读第一句,"李"就是……姓,你找到了吗? 像老师这样用圆圈圈起来。剩下的我们一边读,一边圈。

第二小节里还有,可别漏掉了。

来,看看黑板,是不是和小冰同学圈的一个样?(示意展示学生作业)

我国姓氏真多。我们来读一读。你有什么发现?

李 张 胡 吴 徐 许	单姓
赵 钱 孙 周 郑 王	
诸葛 东方 上官 欧阳	复姓

是呀,像这样一个字的姓,叫单姓,两个字的姓叫复姓。

(三)识姓氏,说姓氏

走吧,我们一起去识记这些姓氏,我们一起读:

你姓什么? 我姓李。什么李? 木子李。

1.加一加

(出示卡片)"李"字怎么记,你有什么好办法?

加一加,这是个好办法。(板书)你还能用这个办法记住哪些字?

你记住了这个"张"字。(出示卡片)看,这里有一把弓箭,我们叫它弓字旁。一个发明弓箭的人被皇帝赐姓为张。原来我们的姓

这个板块主要是随文识记生字字形,运用加一加、组词、说偏旁等方法识记字形。同时启发学生读儿歌,用这样的形式迁移运用到自己的、身边的小伙伴的姓氏,来进行说话训练。让学生在趣味盎然的学习活动中,感受汉字文化的博大精深。

氏藏着这么多文化!

(出示"胡、吴、许、徐")那你能用自己的方法记一记这些姓氏吗? 同桌说一说。

你用加一加的方法记住了:古月胡,口天吴,言午许。

2.组词法

你用组词的办法记住了"胡",胡子的胡。原来组个词,就记住了这个姓氏。我们来看看课后习题,一起读小女孩是怎么介绍自己的姓的。

你姓什么? 我姓方。什么方? 方向的方。

是呀,组词也能帮助我们介绍姓氏。(出示板贴:组词法)

3.说偏旁

"徐"这个字,(出示卡片)你是怎么想的? 这是双人旁,"双人徐"其实用了说偏旁的方法来记一记,也是一个很不错的方法。(板书)

现在老师出示我们班两个同学的姓"何、钱",谁愿意来自我介绍?

瞧,这是谁的姓? 你姓什么? 什么何? 单人何。你学会了介绍自己的姓氏。你姓什么? 什么钱? 金钱的钱。你也会介绍了。把掌声送给你们。

(四)介绍姓氏,写姓氏

1.介绍自己

请同学们也学着他们的样子,同桌练一练吧!

2.介绍别人

自己的姓我们会介绍了,下面我们来介绍一下他人的姓。王老师把全班同学的姓名都请来了,介绍谁呢,每个人都有公平的机会。来,让大屏幕滚动起来。

(随机出示全班姓名滚动图)停!

出现了第一个姓名胡俊好。请你来介绍,他姓什么? 他姓胡。什么胡? 古月胡。谢谢你!

继续滚动,停! 现在出现的是刘航如。请你来说,他姓什么?

通过"同桌合作""姓氏滚动"的活动,在新的语境中复现韵文一问一答的独特结构,巩固姓氏的介绍方法。从学习介绍自己的姓出发,到帮助别人介绍他人的姓,激发学生表达的欲望,调动学生的参与感,不断加深学生对姓氏的观察和认知。在操作"姓氏滚动"时,老师要走到PPT屏幕前,语言富有感染力,眼睛要放光,具有现场感。

他姓刘。什么刘？立刀刘。你也很棒！

3.指导书写

我们不仅要会介绍姓氏,还要会写。"王"和"方"是我们今天要写的姓氏,伸出手,和老师一起书空(老师在田字格中示范写,边写边说):

王,一横短,二横最短,一竖分两半,三横长。

方,竖中线上一点,一横长。中心起笔往下走,横折钩,往里收,撇。

现在请提笔、练字。(学生练写,教师巡视)

(五)拓展阅读百家姓

1.回顾全文

这节课我们学习了各种姓氏,也学会了用不同方法来介绍姓氏,最后让我们伸出小手,边拍边读:姓氏歌,你姓什么？我姓李。什么李,木子李……

2.拓展延伸

古人真的很聪明,把所有的姓都编成了一本《百家姓》,不仅可以读还可以唱呢,我们去听一听。(播放音频)

3.课后实践

在我们良渚有一座杭州国家版本馆,藏着一面姓氏墙。同学们可以趁周末去看看。今天我们学习了《姓氏歌》的第一小节,下节课继续学习第二小节。下课。

围绕姓氏这一主题,用歌曲带动课堂氛围,出示良渚国家版本馆里的姓氏墙,激发学生的识字兴趣,感受中国传统文化,体现对学生核心素养的培养。

四、板书设计

《姓氏歌》板书设计,如图8-1所示。

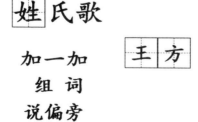

图8-1 《姓氏歌》板书设计

第二节 一年级下册阅读课《小壁虎借尾巴》
第一课时试讲解析

试讲时间:10分钟

一、教材解析

《小壁虎借尾巴》是《义务教育教科书语文一年级下册》第八单元的一篇知识性童话,通过小壁虎向小鱼、黄牛、燕子借尾巴的故事,讲了这四种动物尾巴的特点,揭示了"动物尾巴都有用"的道理。

本文是继《小蜗牛》《咕咚》之后又一篇没有全文注音的课文,除了运用学生已有的识字和阅读经验,还要在此基础上借助形声字形旁表义的特点联系上下文了解字义,并通过交流提炼猜读的几种方法。

一年级小学生对新事物都很好奇,鱼、牛、燕子都是他们熟知的动物,但他们对小壁虎可能会感到陌生,教师可针对他们的认知特点,引入小壁虎的"自我介绍",对学生提前进行科普。这样学生既学习了科学知识,又受到了美的熏陶。本课的主要评价手段为学生在课堂上诵读、分角色表演等,教师提前设计好评价标准,引导学生形成评价结果。

二、试讲目标

(1)会读"壁、借"等10个生字,会认"壁、借、墙、蚊、咬、断、您",会写"姐"和"爬",理解"咬住、一挣、挣断"等词语。

(2)能通过"联系生活经验、根据形声字的规律、结合课文插图"等方法猜读生字的读音和意思。

(3)能正确地朗读课文,并能有感情地朗读课文第1、2自然段。

(4)能分角色朗读小壁虎和小鱼的对话。

(5)能读懂故事,了解小壁虎尾巴有再生功能的这个科学知识。

三、试讲流程

(一)科普导入,激趣揭题

1.趣味导入

同学们好,你们看老师请来了一只小动物,知道它是谁吗? 你来说。是的,它就是"壁虎",(出示生字卡片)一起叫叫它:壁虎。

小壁虎为了快速地跟大家熟悉起来,带来了一段自我介绍,仔细听一听吧。(出示动画视频,科普小壁虎的习性以及尾巴具有再生功能的特点)

> 嗨,大家好! 我是小壁虎,是爬行动物,可以在墙壁、天花板或光滑的平面上迅速爬行。我喜欢在墙角捉蚊子吃,是人类的好朋友。我还有一条长长的尾巴,它的作用可不小呢,有再生功能,当我遇到危险时,会自动脱落。 不过,不用担心,过段时间它又会长出来啦。

听了它的介绍啊,我们知道壁虎喜欢待在——(出示"墙壁"一词)是呀,墙壁上。同学们,古时候的墙壁大多是用土垒成的。你们发现没有,"墙壁"两个字都有"土"这个部件。

那么用石头砌成的墙壁,我们可以把它称为什么? 没错,"石壁"。(出示"石壁"一词)画在墙壁上的画又叫——壁画。(出示"壁画"一词)

当我们展开联想,就能想到一串带"壁"的词语,这可是积累词语的好方法哦!

2.揭示文题

今天呀,我们就要学习一篇跟"壁虎"有关的课文,题目叫"小壁虎借尾巴",一起读。

"借"这个字也是我们今天要学的生字。说说在生活中,你有向谁借过什么东西吗? 你来说说?(请学生)

别人借给你橡皮,真是及时帮助了你哦。

(请学生)你说。嗯,那你一定要好好谢谢他借给你好看的书。

看来"联系生活经验",我们就能更好地理解字的意思了,这真

是个好方法呀。(板贴"联系生活经验"词条)

那小壁虎向别人借什么呢？一起再来读读课文题目。

(二)初读感悟,猜读生字

1.梳理字词

小壁虎又为什么要借尾巴呢？带着问题,我们一起走进课文去看一看吧。

请同学们自由读课文,有拼音的生字,借助拼音读准。把不认识的生字圈出来,猜一猜它们的读音和意思。开始吧。

(出示本课带有拼音的生字词)谁来读一读这些词？你来读？

嗯,难不倒你,"甩尾巴"的"甩"、"傻孩子"的"傻",翘舌音读得很准。

2.猜读新字

课文中有很多要学但没有拼音的生字,老师发现有些同学已经把它们圈画出来了。(出示课文段落中没有拼音的生字)

像这样没有拼音的字,你们还会读吗？试着猜出它们的读音。谁愿意来挑战？请你来。

全猜出来了,真了不起,说说看,你是怎么猜出来的呀？

是呀,可以根据形声字的规律来猜读,声旁表音,就能猜读出它们的读音。其实还能根据形旁表义的特点,来了解意思呢。(板贴"根据形声字的规律"词条)

"房檐"的"房","户字头"是我们今天要学的新偏旁,表示房子的一扇门。

理解了意思,会读了生字,再去读课文的时候就会更顺畅了。

(三)研读课文,演演故事

1.研读课文

同学们,请你们再读读课文,想一想小壁虎为什么借尾巴,并找出相关段落画一画。谁找到了？请你来。

是呀,因为它觉得没有尾巴很难看,所以才会去借尾巴。那它的尾巴去哪里啦？你能用文中的话说一说吗？

一年级上册课文《小蜗牛》和本单元课文《咕咚》都有猜读生字的练习,学生已有一定的运用形声字规律、结合生活识字和借助图画识字等猜字经验。本课中,要求猜读的5个生字都是形声字,教学时,可充分运用形声字的规律和学生的猜读经验进行识字,把识字教学落到实处。

看来,课文的第1、2自然段就告诉了我们。(出示课文第1、2自然段的内容)

小壁虎在墙角捉蚊子,发生了什么事情呀? 你说。

是的,一条蛇"咬住"了它的尾巴,那么现在老师的手就是一条蛇,你的小手做小壁虎的尾巴,紧紧地"咬住"你,你会怎么办?

看,像这样用力"甩开"就是"一挣",小壁虎"挣断"了尾巴,这个"断"字,(出示"断"的古字)在古时候表示线被斧子给砍断了。我们也可以看到课文旁边的插图,小壁虎的尾巴就——断了,所以通过"结合课文插图"的方式也能理解生字的意思。(板贴"结合课文插图"的词条)

那么老师想要采访一下你,你为什么要这么用力"一挣"呀?

是呀,为了逃命呀。那此时此刻你的心情如何?

请你带着这样的心情再来读读第1自然段吧。

嗯,老师感受到了你急切的心情。谁再来试一试? 请你来。

哇,实在太紧张了。挣断尾巴后,小壁虎回过头一看,它会怎么想怎么做呢? 你说。(做"请学生"手势)是呀,没有尾巴多难看哪,于是它决定去借尾巴。

带着这样的感受读一读第2自然段吧。

小壁虎急切地想要借尾巴,那么它都向谁借尾巴呢? 请你读读3—5自然段,圈出地点和动物的名字。谁来反馈? 这个同学,请你来。

是呀,小壁虎来到了小河边向小鱼借尾巴,来到了大树上向老牛借尾巴,来到了房檐下向燕子借尾巴。谁能连起来这样说一说:

小壁虎先后来到 ___(哪里)___ ,找 ___(谁)___ 借尾巴。

你来说。你再说。

嗯,看来小壁虎借尾巴的过程并不顺利。那我们先来看看,它是怎么向小鱼借尾巴的吧。请你用横线画出小壁虎的话,用波浪线画出小鱼的话。注意只要画双引号里面的内容就好。谁来反馈? 这个男生来说。

大家同意吗? 现在请以同桌合作朗读的方式,读好小壁虎和小鱼的对话。

此板块的设计,旨在引导学生发现课文语言用词的精准,积累课文的语言,同时提升表达能力。通过表演、体会,指导学生有感情地朗读,最后让学生尝试讲讲"跟小鱼姐姐借尾巴"。这个部分试讲时,试讲者要把自己当作其中的一员,和学生一起感同身受,演绎越真实,效果越明显。

哪一组愿意来试一试？你们来。

发现没有？小壁虎称呼小鱼为"小鱼姐姐"，还用上了"您""行吗"等词，你觉得这是一只怎样的小壁虎呀？

是呀，可是小壁虎这样有礼貌了，为什么还借不到尾巴呢？你知道，你来回答。

是的，原来小鱼的尾巴是有作用的，它的尾巴是用来拨水的。难怪小壁虎借不到尾巴呢！

2.演译故事

下面请四人小组分角色演一演小壁虎向小鱼姐姐借尾巴的这个故事，两个同学读旁白，一个做小壁虎，一个做小鱼。开始吧。

哪一组愿意上来表演呀？哦，这一组都举手了，请你们上来。

他们演得怎么样？把掌声送给他们。（鼓掌）

同学们，小壁虎还会向谁借尾巴呢？下节课我们继续学习。

（四）提示要点，指导书写

接下来，我们一起来看今天要写的两个生字"姐、爬"。（出示生字"姐、爬"）

同学们，你们觉得这两个字哪些地方是需要特别提醒大家注意的？你来说。

嗯，"姐"这个字，是左右结构，注意左窄右宽，撇点这个笔画不要太往左边扭，写得瘦长一些。你再来补充。

是的，"爬"这个字，"巴"字要写得小，"爪"字不要写成"瓜"字。接下来，请跟老师一起书写这两个字。下面，请同学们在语文书上认真书写这两个字，描一个，写一个，注意看准了再写。

（把一名写得不错的孩子的本子投屏至大屏幕）我们一起看看他写得如何。"姐"这个字，左右结构，注意了左窄右宽，给一颗星；撇点这个笔画写得瘦长，给一颗星；写出了笔锋再给一颗星。

"爬"这个字，巴字写得小，给一颗星；"爪"没有成"瓜"字，给一颗星；写出了笔锋再给一颗星。

同学们，你们写得怎么样呀？请在后面的方格里再写一个，争取一个比一个好。

一年级下册，学生的书写能力已有较大提升，不必平均用力。重在指导好汉字笔画的变化和部件之间的关系。抓住本课较难写好的字，从部件的关系入手，把握好汉字的结构，有利于学生把字写正确、写美观，从而提升学生的写字能力。

好,同学们,今天的课我们就上到这里,下课!

四、板书设计

《小壁虎借尾巴》板书设计,如图8-2所示。

图8-2　《小壁虎借尾巴》板书设计

第三节　二年级上册阅读课《我要的是葫芦》
第一课时试讲解析

试讲时间:8分钟

一、教材解析

《我要的是葫芦》是《义务教育教科书语文二年级上册》第五单元第3篇课文,是一则寓言故事。课文按照事情的发展顺序,以葫芦的生长变化为线索,讲了一个人种葫芦,不知道叶子和果实的关系,只盯着葫芦,不治叶子上的蚜虫,最后葫芦都落了的故事。学生学过《棉花姑娘》,对蚜虫吃叶子的危害有所了解,因此故事内容浅显易懂。但是,学生对于故事的寓意"事物之间是有密切联系的,要学会联系地看问题",还是需要教师设计链接生活的学习支架才能真正领悟。

本文语言朴实,用词准确。课文的两幅插图形成鲜明的对比:图一,描绘了葫芦长势良好,种葫芦人的欣喜之态;图二,描绘了葫芦叶子飘落,小葫芦掉落,种葫芦人的惊讶之态。

本课设计的是第一课时,重点教学第1自然段,以"喜欢"为核心词,展开教学。通过学生们入情入境的朗读,读出他们对"一棵葫芦"的喜欢,结合随文识字,了解葫芦花、叶、藤和果之间的关系,和文中的"那个人"只喜欢"小葫芦",做了一次比照,也为下一课的寓意"联系地看问题"做好铺垫。

二、试讲目标

(1)通过形声字的特点认识"葫、芦",并读准词语"葫芦";通过抓住关键部件并联系意思,认识"藤";通过换词,理解"谢"在文中的意思。扣住"宽窄、高低、穿插",借助微课视频,掌握"棵、谢"的写法。

(2)能正确、流利地朗读课文,通过图片排序初步感知课文内容,借助"图片变魔术"的情境反馈重点词句。

(3)学习课文第1—4自然段,以"喜欢"为核心词,说说自己对小葫芦、葫芦花、葫芦叶、葫芦藤喜欢的理由,并能够有感情地朗读第1自然段。知道主人公只喜欢小葫芦,并读出他对小葫芦的喜欢。

三、试讲流程

(一)课前谈话,读好"葫芦"

1.听音乐,猜乐器

老师想请你们来玩个游戏,听音乐,猜乐器。猜出来了吗?你们知道葫芦还有什么作用吗?它还可以做成工艺品来欣赏。这样的葫芦同学们喜欢么?我也很喜欢。

2.出示图片,读好"葫芦"

瞧,它来了,一起叫叫它——"葫芦"。"芦"单独的时候读第二声,在这里读轻声。(出示词卡)再来看看它们的部件,你发现了什么?对了,它们是形声字。今天我们就一起来学一学和葫芦有关的故事。(板贴补齐课文题目)

(二)借助插图,走近"葫芦"

1.读故事,排图序

请打开语文书第64页,自由大声地读读课文,读准字音,读通

通过课前谈话铺垫,了解葫芦的用处,借助形声字的特点,认识并读好"葫芦",拉近学生和文本的距离。

借助课本插图、补充插图,了解故事的主要内容,符合低段学生的学情,一来激发学生走进文本的兴趣,二来也是阅读方法的训练。此外,通过插图排序,并说一说理由,涵泳思维训练和表达。值得注意的是,低段学生通过连接词,串联讲完故事是有一定难度的,老师在此处可以通过引语——连接词的方式,助力学生完成此项任务,课堂节奏就不会拖沓繁冗。

句子。老师请来了三幅图。两幅是课文里有的,老师还画了一幅。顺序打乱了,我们一起来排排序。

请你说。哪个?(指示方向左或右)同意的小朋友点点头,你得到了大家的认可。请三个小朋友来说说每幅图的内容。

从前,有个人种了一棵葫芦,细长的葫芦藤上……

但是葫芦叶……

最后……

看来,仔细观察课文插图,可以帮助我们了解故事的内容呢。

2.变魔术,读词句

三幅图还会变魔术,看清楚哦! 变!"藤",后鼻音。变变变,变句子!(第二幅图)继续变。变成长句子你能读嘛?"赛"这个平舌音读得很准确,"盯"是个后鼻音。第三幅图呢?"慢慢地",读好轻声,请你也"慢慢地"读。词语跑到句子里了,你还能读吗?

> 第一幅图:
>
> 词语:葫芦藤
>
> 句子:细长的葫芦藤上长满了绿叶,开出了几朵雪白的小花。
>
> 第二幅图:
>
> 词语:盯着　比赛
>
> 句子:他盯着小葫芦自言自语地说:"我的小葫芦,快长啊,快长啊! 长得赛过大南瓜才好呢!"
>
> 第三幅图:
>
> 词语:慢慢地
>
> 句子:小葫芦慢慢地变黄了,一个一个都落了。

(三)聚焦段落,走进"葫芦"

一个一个都落了的小葫芦,本来是多么可爱啊,我们一起读读:

(出示第1自然段)从前,有个人种了一棵葫芦。细长的葫芦藤上长满了绿叶,开出了几朵雪白的小花。花谢以后,藤上挂了几个小葫芦。多么可爱的小葫芦啊! 那个人每天都要去看几次。

通过变魔术"图片变变变",读一读后面的词语和句子,在情境中反馈生字,有趣有效。这个环节,老师需要带学生进入图片翻转变魔术的情境,用上富有渲染性的话语,调动起学生的参与积极性。

通过板画葫芦架,将文本与文境相结合,在入情入境的朗读和动态演示中,认识并理解了生字"藤、谢",感受了葫芦叶的多和绿,从内心生发出对小葫芦的喜欢。这个环节,要根据学生的反馈来推进教学,在试讲有预设部分的时候,要注意预设的先后,使教学顺利进行。

1.读出对小葫芦的"喜欢"

数数看,这一段一共有几句话?用小手告诉我。一共有五句,刚才一句话一句话都读正确了。现在五句话一起读,你能读正确吗?先练一练。这里有两句话,你们一定很喜欢,写的就是小葫芦。请你读。小葫芦哪里让你很喜欢?嗯,可爱的、小小的、绿绿的、像个"8"字。你这么喜欢小葫芦,请你来读一读。

2.读出对"葫芦藤、葫芦花、葫芦叶"的喜欢

除了小葫芦,你们还喜欢什么呀?

预设一:葫芦藤有什么好喜欢的?瞧,这就是葫芦藤,上面长着葫芦叶,挂着小葫芦。你也喜欢葫芦藤,你来读。瞧瞧"藤"字下面还长着什么字?"滕"指水向上翻涌,表示葫芦藤里藏着水分和养分,送给葫芦花、葫芦叶和小葫芦。很多植物也有藤,瞧,这是南瓜藤,这是丝瓜藤。

预设二:你喜欢葫芦叶,请你把叶子长上去(黑板上提前画好葫芦架和葫芦藤)。瞧,这满藤的葫芦叶,真是又多又绿啊!请你读读。

预设三:喜欢小花的小朋友已经等不及了。请你读。你来说说你的理由吧。你被它的颜色迷住了。(拿出词卡:雪白的小花)一起读读。其实,小花的作用可不小。(拿出字卡:谢)花谢以后,就结出了果实——小葫芦。谢,这个字,在生活中,当别人帮助了你,你要对他说声——谢谢。真有礼貌。在课文里,(拿出词卡:花谢以后)花谢以后,指的就是花——掉落之后。是的,花谢结果,我们才有小小的、可爱的小葫芦。知道了小花这样的作用,我们再来一起读读它!

3.了解生长过程

(指着板画)这棵葫芦渐渐长大,(贴词卡)细长的葫芦藤上——(贴词卡)长满了绿叶,开出了几朵——(贴词卡)雪白的小花,花谢以后(把花拿下)——长出了小葫芦。(板贴:小葫芦)原来有这样一个过程。没有这些葫芦藤、葫芦花、葫芦叶,就没有可爱的小葫芦了。咱们回到课文里,一起读出对它们的喜欢吧。

4.读出"那个人"对小葫芦的喜欢

我们这么喜欢小葫芦,那个人也很喜欢。你从哪里看出他很喜欢呀?抓住"每天、都、看几次",有感情朗读。

(指着板书)你们看,这棵葫芦已经在我们的黑板上了。用手指告诉我,你喜欢什么?哦,你们——喜欢长满的绿叶,喜欢细长的葫芦藤,喜欢雪白的小花,还喜欢可爱的小葫芦。原来你们都喜欢啊! 那么种葫芦的人喜欢的是什么呢?请你选一选(出示选择题):

那个人每天都要去看几次,是去看(　　　　)。

(1)葫芦叶　(2)葫芦藤

(3)小葫芦　(4)葫芦花

请你们用手势告诉我。你们都选了(3),原来他和我们不一样,他只是喜欢小葫芦。

你们是怎么发现的? 对了,他说——我要的是葫芦。(指着课文题目)

(四)学习结果,感知"疑惑"

1.发现变化

(出示前后图片)这么可爱的小葫芦,最后——怎么样了? 我们来看图。啊,太可惜了,你们发现了什么? 小葫芦一个一个都落到了地上。课文中说,一起读:

没过几天,叶子上的蚜虫更多了,小葫芦慢慢地变黄了,一个一个都落了。

2.说出疑惑

这个人站在葫芦架下,眉头紧锁,如果你是他,你会想什么? 请你说。是呀,为什么会落下来了呢? 你还会想? 蚜虫和葫芦有什么关系呢? 你们都是爱动脑筋的好孩子,下节课我们再帮他找找原因。

(五)借助微课,写好"棵、谢"

接下来我们来写写字。"棵"和"谢"是我们今天要写的两个字。

1.播放微课

一段写字微课带给大家。听得认真,看得仔细,你就能写好字。举起右手,我们跟着视频里的老师一起书空。

(微课内容:先来描"棵",认真描、细心描,笔尖压在红线上。再来写一个"棵",木字旁的捺变成点,这个"果"字的横、撇要穿插到点的下面。我们再来描一个"谢",认真描、细心描,笔尖压在红线上。现在写"谢",注意"身"的撇右上部分不出头。"寸"写得瘦瘦

本试讲最巧妙的地方,是让学生来选择,这个种葫芦的人到底喜欢的是什么。这样的选择是让学生深度理解寓意的重要一步。

紧扣"高低、宽窄、穿插",练写"棵、谢"两个字。通过微课视频,关注描红,掌握笔顺,强调关键笔画。根据学生的写字情况,示范书写"谢",做到了先尝试后教学,渗透了顺学而导的理念。

长长。)

2. 生练写

看完微课,现在请将《语文作业本》翻到第49页,自己努力练习,描一个写一个。可以自己点评一下,有没有做到"穿插笔画要到位,关键笔画要记牢"。

3. 反馈点评

老师刚刚巡视了一下,发现这个"谢"字真的挺难写的,所以我也想来写写看。你们要提醒我哦,认真看我写,我会写得更好。多横要等距,"寸"的横从横中线起笔,三个部件要紧凑。老师写得好不好?

4. 生再练写

你们也把"谢"字,再写一个,看看能不能一个比一个写得好。这节课就先上到这里,下课!

四、板书设计

《我要的是葫芦》板书设计,如图8-3所示。

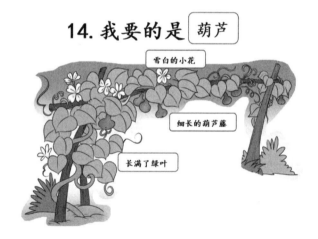

图8-3 《我要的是葫芦》板书设计

第四节　二年级下册识字课《中国美食》第一课时试讲解析

试讲时间:10分钟

一、教材解析

《中国美食》是《义务教育教科书语文二年级下册》识字课第4课,这篇课文主要讲述了11种中国美食,能让学生了解中国美食,增强民族自豪感,培养学生热爱家乡、热爱祖国的感情。同时能让学生了解制作食物时需要用到的方法,拓宽眼界,学会在生活中学语文,感受中国特有的饮食文化。

民以食为天。学生在接触这一课时,应该都特别兴奋,因为每个孩子都爱吃美味的食物。所以,在教学这一课时,教师可以通过创设真实而有趣的教学情境,设计不同的学习任务,充分利用课文中的插图、链接的小视频等顺势引导他们识字、读词,图文对照,总结汉字规律,从而认识更多的汉字。

二、试讲目标

(1)会认"波、煎"等16个生字,读准多音字"炸",会写"烧、烤、炒"3个生字。

(2)能运用部首查字法理解字义,发现偏旁"火"和"灬"的联系。

(3)了解食物的制作方法,通过对美食文化的了解,激发对中国文化的热爱。

三、试讲流程

(一)创设情境,导入美食

同学们,作为一名小学生,我们一直在进行"跟着课本赞祖国"活动,看PPT回忆一下吧! 这个单元我们赞美了——祖国的秀美

通过"跟着课文赞祖国"活动,勾连整个识字单元,创设真实而富有意义的教学情境,进行"语言文字梳理与运用"学习任务群的建构。

河山,赞美了——丰富多彩的传统节日,赞美了——汉字的博大精深。(出示本单元的前三篇课文)

这节课,我们要去赞美的是什么呢? 别着急,先听老师讲:

今天,我们的课堂上来了一个小朋友阳阳。他邀请我们一起去招待从国外回来的姑妈一家。既然要招待客人,得请他们干什么? 对,吃饭。为此,阳阳准备了——(板贴课文题目)我们一起读:中国美食。

(二)定制菜单,认识美食

任务情境:阳阳和家人筛选了自己的拿手好菜,列进了家庭"中华美食荟"菜单,他们正在讨论菜单是否合理。阳阳请你也参与讨论,帮他们出出主意。要参与讨论,帮阳阳出主意,首先得认识这些佳肴,了解这些美食。

1.菜单认读赛

(1)请同学们打开课文读读菜名,注意读准字音,读顺菜名,开始吧!(巡视)

现在请一列小老师来领读,请第三小组。注意"腐"和"菇"放在菜名里都要读轻声。

(2)去掉拼音你还会读么? 请这列小火车。(相机发放小卡片)

(3)现在我们来玩一个"认一认"的小游戏,请看PPT,如果你认识这道菜,就请你大声地问"凉拌菠菜在哪里?"请手上拿到相应菜名卡片的小朋友大声地回答"凉拌菠菜在这里",并把卡片贴到黑板上,听明白规则后就让我们赶快开始吧!

香煎豆腐在哪里?

红烧茄子在哪里?

烤鸭烤鸭在哪里?

……

2.佳肴打包站

你们真厉害啊! 现在菜名都跑到黑板上了,你们能给它们分分类么? 先四人小组讨论讨论怎么分。(巡视)

你们小组手举得最高,请你们上来分一分。(请学生)

创设真实生活情境,让学生在活动中识字,通过部首归类识字、字源字理识字,在帮助学生把握形声字的构字组词规律的同时,还可以帮助学生了解不同烹饪方法,进而了解中国饮食文化。

老师想采访采访你,为什么这么分? 其他小组同意吗? 和老师想的一样呢,根据种类的不同,可以分成素菜、荤菜和主食三类。

3.烹饪秘诀展

那这些美食是如何制作出来的呢? 大厨们会用到哪些烹饪方法? 你能不能圈出来? 看看,这个同学都圈对了。(展示)

(1)读一读。现在请一列小火车拼读下列生字:

煎　烧　烤　煮　爆　炖　蒸　炸　炒

这里有一个多音字你发现了么? 对就是"炸",当它表示一种烹饪方法时读第二声,而当它表示爆裂、爆开时读第四声。

(2)分一分。你能把以上汉字分类摆一摆,并说说分类理由么? 请你来说说。你真聪明,根据偏旁部首来分类是个好办法。其实这些烹饪方法都要用火,"火""灬"都代表"火"。请看小视频。(播放)

(3)写一写。了解了这些带有火字旁的生字特点,咱们一起来写一写"烧、烤、炒"。哪个字最难写? 需要提醒? 你来说。是的,"烧"不要多一点。你说。三个字写的时候都要注意撇的穿插。现在拿起小手,和老师一起写。请大家拿出生字抄写本描一个,写一个,注意写字姿势。(巡视)

可以这样评一评:一看宽窄,二看穿插,三看美观。现在请大家给这名同学打打分。你给他打两颗星,哪个地方可以改? 是的,这个"炒"的最后一笔穿插到左边就更好了。(边说边改)再看这名同学写的。你们想送他几颗星? 是的,老师也觉得三个要求都做到了,他应该拿三颗星。同学们,像这名同学一样写,每个字再练写一个。

(4)说一说。写好的同学想一想,生活中还有哪些美食也用到了这些烹饪方法?(请学生)哦,煮鸡蛋,烤肉串,清蒸鲈鱼,不错呀,知道得真多呢! 除了这些,你还知道哪些烹饪方法? 你说。余。你来说,烩。你还知道,焖。

原来这份菜单不仅有荤有素有主食,而且烹饪方法多样,一定很好吃呢!

(三)购买食材,准备美食

任务情境:阳阳主动承担了购买食材的任务。他发现奶奶的冰箱里有部分食材。爸爸妈妈却要阳阳根据提示猜出食材,才能使用。你们愿意帮帮阳阳吗?

1.字谜识字

先来看第一个字谜:

小小一只缸,装满一肚浆,打开看一看,黄白不一样。(打一食物)

请你来说。对,答案就是蛋。

2.字理识字

看看这幅汉字演变图,猜猜这是什么字? 对了,就是"酱"。

你们看,将肉投入酒中浸泡,放在墙角发酵,经过较长时间,就变成了"酱"。最初"酱"字的右上角和"肉"相似。

3.部首识字

还有一部分食材需要去超市购买,可是阳阳犯难了,他不知道应该去超市的哪个区域购买,你能帮帮他么? 请你根据组成这些食材的汉字,为阳阳讲一讲这些食材分别在超市的哪个区域:

菠菜、蘑菇、茄子、鸡、鸭

请你来说说。你是怎么知道的? 你帮妈妈去买过菜,真是太能干了! 如果我没有去过超市买食材,又有什么方法能分辨呢?

请你来说说。你真是太会思考了,我们还可以通过偏旁来分辨:菠菜、蘑菇、茄,这些带有"艹"的字大多和植物有关。这些可以吃的、拿来做菜的植物,应该是蔬菜,所以应该去蔬菜区购买。鸡、鸭,有"鸟"的字大多和鸟类、家禽有关。鸡、鸭是家禽,应该在家禽区购买。

创设"购买食材"这一活动情境,通过字谜识字、字理识字及探究生字形旁与汉字本身的联系等,将枯燥的识字转化成体验生活的乐趣,激发学生的生活识字兴趣,让学生了解汉字文化,更加热爱祖国语言文字。

(四)用餐服务,分享美食

任务情境:食材买完了,为了让青青表妹更好地了解祖国的美食和饮食文化,阳阳还准备在上菜的时候为大家唱佳肴。

1.报菜名

我们先来欣赏一段我国传统曲艺贯口相声《报菜名》,听完了,你可以帮阳阳设计一份报菜名文稿,并试着报给阳阳听么? 同桌间试一试吧。(巡视)

请这名小朋友上台来报一报菜名,其他小朋友帮他一起打节拍吧! 谁还能报得更流畅? 请你来试试。不错呀,像个小小相声演员呢! 大家一起来报:

凉拌菠菜、香煎豆腐、红烧茄子……

2.说佳肴

(1)看看菜单,说说你吃过什么菜,口感是怎样的。老师有一

通过"报菜名""说佳肴"等趣味性活动复现生字词,帮助学生巩固、识记、丰富语言积累。引入语文园地中"识字加油站"的词语,通过多感官品味,加深对生字词的印象。试讲者还可以借助活动对学生进行用餐礼仪的渗透,让他们进一步感受中华饮食文化。

个小秘诀要告诉大家,可以用上语文园地三"识字加油站"中形容口感和味道的词汇来帮帮忙:

甜津津 酸溜溜 辣乎乎 香喷喷 油腻腻 软绵绵 脆生生 硬邦邦

请你说。哦,你吃过香喷喷的烤鸭。你呢? 你吃过软绵绵的红烧茄子。还有,你喜欢吃辣乎乎的水煮鱼。看来,大家都是小吃货啊!

(2)课后同学们可以书写佳肴介绍词,并试着向家人们介绍一下你喜欢的菜肴。

(五)课外拓展,寻访美食

任务情境:姑妈一家要在阳阳家住半个月,这份菜单不能满足15天的使用。阳阳一家准备寻访更多美食,充实菜单。他们研制了4个美食寻访锦囊,请你选择一个自己感兴趣的,去寻找美食,并制作一份美食推荐小报给他们吧。

锦囊一:记忆里的美食
故乡的美食最难忘,姑妈一家回乡,最想吃的肯定是家乡美食。快去采访街坊邻居吧。

锦囊二:节日里的美食
中华文化源远流长,传统节日有各种美食,寄托了人们的美好愿望。快去搜罗吧!

锦囊三:文字里的美食
作家文字:阅读教师提供的汪曾祺的《故乡的食物》和梁实秋的《雅舍谈吃》相关片段,认识作家笔下的美食,了解美食背后的人与事,思与情。

网络文字:网络搜索中国十大名菜,八大菜系的相关文字,了解各地的风土人情,摘取自己感兴趣的菜肴,记录下来。

锦囊四:节目里的美食
观看《舌尖上的中国》,选择自己喜欢的美食记录下来。

在我们共同的帮助下,阳阳小朋友顺利地解决了他的难题,接待了远道而来的姑妈一家。请同学们帮助阳阳一家继续搜寻美

将语文实践活动引入真实而广阔的生活之中,让学生多渠道感受中华美食文化,是基于学生经验的拓展,是对课文学习内容的丰富和延伸,对学有余力的学生来说,可以尝试。

食,下节课我们再一起来探讨,今天的课就上到这里,下课!

四、板书设计

《中国美食》板书设计,如图8-4所示。

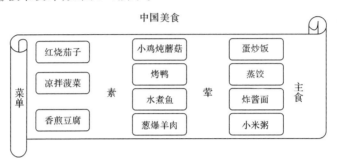

图8-4 《中国美食》板书设计

第九章　第二学段课文试讲解析 >>>

第一节　三年级上册阅读课《一个粗瓷大碗》试讲解析

试讲时间:10分钟

一、教材解析

《一个粗瓷大碗》是《义务教育教科书语文三年级上册》第27课,本文围绕一个普通的粗瓷大碗,讲述了赵一曼烈士的感人故事。在抗日战争的艰苦岁月中,赵一曼把自己吃饭的搪瓷缸子送给了新战士后,通讯员特地找了一个粗瓷大碗。开饭时,通讯员用这个碗给赵一曼盛了病号灶的高粱米饭,她却偷偷地将碗中的高粱米饭换成了半碗野菜粥。第二天,赵一曼又把碗"丢"了,原来这个碗成了七班的菜盆。

本文中出现的事物,如"粗瓷大碗""搪瓷缸子""高粱米饭""野菜""草根""橡子面"等,与学生的生活较远。在上课时,可以通过多媒体,将这些事物呈现给学生看,帮助学生理解课文内容,体会当时极端艰苦的战斗环境和生活条件,以及赵一曼和将士们不畏艰苦的伟大精神。文中还有不少描写人物的语句,显示出赵一曼一向关心他人,艰苦朴素,与战士们同甘共苦的品质和她的革命乐观主义精神。

本文是三年级上册第八单元的最后一篇课文,本单元的学习目标是学习带着问题默读,理解课义的意思。作为一篇略读课文,这篇文章的作用在于引导学生将默读方法应用于阅读实践中。在教学中,也要有单元整体意识,将默读方法进行复习运用。

二、试讲目标

(1)认识7个生字,读准多音字"还"。

(2)能带着问题默读课文,了解围绕这个"粗瓷大碗"发生的故事。

(3)能从人物的语言、动作等描写中感受到赵一曼的品质。

(4)能查找资料,进一步了解赵一曼的事迹。

三、试讲流程

(一)图片导入,初识人物

1.寻找英雄

同学们准备好了吗? 咱们开始上课啦!

为了庆祝中华人民共和国成立73周年(上课时间为2022年),咱们一直都在寻找革命英雄,不知道大家的"英雄谱"上有哪些英雄人物呢? 请你来说说。是呀,刘胡兰、张自忠、杨靖宇……他们个个都是抗日战争中的英雄。今天我们又要认识一位民族英雄,她就是赵一曼。

2.资料分享

课前老师已经让大家去搜集了有关赵一曼的资料,谁来分享? 你先来。你也想分享? 请你来说说。是呀,赵一曼是东北抗日联军的政治指挥员,她是中国的抗日民族英雄,在她的身上究竟发生着怎样的故事呢? 我们走进今天的课文《一个粗瓷大碗》。(板书:一个粗瓷大碗)拿出小手跟老师一起书写课文题目。捺笔要注意写得舒展。"碗"字笔画比较多,要注意笔画之间的避让。大声读题:一个粗瓷大碗。

3.发现疑问

读了课文题目,同学们,你有什么疑惑吗?

请你来说说。这个粗瓷大碗跟赵一曼有什么关系?

为什么用《一个粗瓷大碗》做题目?

学贵有疑,不急,这些问题的答案都在课文里。

(二)解决字词,梳理事件

1.梳理字词

走进课文之前,老师先来考考大家字词的预习情况。谁来领读? 请你读。你把字音读得很准确,尤其是多音字,"送还"的"huán",另一个读音是"还有"的"hái"。你还有补充。"盛饭"的"chéng"还有一个读音是"盛开"的"shèng",补充得很到位。现在

导入以回顾课本中的英雄入手,能使学生快速进入那战火纷争的年代,消除学生的距离感,帮助学生建立"英雄谱",这是一个非常好的群任务,也是一个项目式学习任务。当然也可以出示一个粗瓷大碗的图片,通过质疑课文题目,使学生的学习兴趣立刻聚焦到文本上。

本文是略读课文,字音字形环节可以简略。但作为一篇红色革命类文章,文中的一些名词脱离学生生活实际,需要教师帮助理解。

略读课文按照导读提示来学习,所以直接用导读提示作为学习任务,直截了当且不会出错。

在梳理事件时要注意,如果要用短语或词语来简要概括内容,则尽量以主人公为主体,并且主人公的名字可以隐去不写,否则就要写清楚谁做了什么。

字词都掌握了,让我们把字词送回课文,默读课文,默读时不发出声音,也尽量不要用手指读,边读边把不理解的词语画出来。

2.展示不明白的地方

在默读的过程中,你有没有什么不理解、不明白的地方,请你大胆提出来。你不理解搪瓷缸子。你不理解橡子面。请看(伸手示意屏幕),这个白色的瓷杯就是搪瓷缸子。橡子面就是用橡子仁擀成的面,味道略带苦涩。

3.走进课文

解决了生字词,那让我们走进课文。这是一篇略读课文,略读课文,我们是怎么学的? 是的,略读课文要根据导读提示来学。谁来读导读提示? 是呀,这篇课文给我们两个任务:一是默读课文,说说这个粗瓷大碗有什么感人事件? 二是你还可以查查资料,了解赵一曼的事迹。现在请同学们带着第一个任务快到课本里面去读一读吧。

4.内容概括

这篇课文围绕着粗瓷大碗,写了什么感人事件? 这名女生请你说。哦,概括得非常完整呀,掌声送给她。从她的概括中,我们知道这篇课文围绕"粗瓷大碗"讲了三件事。第一件事写通讯员给赵一曼送碗,赵一曼得到了新的碗。用一个词来概括,我们可以说是"得碗"。(板书:得碗)同学们,你能不能学着老师这样,用一个词来概括接下来的两部分内容? 这名男同学请你说。真会活学活用! 接下来是赵一曼"用碗"和"丢碗"的故事。(板书:用碗　丢碗)你还有补充。哦,你提醒这个"丢"要加引号。是的,其实碗不是真的丢了,而是赵一曼把碗送给了七班战士。

(三)小组合作,探究人物

1.合作探究

事件我们找到了,感人在哪儿呢? 这个问题我们通过小组合作的方式来探究。请大家再次走进课文,自主读,圈画出这些事件中深深打动你的地方,再在小组内讨论交流,最后请小组派代表汇总交流。开始吧。

如果时间有限,字词教学还可以更简略,比如直接说,你读对了多音字"还"和"盛"。比如不理解的地方,可以这样说,这些是课前预习时同学们不理解的词语,请看图片,这个白色的瓷杯就是搪瓷缸子。橡子面就是用橡子仁擀成的面,苦涩难吃。

这里也可以写"送碗",因为赵一曼把碗送给了七班战士。

2.小组汇报

时间到。同学们讨论得热火朝天,相信讨论的效果也很不错。

(1)哪个小组先来汇报? 就请你们。你们组关注到了第3自然段,这是她的语言:赵一曼看着这个碗,对通讯员说:"哪里拿来的,请你还到哪里去!"为什么她这样说? 原来她以为这个碗是从群众那里拿来的。群众的碗为什么一定要还? 因为共产党员绝不拿群众的一针一线。你感受到了怎样的赵一曼? 严于律己的赵一曼。(板书:严于律己)严格要求自己,绝不搞特殊化。请你来读一读这句。你读得特别铿锵有力,为什么? 因为赵一曼是个严于律己的人。还有吗? 是的,你关注到了感叹号,你真细心。让我们一起坚定地读读。

赵一曼原先的碗呢? 你找到了这句话:赵一曼吃饭用的搪瓷缸子早就送给一个新战士了,通讯员一直想给她另找一个碗,好不容易在这次战斗中找到了,就连忙给她送来。赵一曼自己的碗早就送给了新战士,作为一位团政治委员,连一个碗都没有,通讯员好不容易找到一个,她竟然要求还回去。你又体会到她是一个怎样的人? 是啊,赵一曼真是一个关心战士胜过自己、艰苦朴素的人。(板书:关心战士)

这样关心战士、严于律己的赵一曼在要求通讯员还碗时,通讯员拒绝了,他的心里仅仅是为难吗? 是啊,还有心疼,还有满满的感动。

一个坚决地还碗,一个为难又感动,请同学们同桌之间互相读读,读出藏在言语中的情感。同学们读得可真感人呀!

(2)请你们小组来补充。哦,你们找到了这句话:赵一曼端着碗轻轻走进炊事棚,趁人不注意的时候,把碗里的饭倒进锅里,又从另一口锅里盛了半碗野菜粥。这是人物的动作。让我们聚焦到这一句,一起来读读。她为什么这样做? 嗯,你迫不及待地想说。哦,原来高粱米饭是病号灶里盛来的,她宁可自己吃野菜粥,也绝不动伤病员们的饭。

你被深深地打动了,为什么? 你看到了前文:通讯员给赵一曼盛了满满一碗高粱米饭,他想:"这回我们政委该吃顿饱饭了。"是

本环节引导学生围绕文章细节进行交流。比如抓住关键词"早就""好不容易",以及人物的语言、动作,来体会人物的品质。

其实值得细细咀嚼的地方还有很多,比如"团长、政委和战士们,嘴边有几个月没沾过粮食了","几个月""沾"体现了当时抗日将士们的条件艰苦,更显示出赵一曼主动将碗里的粮食倒进锅里的革命意志之强,品质之高洁。再如第10自然段赵一曼的话"是啊,什么时候才能不'丢'碗呢",表现了她的豁达与革命乐观主义精神。如果试讲时间宽裕,可以再细致地说说。

呀,其实赵一曼已经很久很久没有吃饱饭了,甚至都吃不到粮食。她平时吃的是野菜、草根、橡子面,这些东西不仅难吃而且根本吃不饱。如果是你饿了这么久,有这样满满的一碗香喷喷的饭,你会怎么样? 赶快吃、狼吞虎咽。

但赵一曼却没有。当她看到这满满一碗高粱饭时,她心里在想些什么?

她不禁想起战士们的艰苦生活,想起……想起……正是因为她想到了这些,所以她"轻轻地……趁人不注意",读——

……

赵一曼倒进锅里的仅仅是高粱米饭,盛出来的仅仅是野菜粥吗? 是呀,她倒进去的是对所有战士满满的关心,她盛出来的是一个共产党人高贵的品质。怎样的品质? 同甘共苦。(板书:同甘共苦)

(3)读到这里,我们为之动容,可是被感动的只有我们吗? 是的,炊事员老李在旁边看得清楚,他没有吭声,眼里却含着泪花。一个身经百战的老战士,面对敌人的枪林弹雨,他都毫不退缩,可在这一刻,他不禁潸然泪下。如果你是炊事员老李,你想对赵一曼说什么?

(四)拓展延伸,继续了解

赵一曼打动我们的可不止这些,课前同学们搜集了很多资料,谁来分享? 好,你们两个上台。他们分享的内容可真感人啊! 第一个同学让我们看到了,一个面对敌人百般折磨、严刑逼供,却不屈不挠、英勇无畏的赵一曼。第二个同学让我们看到了,她在写给儿子的诀别信里浓浓的母爱和坚定的革命信心。(板书:省略号)

是呀,正是因为有像赵一曼这样的千千万万的战士浴血奋战,才换来我们今天幸福的生活。请同学们全体起立,行队礼,向他们表示崇高的敬意!

同学们,请在我们的"英雄谱"上,再写上一个名字,那就是——赵一曼。(板书:赵一曼)

本环节通过拓展延伸,将赵一曼的人物形象补充得更加丰满。教师及时升华主题,将赵一曼的革命者形象,转化为所有革命先烈的象征,引导学生对革命先烈致敬,产生敬仰、感恩之情。上课时,用全班敬礼这样的形式,可以使情绪达到一个高潮。最后写"英雄谱"和开头呼应。这是一个非常精彩的试讲设计。

四、板书设计

《一个粗瓷大碗》板书设计，如图9-1所示。

27*一个粗瓷大碗

得碗	赵	严于律己
用碗	一	关心战士
"丢"碗	曼	同甘共苦

......

图9-1 《一个粗瓷大碗》板书设计

五、扫码免费看视频

（试讲者：王羽菲　指导者：王瑛）

第二节　三年级下册《慢性子裁缝和急性子顾客》第一课时试讲解析

试讲时间：10分钟

一、教材解析

《慢性子裁缝和急性子顾客》是《义务教育教科书语文三年级下册》第25课，是作家周锐写的一篇童话故事。题目直接点明了两个人物截然不同的性格特点。他们之间会发生怎样的故事呢？看来题目就会引发读者的阅读兴趣和阅读期待。急性子顾客迫不及待地想要穿上新衣服，四天内不断变换要求；慢性子裁缝却没有一点儿不耐烦，始终不慌不忙地回应。整个故事妙趣横生，读来让人忍俊不禁。

课文主要通过对话来展开情节，塑造人物。急性子顾客和慢性子裁缝之间的对话很有意思。本课的语言表现力较强,体现了顾客"急"和裁缝"慢"的性格特点。故事分四天展开,其中第一天的故事最为详细,也是复述整个故事的难点。因此,试讲第一课时,要重点引导学生尝试复述第一天的故事。教学中,采用凸显"关键词句"的学习策略,重点借助"关键字词"梳理故事信息,简要概括课文主要内容。品读第一天的故事,体会人物心情,在有感情地朗读课文后,再尝试详细地有滋有味地复述第一天的故事。

二、试讲目标

(1)学习生字词,读准多音字"缝、夹",规范书写"衬衫"等生字。

(2)抓关键词,提炼信息,借助表格梳理故事主要内容。

(3)分角色有感情地读好第一天的故事,体会人物特点,并尝试借助表格详细复述。

三、试讲流程

(一)故事导入,激发兴趣

同学们,今天我们要开启全新单元的学习,单元主题:有趣的故事,留下的不仅是开心的笑声,还有许多的思考。是的,有好多有趣的故事等着我们。

我们就先走进第一个有趣的故事,你们看过电影《疯狂动物城》吗? 里面的闪电就是一个——慢性子。(板书:慢性子)兔子朱迪呢? 是个急性子。(板书:急性子)今天我们的课文也和"慢性子、急性子"有关,是谁的故事呢? 请跟老师一起写完整课文题目。

课文题目中的"缝"是个多音字,在我们书本当中标注的是第二声,在这里应该读轻声。再来读一遍课文题目,这个字还有哪一种读音? 你说。是的,表示间隙的时候,读第四声"缝",组个词语——缝隙,很好。

老师在我们课前的预习单当中,还找出了大家很多容易错的生字词,一起来看。第一组,对,这里也有一个多音字"夹",你们能

营造故事氛围,明确单元主题,从学生喜欢的动画片入手,立刻激发了学生学习的欲望。

把这个句子上面的注音写正确吗？你来。顾客夹起夹袄转身就走了。正确。

第二行,你来读。都读对了。字形有要注意的吗？你说。这个"短袖衬衫"当中有三个字,他们都是衣字旁的,伸出手跟老师一起来写,衣字旁和示字旁不一样,有两个袖子,就像这里的撇和点。

好,那么穿过了字词的长廊,我们走到故事的殿堂当中,这样有趣的题目讲了一个怎样有趣的故事呢？请同学们翻开书看一看今天的故事。

(二)借助表格,梳理故事

我们这个单元不仅要求我们了解故事,还要学会"复述"。这是什么意思呢？你说。对,就是用自己的话来讲故事。这么长的故事怎么讲呢？别急,来看课后习题2,这个表格提示了我们什么？你说。是按照时间顺序写的。这么长的故事是发生在短短的4天里面,可以看出我们这位顾客真的是一位急性子。那么在这4天当中,急性子顾客提出了哪些要求？慢性子裁缝又答应他了什么呢？

现在请自由朗读课文,读准字音,读通句子,一边读一边画出关键的词句,完成表格。填写的时候写关键词就可以了。开始吧!

我们完成了大屏幕上的表格。现在根据这个表格里表示时间的词语,借助关键词句,(板书:时间 关键词)我们就可以来复述一下这个故事的主要内容了。谁能先来有条有理地说一说呢？

你来。真厉害,已经把故事说清楚了。4天时间里急性子顾客从要做棉袄改成夹袄、短袖衬衫、春装,裁缝都同意了,因为他啥也没做呢!

同桌之间互相说一说。

老师要恭喜你们成为故事小能手,能借助时间词和关键词把整个故事有条有理地说出来了。(板书:有条有理)

我们既然已经能有条有理地复述了,但这样的故事有意思吗？

是的,我们除了要学会有条有理地复述外,还要学会有滋有味地复述,这样才能听得过瘾呢!

这篇课文是一个故事,故事是有情节的,需要梳理。课后的表格,有时间提示,学生只要抓住描写人物的关键词句,就能很快梳理出课文的主要内容,也为后面的复述做好铺垫。

(三)角色体验,感受特点

在此之前,我们先来有滋有味地读一读第一天的故事,请同学们自由读第1—13自然段,也就是第一天发生的故事,圈画出让你可以体会到裁缝和顾客性格的词句,和同桌交流一下。

好,你找到了第1处,请你读。你们从他的朗读中感受到了急性子顾客的急了吗?没有啊?那该怎么读呢?

听老师来读一读,看看我是不是个合格的急性子:顾客把一卷布料放到桌上,对裁缝说:"我想做件棉袄。我已经跑了三家裁缝店了。第一家说要到秋天才能做好。第二家问我有没有等到夏天的耐心。第三位师傅倒是强些,但他最早也要到开春才能交货。我可等不及,都没让他们做。告诉您,我和别的顾客不一样,我是个性子最急的顾客。请问师傅,您准备让我什么时候来取衣服——秋天?夏天?春天?……"

谢谢你们的掌声。你们从老师的朗读中感受到了什么?是的,这位顾客已经等不及要拿衣服了,那么裁缝又是怎么回答的呢?

谁来扮演一下慢性子的裁缝?

"不。"

"就在冬天。"

"不过,我指的是明年冬天。"

你看,短短的一句话,慢性子裁缝慢悠悠地说,还要分成三句话来说。同学们,刚刚从我们的对话中,你们都已经感受到他们的性格了。

我们既然要有滋有味地读,就要像这样先抓住人物的特点来读一读。

接下来,请同学们和同桌合作,一起再来读一读第一天中剩下的部分,分别扮演两个不同的角色,读出人物的性格特点来。老师待会儿要请一组演得最好的同学上台展示。

你们组最投入。请你们来。

这名同学在读到"顾客噌的一下子跳起来"的时候,还配上了

讲好故事的前提是读好故事,抓住顾客的"急",裁缝的"慢",教师示范朗读,可以很直观地体现出试讲者的朗读功底,读得好可以给评委留下非常好的印象。同时为了体现学习的梯度,教师做到扶放结合,从读到讲,落实详细复述的目标。

动作,你能再把这个动作演示一下吗? 演得真好,咱们一起做:

噌的一下子跳起来。

从他的动作中,你们又感受到了什么呢?

请你来说说。是啊,十分着急,急不可耐,心急如焚。你能用这么新鲜的词语来形容顾客的心情,说得真好。所以——

顾客噌的一下子跳起来,十分着急地说——(指向学生)

顾客噌的一下子跳起来,急不可耐地说——(指向学生)

(四)复述故事,分级评价

我们关注了人物的性格特点,抓住了他的语言和动作,(板书:语言 动作)读出了他的心情,我们就是有滋有味地读了。只要读好了,复述就不在话下。接下来请同学们尝试着用自己的话有滋有味地复述一下第一天的故事,(板书:有滋有味)如果怕忘记,可以借助表格里的关键词。

咱们对照着评一评:

★能用自己的话讲。

★★会借助表格按顺序复述。

★★★重要的情节不遗漏,还能加上自己的动作、表情。

第一天的故事我们已经能有滋有味地讲出来了。接下来,会发生什么事情呢? 我们下节课再来学习。

这里做到了"学—教—评"的一致,在激发复述兴趣的同时,初步渗透了抓关键词、借助表格等详细复述的方法,不拔高要求。如果试讲时间充裕,学生复述时也可以适当加入一些点评和指导。

四、板书设计

《慢性子裁缝和急性子顾客》板书设计,如图9-2所示。

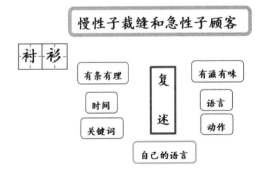

图9-2 《慢性子裁缝和急性子顾客》板书设计

第三节　四年级上册《爬山虎的脚》第一课时试讲解析

试讲时间:10分钟

一、教材解析

《爬山虎的脚》是《义务教育教科书语文四年级上册》第10篇课文,这一课主要写了叶圣陶先生通过长期细致的观察,了解了爬山虎生长的位置、叶子的特点,以及它怎样往上爬的过程,表达了作者对爬山虎的喜爱之情。

课文结构清晰,第一部分(第1自然段),讲了爬山虎生长的具体位置。第二部分(第2自然段),讲了爬山虎叶子的特点。第三部分(3—5自然段),讲了爬山虎的脚及爬山虎是怎么样往上爬的。这部分是本文的重点,分别讲了爬山虎脚的位置、样子和颜色,爬山虎是怎么一脚一脚往上爬的,爬山虎的脚触着墙与没触着墙的两种变化。

从课文细致、准确、生动的表达中,可以看出作者观察得特别仔细,而且进行了一段时间的连续观察。本单元的语文要素是"体会文章准确生动的表达,感受作者连续细致的观察"。它顺承三年级的"留心生活,细致观察事物",进一步引导学生学习连续观察,并进行迁移运用。

二、试讲目标

(1)认识"均、柄"等4个生字,读准多音字"曲",重点指导书写"虎、隙"等生字。

(2)读懂课文内容,了解爬山虎脚的特点,理解爬山虎是怎样一脚一脚往上爬的,进一步体会文章准确生动的表达。

(3)通过抓住重点词句品读课文,感受作者连续细致的观察。

三、试讲流程

(一)看图激趣,导入新课

同学们,准备好了吗? 咱们开始上课了! 老师给大家带来一幅图,你们知道图上的植物是什么吗? 没错,爬山虎。能说一说你们见过的爬山虎吗?

哦,你见过绿意盎然的爬山虎。

你见过秋天火红一片的爬山虎。

你见过满墙壮观的爬山虎。

那你们知道爬山虎有脚吗？它的脚在哪里呢？看同学们都摇摇头，那今天就让我们走进叶圣陶爷爷通过细心观察写成的文章《爬山虎的脚》。小手拿出来，和老师一起书空课文题目。（板书）在写"虎"的时候要注意第三笔的横钩就像尖尖的虎牙，最后一笔的横折弯钩就像是老虎尾巴，要甩出去。我们再来读一读课文题目：爬山虎的脚。

（二）初读课文，整体感知

课前老师给大家布置了预习任务。现在老师先来看看大家生字词的学习情况。谁愿意来读一读屏幕上的词语：

空隙　重叠　叶柄　弯曲　枯萎　嫩叶　蜗牛

你的小手举得最快，请你来。你读得很正确，尤其是"柄"的后鼻音和多音字"曲"读得很标准。"曲"还可以读什么音？没错，qǔ，歌曲。

在这组词语中标红的就是我们这节课要写的生字，谁来提醒一下大家，哪些字容易写错？请你。嗯，这个"隙"字最容易写错，小手拿出来。我们一起写一写，它是个左右结构的字，左边是个耳朵旁，右边是上下两个"小"中间夹着"日"，要注意上面的"小"没有勾。现在拿出生字抄写本，端端正正写两个。

闯过了字词关，现在请同学们大声自由朗读课文，要求：读准字音，读通句子。想一想：课文主要描写了爬山虎的哪几个方面？

都读完了吧，谁来说说？

请你来说。是的，这篇课文描写了爬山虎的生长位置、叶子以及脚的特点。你回答得可真是又快又准！（板书）

这节课我们就先去看看爬山虎的脚吧！

（三）品读语句，感受特点

爬山虎的脚是什么样的呢？请同学们默读课文的第3自然段，画画关键句，圈圈关键词，尝试画一画爬山虎的脚。

大家都画完了,我们来看看一名同学的画,大家觉得他画得怎么样?

哦,画错了,哪里画错了?老师怎么没看出来?

请你当小侦探。原来是位置画错了,脚应该是在叶柄的反面。(教师修改)

还有吗?细丝的形状和数量也错了。正确的应该是枝状的像蜗牛的触角,有六七根。(教师修改)

你们可真是火眼金睛。叶圣陶爷爷就是细致观察,发现了爬山虎脚的位置、形状和颜色,让我们一起来读一读吧:以前,我只知道这种植物叫爬山虎,可不知道它怎么能爬……

(四)抓关键词,说如何爬

那爬山虎的脚是如何向上爬的呢?用刚才的学习方法圈圈画画,自主学习第4自然段,读完之后以小组为单位进行讨论,待会儿和大家一起分享你们的学习成果。

同学们讨论得可真热烈!谁来说说?你第一个举手,你来。你找到了爬山虎爬墙的四个动作"触""巴""拉""贴",你可真会找关键词!

老师想问问你,作者为什么要用"巴"字,不能用"粘"或者"贴"呢?

哦,"巴"字更让你感受到爬山虎脚的力量感。

你有补充,是的,联系下文叶圣陶爷爷把爬山虎的脚比作"蛟龙的爪子",可见是多么牢固地巴在墙上啊!看来你们都感受到了作者表达的准确生动。

现在老师想请两个同学一边读这段文字,一边表演一下这四个动作。你们可以一个同学的后背当墙,一个同学的手当爬山虎的脚,开始吧。

看这一组同桌表现积极,老师来采访一下"这堵墙",你有什么感受?哦,你觉得爬山虎的脚越来越用力了。那你这个"爬山虎的脚"有什么感受?哦,一定要用力才能巴住墙。你们感受得很到位。

让学生自主学习,小组研讨,找出爬山虎是怎么样一脚一脚往上爬的动作,通过体验、表演、配音等活泼生动的形式,使这个板块的试讲非常具有吸引力。

你们学得这么认真,老师奖励你们欣赏爬山虎的脚以及爬墙的视频。我们可以一边看,一边用课文的句子给它配解说词。你可以用课文的语言,也可以化身为爬山虎来做个自我介绍。

来来来,推荐最佳配音员上台展示。你绘声绘色的解说仿佛让我看到了爬山虎正在努力往上爬。你把自己当作爬山虎,介绍得很精彩。把掌声送给你们。

(五)体会观察,学习表达

视频看完了,你们觉得叶圣陶爷爷描述的爬山虎的脚以及它向上爬的过程和你们在视频里看到的一样吗?

是的,一模一样。那你们觉得叶圣陶爷爷是怎么发现爬山虎脚的秘密的?

是呀,他进行了细致的观察。

光细致就可以了吗?是的,还要连续观察。你们觉得他观察了多久?从春天到夏天都在观察呢!(板书:细致连续观察)

他写得这么生动形象,有什么秘密?讨论讨论。

你第一个举手,你来说。对,他用了一些数字比如"六七根"来表示数量的多少。

还用了比喻,将"细丝"比作"蜗牛的触角",把"脚"比作"蛟龙的爪子",将观察到的内容准确生动地表达出来。(板书:准确生动表达)同学们理解得可真深刻!

(指着板书)这节课我们主要学习了爬山虎脚的特点以及它如何向上爬的过程,从中体会到叶圣陶爷爷连续细致的观察,希望同学们在今后的生活中能和他一样善于观察,有一双发现美的眼睛!课后呢,请同学们结合课后资料袋,观察一种植物,并做好观察记录。这节课就上到这里。下课!

四、板书设计

《爬山虎的脚》板书设计,如图9-3所示。

在教学了课文的内容以后,要让学生再次回归文本,找到叶圣陶先生的写作小秘密,鼓励同学们养成细心观察的好习惯,运用合理的想象,只有这样才能有所发现,并抓住事物的特点,把事物介绍清楚,让人印象深刻。

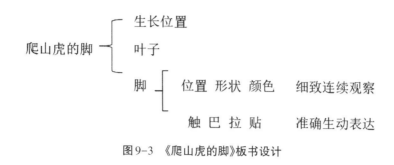

图9-3 《爬山虎的脚》板书设计

第四节　四年级下册《宝葫芦的秘密(节选)》第一课时试讲解析

试讲时间:12分钟

一、教材解析

《宝葫芦的秘密(节选)》是《义务教育教科书语文四年级下册》课文第26课,是我国作家张天翼的作品,写一个爱幻想的孩子王葆得到了梦想中的宝葫芦,这个宝葫芦给王葆的生活带来奇妙的变化,也给他带来了种种烦恼。作品表达了幸福要靠自己努力的主题。课文节选的是原作的开头部分。在这一部分,宝葫芦还未正式出场,课文留给学生丰富的想象空间,并能激发学生阅读原作的兴趣。

课文以第一人称"我"来叙述,生动刻画出王葆的童真形象。王葆小时候缠着奶奶讲故事的场景十分有趣,奶奶给他洗脚、剪指甲时他总是逃避,然后提附加条件要求听故事。这里的人物语言、动作描写极为逼真,富有画面感,生动地表现了王葆和奶奶的亲密关系,也表现了王葆的淘气、顽皮,刻画出一个好奇的、爱听故事的、充满童真的儿童形象。

本单元以"中外经典童话"为主题,单元语文要素是"感受童话的奇妙,体会人物真善美的形象"。它承接了三年级上册第三单元的要求并有所提升,还安排了创编故事的想象练习,使阅读和表达有机统一起来。

二、试讲目标

(1)认识"妖、矩"等7个生字,读准多音字"冲",重点指导"拽、撵"等生字书写。

（2）默读课文，能说出王葆想得到宝葫芦的原因，体会王葆淘气、爱幻想的童真形象。

（3）了解奶奶给王葆讲的故事，并根据已有内容创编故事，讲给同学听。

三、试讲流程

（一）明确单元目标，谈话导入课文

同学们，今天开始我们要进入第八单元的学习，先去看看单元篇章页：奇妙的童话，点燃缤纷的焰火，照亮我们五彩的梦。三年级的时候我们就学过童话故事，谁还记得？

是的，《卖火柴的小女孩》《那一定会很好》《在牛肚子里旅行》《一块奶酪》，还有《安徒生童话》《稻草人》《格林童话》等等，我们乘着想象的翅膀，游历奇妙的童话王国，感受了童话丰富的想象。

而我们这个单元的学习，不仅要继续感受童话的奇妙，还要去体会人物真善美的形象。今天我们就走进第一篇童话，齐读课文题目：宝葫芦的秘密。（板书课文题目）

（二）初读课文感知，检查预习反馈

大家都预习过课文了吧，这些词语会读吗？

妖怪　规矩　瘦长　撵上　拽住　劈面　冲着

"规矩"这个词该怎么读？是的，"矩"要读轻声，"冲"在这里念第四声，大家一起读。

预习单上，老师请大家说说自己难理解的词语，"撵上、劈面"占比最高。俗话说，字不离词，词不离句。咱们一起来看看带有这两个词的句子：

"乖小葆，来，奶奶给你洗个脚。"奶奶总是一面撵我，一面招手。

奶奶撵上了我，说洗脚水刚好不烫也不冷，非洗不可。

上次讲的是张三劈面撞见了一位神仙，得了一个宝葫芦。

你能给"撵"换个词吗？放进去试一试。奶奶总是一面追、赶

右侧旁注：教学从篇章页开始，回顾和联结已有的学习经验，可以唤醒学习记忆，进行"文学阅读与创意表达"学习任务群的建构。

张天翼在写作的时候用上了一些方言，如"撵上、拽着"等，需要结合语境帮助理解，对多音字"冲"的教学，如果能引导学生在具体语境中据义定音就更好了，让学生明白在表示"对着、向着"的意思时，"冲"读第四声。

112

我,一面招手。奶奶追上我、赶上我。哎,这还是通顺的,看来"撵"就是"追、赶"的意思。

那这个"劈面"又是什么意思呢?老师带来了字典中"劈"的意思,如图9-4所示。

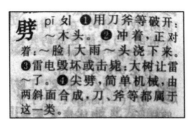

劈 pī 刎 ❶用刀斧等破开:~木头。 ❷冲着,正对着:~脸|大雨~头浇下来。 ❸雷电毁坏或击毙:大树让雷~了。 ❹尖劈,简单机械,由两斜面合成,刀、斧等都属于这一类。

图9-4　"劈"的意思

大家来选一选,请用你的手指来表示吧!大家都不约而同选择了第二个意思。这里的"劈面"是说张三迎面就撞见了一位神仙。

这里的"撵"和"拽"书写的时候也要注意笔画,谁来提醒一下大家?是的,"撵"的笔画比较多,右边写紧凑,注意第四笔是点;"拽"字注意不要多一点。解决了这些拦路虎,咱们一起来读读这些词语吧!

(三)默读课文内容,梳理想要原因

那小葆为啥希望得到一个宝葫芦呢?(板画宝葫芦)请大家赶快去读读课文,有答案了就起立。好,现在所有的同学都站起来了,看来大家都有了自己的答案。老师要来采访一下:

王葆,王葆,你为啥想要宝葫芦?哦,比赛种向日葵时,就能有一棵最好最好的向日葵;

王葆,王葆,那你为啥想要宝葫芦?是呀,遇到做不出的算术题,就叫宝葫芦帮着做;

王葆,王葆,你呢?嗯,你会用自己的话来总结,就是"万事不愁"啦!用课文中的话就是——(一起读)

不管张三也好,李四也好,一得到了这个宝葫芦,可就幸福极了,要什么有什么。

王葆就是要这么一个神奇的宝葫芦,而奶奶讲的都是谁的故

围绕"王葆为什么想得到一个宝葫芦"这个问题阅读课文,整体把握课文内容,聚焦到关键句"要什么有什么",可谓牵一发而动全身。

113

事?是的,讲的都是关于宝葫芦的故事。王葆从小听奶奶讲着故事长大。

(四)品读故事内容,提问想象创编

课文中,奶奶给王葆讲了哪些关于宝葫芦的故事呢?咱们再去读读课文,找一找,用笔画下来。开始。

看一看,跟老师画的一样吗?奶奶讲了几个故事,分别是:

第一个,讲的是张三劈面撞见了一位神仙,得了一个宝葫芦。张三想要水蜜桃,立刻就有了一盘水蜜桃。

第二个,哎,是李四游龙宫得到宝葫芦,有了一条大花狗。

第三个是王五,第四个是赵六。

咱们一起来整理一下他们的故事:

张三劈面撞见了一位神仙,得了一个宝葫芦。一得到了这个宝葫芦,可就幸福极了,要什么有什么。张三想:"我要吃水蜜桃。"立刻就有了一盘水蜜桃。
李四出去远足旅行,一游游到了龙宫,得到了一个宝葫芦。一得到了这个宝葫芦,可就幸福极了,要什么有什么。李四希望有一条大花狗,马上就冒出了那么一条——冲着他摇尾巴,舔他的手。
王五是个好孩子,肯让奶奶给他换衣服,得到了一个宝葫芦。一得到了这个宝葫芦,可就幸福极了,要什么有什么。
赵六掘地,掘出了一个宝葫芦。一得到了这个宝葫芦,可就幸福极了,要什么有什么。

这葫芦神奇不?你们看这四个故事,是怎么写的?你来说。是的,前面写宝葫芦的来历,后面写得了宝葫芦后的变化。那男女生合作读,男生读前面的,女生读后面的。

现在四人小组里,每人讲一个故事。

你们讲得这么起劲,那老师也来讲一个,这回我就做奶奶,你们做王葆。开始啰!乖小葆,奶奶给你讲故事。话说那天——

张三劈面撞见了一位神仙,得了一个宝葫芦。一得到了这个宝葫芦,可就幸福极了,要什么有什么。张三想:"我要吃水蜜桃。"

奶奶讲的相关故事情节简单,给学生的创编留下很大的想象空间,但对于四年级的学生来说,还是有一定难度,故教师通过"提问"这样一个支架,帮助学生打开思路。

立刻就有了一盘水蜜桃。

我的故事讲完了,小葆小葆,你听过瘾了吗? 没听过瘾的请站起来。

小葆小葆,你还想知道什么? 哦,你抓住"劈面"这个词,想知道他是怎么撞见神仙的? 这个神仙是谁呢? 这个问题提得好!

小葆小葆,你想知道啥? 嗯,神仙为啥偏偏要给张三一个宝葫芦呢? 让奶奶想想。

小葆小葆,你继续提问。 是呀,除了得到水蜜桃自己吃外,他还会给谁吃呢? 有意思!

小葆小葆,你的问题是? 确实哦,后来张三用宝葫芦还做了啥?

……

你们提出的这些问题,如果我都讲到故事里去,这个故事会变得——哦,更生动、更具体。

现在,请你也选一个故事想一下要添加些啥问题,然后重新整理这个故事,看看故事是不是变精彩了? 5分钟,开始!

这是小斌同学写的,我们来读一读:

在农历的九月初九这一天,张三独自来到了河边,正准备过桥呢,忽然冲过来什么东西把他撞倒在地。 他抬头一看,发现是一个全身发着金光的白胡子神仙撞上他了,这个老神仙的腰上系着一条用金光闪闪的宝葫芦串起来的腰带。 神仙为了补偿张三,于是就从腰上取了一个宝葫芦,送给了他。

谁来评价评价?

是呀,他的"劈面撞见"这个部分写得真不错呀! 我们把掌声送给他。 小斌同学还没写完,可以想象,后面的内容也会很精彩!

(五)引入原文片段,拓展提升创编

这篇课文的作者是——张天翼,他也写过一个"王葆钓鱼"的故事:

水面上的钓丝抽动了一下,浮子慢慢往下沉。 王葆赶紧把钓竿一举,就钓上来一个东西——像有弹性似的蹦到了岸上,还"格

这是创编的再次指导,教师引入原文,发现了让故事更生动更有趣的秘密,就是让故事里的葫芦动起来、说起来、变起来,还能猜出人物的想法,一切变得非常神奇。 这样的指导很有梯度。

咕噜"一声,真的是一个葫芦——满身绿里透红,像香蕉苹果那样的颜色。

王葆想:这就是传说中的宝葫芦吗?要是能变很多鱼,该有多好啊!

只听见宝葫芦说:"宝葫芦,葫芦宝,葫芦浑身都是宝,金鱼鲤鱼黄花鱼,愿望成真真奇妙。我变我变我变变变……"顿时,各色各样的鱼都来了。有几条小鲫鱼活泼极了,穿梭似的往这里一钻,往那里一钻。鲤鱼可一本正经,好像在那里散步,对谁都不大理会。最叫我高兴的是,还有一批很名贵的金鱼。有两条——眼睛上长两个大红绣球,一面游一面飘动。再仔细一看,还有两条金鱼黑里透着金光,尾巴特别大,一举一动都像在舞蹈似的,很有节奏。

你们读一读,比一比,想想哪些地方特别吸引你?

是呀,这个葫芦会动,会说,会变,还会想。它已经变成了一个法力高强的葫芦娃了!

想不想看看这个故事?老师带来了视频。(播放视频)

看了视频,你觉得神不神奇?现在请你继续修改自己的故事,让你故事里的葫芦也会动、会说,还会变。开始,计时5分钟。

请晓晓来读读自己的故事。哇,你故事里的宝葫芦做的是一件救老百姓的大好事!表扬你!

请正南来讲讲自己的故事。你的宝葫芦说话很幽默啊!我特别喜欢它的口头禅:宝葫芦,葫芦宝,葫芦全身都是宝,什么事都难不倒!

(六)简单小结,推荐整书阅读

同学们,快乐的时光总是短暂的。课文学到这里,咱们看看课文题目上有两个字——节选,(板书:节选)"节选"表示课文就是来自《宝葫芦的秘密》一书,有兴趣的同学可以去找这本书看看,下节课再见!

学习课文是为了激发阅读兴趣,让阅读延伸到课外,让人物形象丰满。因此,推荐整本书阅读很重要。

四、板书设计

《宝葫芦的秘密(节选)》板书设计,如图9-5所示。

宝葫芦的秘密（节选）

图9-5　《宝葫芦的秘密(节选)》板书设计

第十章　第三学段课文试讲解析　>>>

第一节　五年级上册《四季之美》第二课时试讲解析

试讲时间:10分钟

一、教材解析

《四季之美》是《义务教育教科书语文五年级上册》课文第22课,出自日本平安时代女作家清少纳言所著《枕草子》一书,按一年四季的顺序描写了春天的黎明、夏天的夜晚、秋天的黄昏和冬天的早晨等不同时间的景致。作者用细致的笔触描写出不同时间、不同景物的动态变化,营造了美的氛围。

本单元的人文主题是"自然之趣",语文要素是"初步体会课文中的静态描写和动态描写"。这是教材第一次以单元编排的方式对学生进行专门的文学品鉴能力的培养。教学时让学生在把握课文内容的基础上,初步了解静态描写和动态描写,并根据描写想象出具体、丰富的画面即可。

散文语言优美凝练,笔触细腻,不管是黎明时天空颜色的变化,还是夏夜萤火虫翩翩飞舞、黄昏时归鸦回窠、大雁比翼,都凸显了景物的动态美,而寒冬清晨的白霜又尽显静态之美。

二、试讲目标

(1)通过自读自悟、想象、交流等方式,继续学习秋天黄昏点点归鸦、大雁比翼的动态描写以及冬天早晨铺满白霜与熊熊炭火的动静和色彩对比。

(2)反复朗读课文,体会作者笔下四季之美的独特韵味,并背诵课文。

(3)仿照课文,用几句话写一写自己印象最深的某个景致。

三、试讲流程

(一)回顾已学内容,诗句导入课文

同学们准备好了吗?咱们开始上课了。

看,"春有百花秋有月,夏有凉风冬有雪",(出示图片)多美的四季之景呀!今天让我们继续走进课文,去领略四季那动静皆宜之美吧。来,小手拿起来,跟老师一起书写课文

题目。(板书:四季之美)

让我们再来读读课文题目——四季之美。

上节课,我们一起欣赏、体会了春天和夏天的美景,这节课让我们再一起去欣赏秋天和冬天的动静之美吧。

(二)精读文本语言,体会秋之动态美

请同学们默读课文,边读边想象画面,用横线画出你认为非常美的地方,用圆圈圈画出关键词,并四人小组合作讨论一下,开始吧。

预设学习:夕阳斜照西山时,动人的是点点归鸦急急匆匆地朝窠里飞去。成群结队的大雁,在高空中比翼而飞,更是叫人感动。夕阳西沉,夜幕降临,那风声、虫鸣,听起来也愈发叫人心旷神怡。

都讨论好了吧,这名同学,老师看到你陶醉在其中了,请你来分享。哦,你喜欢的是秋天黄昏的景色,请你来读一读。你读得可真标准,尤其读准了"窠"和"心旷神怡"。

同学们也能像他这样来读一读吗?

老师也特别喜欢秋天的景色,就像唐朝大诗人刘禹锡所言的"自古逢秋悲寂寥,我言秋日胜春朝",让我们一起来读一读这令人着迷的秋日美景吧!

秋天最美是黄昏。夕阳斜照西山时,动人的是点点归鸦急急匆匆地朝窠里飞去。成群结队的大雁,在高空中比翼而飞,更是叫人感动。……

读完了,你的脑海当中出现了怎样的画面呢?你看到了什么呢?请你来说。你看到了归鸦和大雁在你的脑海当中一直挥之不去。是呀,秋天是一个归乡的季节。谁愿意和老师一起做做"比翼而飞"?(做动作)你们看,这就是比翼而飞,冲破一切困难,飞到心里想去的那个地方。

那你又听到了什么呢?哦,你听到了风声和虫鸣声,那是多么的悠扬呀!

同学们,如果你身处在这样令人感动,令人心旷神怡的环境当中,你心里有什么感受呀?

在试讲时可以引用诗句导入,充分表现出试讲教师的语文素养,达到令人眼前一亮的效果。在揭题导入部分回顾旧识,再次明确单元语文要素,帮助学生明确学习目标,继续感受文章的动静结合之美。

在体会秋季的动态美部分,巧妙地运用了拍摄微电影的方式细读文本,再通过想象、体会、有感情地朗读,帮助学生更形象地体会作者笔下秋日的动态之美。

请你来说说。哦,你想拿起摄像机把这一幕拍摄成微电影保存下来。老师就有一个疑问了,为什么是拍摄成微电影而不是拍摄成照片呢? 哇,你真聪明呀,因为你发现了这里面的景色全部都是——对,在动着的,所以说秋天黄昏的景色应该是——动态美呀!(板书:动)

让我们带着这样美好的感受,配着优美的音乐,把秋天的动态美给读出来吧!

(三)品读课文词句,体会冬之静态美

预设学习:冬天最美是早晨。落雪的早晨当然美,就是在遍地铺满白霜的早晨,或是在无雪无霜的凛冽的清晨,也要生起熊熊的炭火。手捧着暖和的火盆穿过走廊时,那闲逸的心情和这寒冷的冬晨多么和谐啊! 只是到了中午,寒气渐退,火盆里的火炭,大多变成了一堆白灰,这未免令人有点儿扫兴。

看!"忽如一夜春风来,千树万树梨花开",冬天来了,雪花飘落了,有没有喜欢冬季景色的同学呢? 哎,你举手了,请你来说。你喜欢的是冬季的美景,请你来读一读这一段吧。读得真好呀,不仅读准了字音"凛冽",而且还读出了冬的韵味。同学们,你们也能像他一样读出这冬的韵味吗?

如果你是一名小摄影师,此时此刻看到这样的画面,你最想拍下哪一个令你印象深刻的画面呢?

请你来说。你想拍铺满白霜的早晨,如此的静谧!

这位小摄影师,你也来分享一下? 你想拍摄凛冽的清晨里面的熊熊炭火,那是多么的温暖呀!

同学们,想象一下,如果此时你捧着火盆走在寒冷的早晨,那是多么的——对,舒适温暖呀! 可是如果你看到火盆里的火炭变成了一堆白灰,那真是太——对,令人扫兴呀!

所以我们还是将时光停留在这熊熊燃烧的火盆,令人温暖的冬日清晨吧! 静静地享受这美好的一刻。闭上眼,配上音乐,让我们带着这份温暖,再来读出冬日清晨的静态美吧。(板书:静)

同样巧妙地借助拍照片这种活泼的方式,帮助学生体会冬日的静态美,体会作者如何巧妙运用动静结合的写作手法,呈现出了令人沉醉的四季之美。

123

(四)升华全文情感,拓展练写片段

国学大师王国维曾经说过这样的话——"一切景语皆情语"。那读了这篇非常优美的散文,你体会到了作者什么样的感情呢?动动你聪明的小脑瓜思考一下吧!

嗯,请你来说。表达了作者对秋天动态美的喜爱之情。

你也来说一说。表达了作者对冬天静态美的景物的喜爱之情。

再请一个,后面那个男生?哇,你这样一总结,把他们两个人说的合在一起,这就对了,表达的是作者对四季景色的喜爱与赞美呀!(板书:喜爱赞美)

那就让我们伴着优美的音乐再一起来读出这种赞美与喜爱之情吧。

今天的这节课,我们欣赏了秋天的动态美和冬天的静态美,学习到了动静结合的写作手法。(板书:结合)

请同学们一起来欣赏一段放学后学校的视频,试着运用这种方法来写一写你眼中的美景吧!(播放视频)

我们来看看这个同学笔下的校园:

> "丁零零"放学的铃声响起,顿时,每个教室都热闹起来。同学们快速地整理好书包,排着长龙似的队伍走出校门,老师就像我们的保护神,将我们送到焦急等待的家长手中。保安叔叔帅气地指挥着过往的车辆。
>
> 不一会儿,整个校园安静了。夕阳洒在校园里,教学楼泛着金光。教室里的风扇不转了,走廊里空无一人,宛如学校被按下了暂停键。偶尔有几只蝙蝠穿过走廊,飞入树丛,树叶在轻轻摇晃。

请你来点评。是呀,两段话分别用了动态描写和静态描写,把放学时的情景写得太棒了,让我们一起给这个同学送上最热烈的掌声!

课后同桌之间可以互相评一评,今天的课就上到这里,下课。

教师引导总结课文所蕴含的情感,体会作者对大自然的喜爱赞美之情。借助小练笔的方式,要求运用动静结合的写作手法,试着仿写一个片段,巩固课堂所学知识。

试讲到这里结束,时间是8分钟,如果总共有10分钟时间,可以继续下面的试讲。

该试讲最大的亮点在于各个环节的衔接都能运用一些诗句、名言,或用来点评,或给予学生启示,语言优美,贴切自然,让人感受到试讲者丰厚的文化底蕴。

四、板书设计

《四季之美》板书设计,如图10-1所示。

四季之美

秋之黄昏　归鸦　大雁 ⎫
　　　　　　　　　　　⎬ 动静结合
冬之早晨　白霜　炭火 ⎭ 喜爱赞美

图10-1 《四季之美》板书设计

第二节　五年级下册《景阳冈》第一课时试讲解析

试讲时间:10分钟

一、教材解读

　　《景阳冈》是《义务教育教科书语文五年级下册》第6篇课文,选自我国古典长篇小说《水浒传》第二十三回。本文记叙了武松在阳谷县一家酒店内开怀畅饮后,趁着酒性,执意上了景阳冈,赤手空拳打死猛虎的故事,表现了武松胆识过人、勇武机敏的英雄气概。

　　全文按照"喝酒—上冈—打虎—下冈"的顺序进行谋篇布局。课文的第三部分是全文的重点,详细描写了武松打虎的经过,场面惊险刺激,情节扣人心弦。面对猛虎的来势汹汹,武松先是机智避让,接着看准时机出手,一连串行云流水的动作描写,让一个力大无穷、武艺高强的打虎英雄形象跃然纸上。

　　本单元的人文主题是"走近中国古典名著",语文要素是"初步学习阅读古典名著的方法"。《景阳冈》在语言上体现了古代白话文小说的鲜明特点,有些语句理解起来有难度,要从学生的实际出发,允许学生囫囵吞枣地读,保护学生的阅读兴趣,遇到不懂的词语,能引导学生通过联系上下文、猜一猜、借助资料袋等方法解决。

二、试讲目标

（1）认识"倚、箸"等16个生字，读准多音字"呵、绰、泊"，会写"冈、饥"等15个字，理解并积累"半夜三更、寻思"等词语。

（2）默读课文，能通过联系上下文、联系影视作品、猜一猜等方法，理解文中不懂的词语的意思。

（3）借助情节图梳理课文的主要内容，聚焦人物动作，感受武松的勇敢机智，并运用已学方法讲述"武松打虎"的过程。

（4）能就打虎部分简单评价武松形象，并说出理由。

三、试讲流程

（一）谈话导入，激发兴趣

上课之前，听老师唱歌：大河向东流啊，天上的星星参北斗哇……这首歌说的是哪本经典名著啊？是的，《水浒传》。对于这本书，你有什么了解？

是的，里面记录了108个梁山好汉。今天，我们就走进其中的一个人物——武松。

说到武松，你对他有什么了解？

是的，行者武松，他在一百单八将中排行十四。排名这么靠前，他有什么过人之处呢？让我们走进课文来一探究竟，和老师一起写课文题目。（板书：景阳冈）

"冈"是本节课的生字，读第一声，书写的时候先外再里，最后一笔是点。

齐读课文题目。嗯，铿锵有力。

发挥教师特长，用唱歌迅速抓住眼球，开场白就会变得精彩了。

（二）初读梳理，预习反馈

请大家默读课文，注意读准字音，读通句子。有两个要求：第一，遇到不懂的词语，运用我们学过的方法去猜它的意思；第二，思考课文围绕武松写了一个怎样的故事。完成课后习题2的思维导图。好，开始吧。

1.字词反馈,交流难懂词语

都读完了吧？看,这是大家预习单中错误率较高的字词。谁想领读？请这位小老师。读得很正确,尤其是多音字"血泊"的"泊"。这是字典的解释,请你们根据意思来说说它的读音。表示湖的意思,作名词时读——没错,pō,比如"湖泊""血泊";表示停船靠岸,作动词,读？对,bó,比如"停泊"。

你们理解了哪些难懂的词语呢？哦,你联系电视剧理解了"筛酒"就是倒酒的意思。

有同学在预习单上问"梢棒"是什么意思,谁能来猜一猜？

哈哈,你很会猜,两个字都是木字旁,肯定和木头有关。"梢棒"是武松拿来防身的棍棒。

2.梳理内容,复述故事

那么这篇课文围绕着武松讲了一个什么样的故事呢？

饮酒→(　　)→(　　)→(　　)

你来说。哦,先写了武松在店里饮酒,接着上冈,然后打虎,最后下冈。

(板书:饮酒　上冈　打虎　下冈)

现在请同桌之间互相说一说,用上主要人物和事件,加上一些连接语,把故事的主要内容说清楚。请你说。再请你。看来大家都能简洁地说出课文的主要内容了。

(三)聚焦打虎,详细复述

那么在这些情节里,哪个情节你觉得最有意思呢？哦,不用说肯定是打虎呀！那就用自己喜欢的方式去读打虎(第6—7自然段)这一部分,思考面对猛虎,武松是怎么做的呢？你可以圈点批注,也可以动作演绎。

1.抓住"三闪",品防守部分

你来说。哦,武松一闪。你想补充。他不是一闪,而是三闪！对了。这不是名著吗？我们说尽量不要用重复的字,老师给他改一改,改成一闪一退一避怎么样？你来说。哦,如果用一退和一避,感觉武松跟我们普通人也没有什么不同,他也很胆小的样子。

利用课后习题,梳理课文内容,简洁明了,也能帮助孩子借助支架简要复述。利用预习单对字词进行精准教学,特别要注意的是在古白话文中有些词语难以理解,可以通过看电视、猜一猜等方法来解决。

抓住关键人物展开教学,不枝不蔓。聚焦动作描写,感受老虎的凶猛,武松的勇敢机敏。在品读语言的过程中用上比较阅读的方式,感受经典用词的精妙之处。通过表演、尝试、想象等方式,试讲过程产生了让人"身临其境"的效果,听者仿佛看到了画面,听到了声音,可以共情。

你也要说。"闪"比"退"和"避"更快,更灵活,显得武松很敏捷啊。你看他一闪在青石边,只一闪,闪在大虫背后,又闪在一边。是的,他动作敏捷,还有什么特点?是的,聪明机智,他不与老虎硬碰硬。(板书:机智)所以,词语不在于是否重复,而在于用得是否恰当。

谁给大家表演一下他的三闪?请你。哦,这样一闪,还有这样一闪,还有这样一闪呀!(师做动作)哇,你演得活灵活现!老师要把这段话送给你读。嗯,语气轻快又有力,你也是个敏捷机智的小武松。

面对老虎进攻,武松闪躲,是为了——对也,避其锋芒,泄其力气。

2.抓住"两揪",品进攻部分

接下来武松开始进攻了,我们来看最精彩的部分,武松他如何赤手空拳地打死老虎。来,一起读:那大虫咆哮,性发起来,起——
……

你们能把这一段中武松打虎的动作圈出来吗?(板书:动作)你想说,你也想说,你也举手了。好,你们找到的十个动词都在大屏幕上。找一找,这里有两个——"揪",是的,你发现了。老师把句子单独拿出来,请你来读。

这个"揪"字可以换成什么字呢?嗯,"抓""扯""捉"好像也可以。那为什么作者用了"揪"呢?自己做做这些动作,体会体会。你说。是的,揪,不是一般的抓,那是主动地紧紧地抓、扭。比如《水浒传》第五十二回:李逵早把殷天锡揪下马来,一拳打翻。此时此刻,你们看到了一个怎样的武松呢?你来说。武松这揪来揪去,已经化被动为主动,对老虎进行狠狠回击。你再来。他武艺高强,浑身充满了力气。你也想说。是啊,他真是英勇无比呀。(板书:英勇)

让我们把理解送进句子中再读。还可以再有气势一些,再试试:

武松用左手紧紧地揪住大虫的顶花皮,空出右手来——
真厉害,英雄武松跃然纸上。

那么多动词,抓住一个"揪"字,通过换词体会妙处,联系李逵的"揪",感受英雄好汉那种手到擒来的气势!

分析过后,一定要读,用入情入境的读把气氛推向高潮,也展现教师的朗读功底。

(四)小结学习,布置作业

武松打虎的故事历来被人们津津乐道,作为经典传承人,我们都要来讲讲这样的精彩故事,上个学期咱们学习了创造性复述的妙招,谁还记得? 请你来说。

是的,可以把自己当作故事中的人物,用上"入情入境"法;还可以加上表情、动作和恰当的语气,用上"添油加醋"法;还可以改变顺序,用上"卖个关子"法。赶快准备准备,咱们来个"说书大比拼",先自己练,再同桌讲,最后咱们推荐优秀说书人上台表演讲。(如果时间只有8分钟,这个环节可以作为作业布置给学生,下节课进行故事大比拼。)

> 教师运用回顾复述法,鼓励学生用心讲好故事,还可以播放著名说书人说书的片段,给学生以示范引领,这样做一是为了让经典永流传,二是给学生可以模仿的支架,降低难度,提高兴趣。

四、板书设计

《景阳冈》板书设计,如图10-2所示。

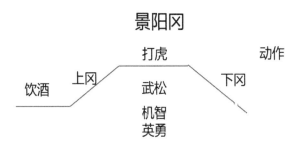

图10-2 《景阳冈》板书设计

第三节 六年级上册《七律·长征》第一课时试讲解析

试讲时间:10分钟

一、教材解析

《七律·长征》是《义务教育教科书语文六年级上册》第5课,本单元围绕"革命岁月"这个主题编排了《七律·长征》《狼牙山五壮士》《开国大典》《灯光》《我的战友邱少云》5篇课文。《七律·长征》是本单元第1篇精读课文。

《七律·长征》是毛泽东在长征胜利前夕写下的一首七言律诗。诗歌首联"红军不怕远征难,万水千山只等闲"总领全诗,开门见山赞美了红军的英雄气概。颔联"五岭逶迤腾细浪,乌蒙磅礴走泥丸",用"逶迤""磅礴"和"细浪""泥丸"形成对比,且夸张至极,显示出红军藐视一切困难的态度。颈联"金沙水拍云崖暖,大渡桥横铁索寒",一"暖"一"寒",形成鲜明对比,既呈现了客观事实,又写出了主观感受。尾联"更喜岷山千里雪,三军过后尽开颜",写出了红军胜利大会师的喜悦之态。全诗生动地概述了二万五千里长征的艰难历程,赞颂了红军战士的革命英雄主义和乐观主义精神。

本单元的语文要素是"了解文章是怎样点面结合写场面的",教学时,既要关注本文"远征难""只等闲"这一组整体面貌的勾勒,又要关注局部细节的刻画,引导学生感受文章点面结合的写法。

二、试讲目标

(1)会写"律""渡"等4个字,能正确理解"逶迤""磅礴"等词语。

(2)了解点面结合写场面。多种形式诵读诗歌,读出磅礴气势,熟读成诵。

(3)通过抓关键词,借助资料,想象画面等学习方式,理解诗意,初步感受红军战士大无畏的革命乐观主义精神。

三、试讲流程

(一)导入新课,理解文题

1.播放长征视频

同学们,上课之前我们先来看一段视频。

2.导入新课

同学们,你们知道视频里讲的是中国红军哪个重大的事件吗?对——长征。在长征途中,毛主席写下了一首首满怀豪情的诗歌,今天我们来学习其中一首《七律·长征》。(板书课文题目)齐读课文

文本所呈现的形式和内容,会让学生产生距离感,可以利用视频导入,创设情境,帮助学生初步感知时代背景。利用课文题目解读,帮助学生建立"七律"知识结构,为朗读诗歌和深入理解诗意奠定基础。

题目:七律·长征。

3.引导学生理解文题

(1)课文题目中间有个小圆点,读的时候稍作停顿,一起再读课文题目。

(2)什么是七律?请你来说说。你预习得不错。请看课件:

"七言律诗"的简称,律诗的一种。每首八句,每句七个字。偶句末字要押韵,中间四句要对仗。

(二)初读诗歌,读好节奏

1.读通诗句

长征,在毛泽东主席的眼中又是怎样的呢?请同学们打开课本,翻到第5课,放声朗读这首诗三遍,争取做到正确、通顺。

请你来读。你读得很正确,尤其是生字"索"是个平舌音。大家再来读。

2.读出韵律

律诗,是有押韵要求的,请同学们找出韵脚。你说,我圈。难、闲、丸、暖、寒、颜。把押韵的字读得字正腔圆,能更好地读出诗的韵律。

咱们合作读,老师读前半句,你们读后半句:

红军不怕——(请学生)

万水千山——(请学生)

一起再读。字正腔圆,有板有眼,我们读诗就应该这样读。

(三)整体感知,了解点面

1.理解长征之"长"

这首诗是写长征的,长征为什么叫"长"征?它长在哪里呢?咱们一起看简介。(出示长征路线图和相关的数字)

从资料中,你读出了什么?是啊,路程长、时间长、斗争长、考验长。300多天的行程,天天都在赶路,天天还得与敌人周旋、战斗!路程长,时间长,考验长,斗争长……

要写下这"长征",该用多少文字啊!我们一起来看。这是老

诗歌教学,以读为本。通过多种朗读方式,从读正确、读通顺到读好节奏、韵律,再到阶梯式朗读,层层推进。

通过长征之"长"和诗歌之"短"的对比,引导学生关注诗歌的写作特色,抓住首联,总领全诗,进而引出点面结合的写作手法,结合讲解,落实单元语文要素,让学生初步了解点面结合的写作手法。

师找到的有关长征的各类作品(出示关于长征的书籍和影视作品字数和时长),数量巨大,种类繁多。

然而,我们的诗人毛泽东只用了多少字? 对,56个字。他是怎么做到的呢?

是呀,概括。还有就是:抓住了典型的事件。

2.整体感知内容

请同学们默读全诗,想一想本诗是围绕哪两行诗句写的,用横线画出来。咱们一起读:红军不怕远征难,万水千山只等闲。

这两句诗中哪一个字最能概括长征的特点?(板书:难)

这两句诗中哪一个词最能让你感受到长征之"难"呢?(板书:万水千山)

(小结)这么多的山水,毛主席只用了一个词进行了概括。

3.了解点面结合

本单元,我们要了解文章是怎样点面结合写场面的。(出示单元篇章页)

什么是点面呢? 比如在这首诗中,毛主席用了一个字——难,一个词——万水千山来概括描写长征,这就是——面。聚焦一个或几个场景进行详细描写就是点。(板书:面、点)

默读诗歌,结合注释,思考:诗中写了哪些山? 哪些水?(板贴:长征路线图)请一名同学回答,一个同学在地图上圈画,其他同学评判正误。

我们来看,圈出的山有五岭、乌蒙山、岷山;水有金沙江、大渡河。长征路上经过的山与河仅仅只有这些吗?

是啊,毛主席用三座大山、两条大河代表"万水千山",这就是点面结合。毛主席只用了56个字,就写尽了漫漫长征路。

(四)任务驱动,感悟诗情

1.研读示范

接下来,我们就化身小红军,重走长征路,走近长征中的这些山山水水。我们先走近五岭和乌蒙山。齐读这两句诗:

五岭逶迤腾细浪,乌蒙磅礴走泥丸。

通过研读示范,授之以渔,让学生习得研读诗歌的方法,并能举一反三,学以致用。

有没有不理解的字词？你不懂什么是逶迤？什么是磅礴？

阅读时遇到不理解的字词，有什么办法帮助我们理解呢？哦，可以查阅资料。你读读自己找到的意思。

除了查阅资料，我们还可以观察字形。请同学们观察它们的偏旁，你发现了什么？是呀，"逶""迤"都是走之旁，可以想象出五岭群山的连绵起伏；"磅""礴"两个字都是石字旁，可以想象乌蒙山的陡峭险峻。

这两个词，不光偏旁有特点，读起来也很有味道呢。听老师是怎么读的：

五岭逶——迤——（拖长音调）

乌蒙磅礴（昂扬向上，配上手势）

自己读读试试。

（出示图片）看，这就是五岭逶迤，弯弯曲曲，连绵起伏；这就是乌蒙磅礴，高大险峻，气势雄伟。让我们看着图片，读出气势：

五岭逶——迤——（拖长音调）

乌蒙磅礴（昂扬向上，配上手势）

红军就是在敌人的围追堵截下，凭借双脚，翻越这样的大山，真是——太难了。

这样连绵起伏、高大险峻的大山，在毛主席眼里像什么呢？

毛主席为什么要把这样大的山想象成小小的浪花、小小的泥丸呢？你体会到红军怎样的精神？对，不怕困难、积极乐观的革命主义精神。

这种精神在前面两句诗中也有体现，哪些词语也让你体会到红军这种乐观的精神？你说。就是这两个词。（板书：不怕、只等闲）

什么是"等闲"呢？（出示字典中"等闲"的意思）联系上下文，看看是哪一种意思。（指名说）是的，万水千山在我红军眼里不过是平平常常、普普通通罢了。

请同学们自己读读前四行诗句，争取读出红军不怕困难的乐观精神。谁来试试？

你重读了"不怕"一词，果真有不怕困难的气势。谁再来读？请你来读。乐观。一起读。豪迈。

2.小结方法

我们刚才研读这两句诗用了哪些方法呢？是的，我们通过读诗句、解诗意、悟诗情的方法学习了这两句诗。

3.小组合作学习

现在请同学们根据学习单的要求，小组合作学习。（出示学习单）

（1）金沙水拍云崖暖，大渡桥横铁索寒。

你读懂了这两句诗中藏着的两个故事,巧渡金沙江、飞夺泸定桥。不懂的是为什么用"一暖一寒"。

谁来讲讲巧渡金沙江的故事?(出示图片、文字,播放音频)

是呀,不费一枪一炮、一兵一卒就过江而去,这一仗打得漂亮。这个时候,战士们是什么心情啊?哪个字最能表现这种喜悦的心情?——暖。

你能不能把这种喜悦读出来?(请学生)还有哪个小红军比他更高兴?(请学生)真是喜上眉梢啊。

如果说巧渡金沙江充满着胜利的喜悦,那么飞夺泸定桥就是一次血与火的考验。(播放"飞夺泸定桥"视频片段)

大家看,13根光秃秃的铁索,22位勇士为了打通这条生命之道,硬是冒着枪林弹雨冲向了对岸。看了这样的情景,我们再来读这句"大渡桥横铁索寒"。

你读出了什么?环境的凶险。请你来读。

你读出了什么?战争的激烈。请你来读。

你还读出了什么?牺牲的悲壮。请你来读。

还有?不怕牺牲的精神、对革命战士的缅怀。请你来读。是呀,毛主席把这些情感都融入到了这句诗中,"大渡桥横铁索寒",一起读。

两场战斗,两种感情。一个喜悦,一个悲壮;一个智慧,一个勇敢;一个暖,一个寒。请同学们再来读这两句诗,读出一暖一寒背后的温度。男女合作读。

但是,无论环境怎样恶劣凶险,在红军眼里也只是——只等闲。

(2)更喜岷山千里雪,三军过后尽开颜。

(学着毛泽东的口气说)同志们,快来看地图,只要我们翻过岷山,就能和大部队会合!迎来大会师!长征就要胜利啦!小红军们,你们开心吗?

带着喜悦,读——更喜岷山千里雪,三军过后尽开颜。

带着自豪,读——更喜岷山千里雪,三军过后尽开颜。

让我们一起读——更喜岷山千里雪,三军过后尽开颜。

(五)熟读成诵,升华情感

1.有感情朗读

每一位战士脸上都洋溢着喜悦的笑容。这个时候,毛主席登山回望这一年来的长征历程,满怀豪情地写下了这首《七律·长征》。(配乐)

2.背诵

谁想来诵读这首《七律·长征》？请你来读。好一个万水千山只等闲。五岭逶迤算什么,乌蒙磅礴算什么,在我红军眼里不过是小小细浪和小小泥丸。

女生读。所有的女同学起立,女红军们,请你们用巾帼不让须眉的气势诵读这首《七律·长征》。金沙江、大渡河算什么,看我红军智勇双全。

男生读。所有的男同学起立,男红军们,请你们用男儿当自强的气势再来诵读这首《七律·长征》。千里雪山算什么,这些艰难险阻算什么,看我红军的勇敢与乐观。

齐声背诵。所有的小红军们全体起立,放下书本,向右转,面向听课老师,请你们一起用排山倒海的磅礴气势背诵这首《七律·长征》。

3.感受长征精神

长征已成历史,新时代还有没有长征精神？哪些人、哪些事迹体现了长征精神？

请你想一想,说一说。(请学生)是的,抗疫期间的白衣天使们。还有——(请学生)保家卫国的解放军战士。

在以后的学习生活中,当你遇到困难想要放弃时,你会对自己怎么说呢？(请学生)是呀,红军连万里长征都不怕,这点困难算什么,乐观面对,迎难而上,终会"困难过后尽开颜"。让我们一起把"长征"刻进我们的记忆,把长征精神刻进我们的生命,走好我们每个人的长征路！

(六)拓展链接,感受情怀

除了这首诗外,毛主席还写了很多其他的革命诗词,请大家课后阅读这首《菩萨蛮·大柏地》,进一步感受革命家的情怀和风采。

在理解诗意的情况下,引导学生配乐朗诵,进一步深化、升华情感,达到熟读成诵的教学目标。

通过创设情境,建立起跨时空的对话,加深学生对于红军长征精神的理解,激发学生向先烈学习的斗志和对先烈的崇敬之情。再联系现实生活的实际事例,思考当今社会具有长征精神的人,以及长征精神对自己成长的影响与帮助。

四、板书设计

《七律·长征》板书设计,如图10-3所示。

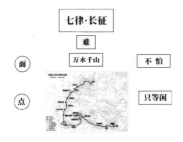

图10-3 《七律·长征》板书设计

第四节 六年级下册《表里的生物》第一课时试讲解析

试讲时间:8分钟

一、教材解析

《表里的生物》是《义务教育教科书语文六年级下册》课文第16课,是冯至先生的一篇回忆童年生活的散文。全文以第一人称的写法,以儿童的眼睛观察世界,以儿童的思维认识世界。讲述了"我"童年时因怀表中发出的声音而产生了一连串的疑惑,进而为了印证自己的观点不断进行探究的过程。课文为我们呈现了一个好奇心强,爱观察,善思考且有点小执着的可爱形象。

本单元的人文主题是"科学精神",阅读要素是"体会文章是怎样用具体事例说明观点的",旨在引导学生不仅要敢于表达自己的观点,还要有理有据地论证观点。本文可以引导学生在对人物进行评价时找出依据来印证自己的观点,还可以引导学生结合自身经验,体会文中的"我"对身边现象的好奇和关注。

二、试讲目标

(1)会写"脆、拦"等4个字,积累"机器、钟楼"等词语。

(2)默读课文,能概括课文的主要内容。

（3）能结合课文中的相关语句，说出"我"是一个怎样的孩子。

三、试讲流程

（一）看看听听，导入新课

看，今天老师带来了一块怀表，它和普通的手表呀是不一样的，它有一根长长的链条，可以挂在脖子上，如果你想看时间的话，是要打开它的表盖。来，你们听听它的声音，嘀嗒嘀嗒。听到这样的声音，有一个孩子呀，就怀疑这表里有生物，请同学们拿出金手指和老师一起来书写课文题目吧。（板书：表里的生物）

齐读课文题目：表里的生物。

（二）梳理课文，点明观点

同学们肯定迫不及待地想知道这篇课文讲的什么内容了吧，快打开书本，自由地朗读课文，要求读准字音，读通句子，把难读的地方多读几遍，并用你聪明的小脑袋思考一下，这篇课文讲了什么内容呢？开始吧。

声音渐弱，看来同学们都已经读完了，请同学们看大屏幕，这是课前老师搜集的预学单，这些字词很难读，谁来挑战一下？请你来。

嗯，读得既响亮又准确，尤其是"清脆"的"脆"，是平舌音。这个字在写的时候要注意右边"危"的第三笔是横不是横钩。请同学们在生抄本上端端正正地写两个吧。

生字词都掌握了，谁来说说这篇课文讲的是什么内容呀？好，请你来。哇，你可真善于学习，通过抓住关键词句，就掌握了课文的主要内容。首先是提出了一个观点"凡是能发出声音的，都是活的生物"，接着，"我"多次探究论证，最后，得出了一个结论"表里有蝎子会蜇人"。

（三）探索依据，证明观点

文中的"我"怎么会提出"凡能发出声音的都是活的生物"这个

给学生看看怀表，听听声音，激发学生对怀表的好奇，这是一种揭题方法。还可以直接揭示课文题目，让学生质疑：表里的生物是什么？怎么找到的？表里真的有生物吗？这样读题质疑，寻找表里的生物也很有意思。

这里应快速按照单元要求，梳理出作者的观点，作者如何论证，以及最后得出的结论。这篇课文已经是本单元的第三篇课文了，所以可以花费稍短的时间进行略讲。

问题的?"我"为什么会这样认为呀?又是怎么探究的呢?请同学们画一画相关语句,圈一圈关键词,不动笔墨不读书,请同学们在有感受的地方写一写批注,开始吧。

哦,你迫不及待地想来分享,请你来。嗯,你可真善于学习呀,一下子抓了这么多的具体事例。是呀,"我"看一看,听一听,鸟叫狗吠,蝉鸣虫唱,人敲手弹,那可不都是活的生物吗?由此,"我"推测出——父亲的表里有声音就一定也有个活的生物啦!

(四)举例品读,体悟形象

那在作者的笔下,"我"又是一个怎样的孩子呀?请同学们圈一圈关键词,画一画相关语句,四人为小组把你们想到的词语都写在词卡上,给大家5分钟的时间,倒计时开始。

时间到,请同学们派代表,把词卡贴在黑板上。咱们一起整理整理,写的最多的就是"好奇心强"和"爱探究",还有"可爱、执着、天真"。

嗯,这是你们的观点,又是从哪里读出来的呢?谁能来说说你的理由呀?

哦,你的小手举得最高,请你来。嗯,你可真善于发现,一下子就抓住了"我"和父亲的对话,三个"为什么"让你感受到了他的好奇心强。

那你和同桌配合一下,试着读出他的好奇。好,请你们来表演一下,掌声送给他们。好一个严肃的父亲,好一个无比迫切、想知道答案的孩子啊!老师也想和大家一起来合作朗读:

为什么还蒙着一层玻璃呢?

为什么呢?

为什么把那样可怕的东西放在这么好的表里?

你也想来分享?请你来。你抓住了描写"我"心情的句子。"吓了一跳""也感到愉快",明明是两种截然不同的心情,怎么会同时出现呢?

哦——"我""吓了一跳"是因为"我"爸爸告诉"我"这里面是一只可怕的蝎子,它的尾巴会蛰人!"我""感到愉快"是因为"我"

聚焦课文的第1自然段,先用找出具体事例的方法,证明"我"的第一个猜想是有依据的。

这是本次试讲最精彩的部分,要培养学生通过观其行、听其言,悟其心,深入了解人物形象的方法,找出文中描写"我"语言、心情、行为的句子来论证自己的观点。最后通过绘声绘色的朗读,产生共鸣。

证实了自己的猜想。你真会学习！多么可爱、好奇心满满的孩子呀！

让我们一起来读一读吧：

我吓了一跳，蝎子是多么丑恶而恐怖的东西，为什么把它放在这样一个美丽的世界里呢？但是我也感到愉快，证实我的猜测没有错：表里边有一个活的生物。

当他认识到自己没有猜错的时候，他是多么开心快乐呀，让我们看到了一个天真可爱的孩子。

在日常生活中，冯至小朋友还会如何去研究这块表呢？拿出学习单，写一写吧！

你写得最认真，你来分享：有一次，父亲在洗澡，冯至小朋友看到放在桌上的那块表，他就蹑手蹑脚地走过去，正想打开那块表。父亲说："只许看不许动！"

你写得可真生动。

你也想来说说：有一次冯至小朋友考了100分，他一回家就对父亲说："爸爸能给我看看那块表吗？"父亲说："可以，但是只许看不许动。"

多么执着的冯至小朋友啊！

（五）回顾单元，布置作业

同学们看单元篇章页：

科学发现的机遇，总是等着好奇而又爱思考的人。

同学们，老师也希望你们成为这样的人。最后请同学们呀，课后写一写你的童年生活中类似的经历。下节课我们来召开一个主题分享会，这节课就上到这里，下课。

运用单元篇章页的句子再次点明中心，并结合课后选做题布置作业。

四、板书设计

《表里的生物》板书设计,如图10-4所示。

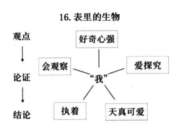

图10-4 《表里的生物》板书设计

第十一章　阅读策略单元课文试讲举例>>>

统编教科书新增了特殊功能单元——阅读策略单元。三至六年级上册共计安排了四个阅读策略单元,分别是"预测""提问""提高阅读速度""有目的的阅读"。此类单元旨在引导学生学习并掌握基本的阅读策略,使其具有运用阅读策略的意识,成为积极的阅读者。

郑宇老师在《阅读策略:让学生觉察学习的路径》中提到策略单元与普通单元的区别,罗列了三点。第一,呈现策略的方式不同。在普通单元中,策略是以隐性的方式呈现的,而策略单元则以显性的方式来呈现。第二,教学的核心目标不同。策略单元以策略为单元教学的核心目标,同时关注运用策略理解内容的思考过程。第三,学生与文本之间的关系不同。策略单元的学习,更加强调学生自主的阅读实践,它需要学生在阅读的过程中始终保持清醒的头脑,时刻关注或察觉自己进入文本的路径,始终意识到自己是怎么读的。

那么这些单元的课文在试讲时和普通单元课文试讲也要有所区别,需要注意以下几点:

第一,整组关照。陈先云曾介绍:阅读策略单元前1—2篇精读课文具有对阅读策略的示范与指导作用,导语和课后思考练习题紧密围绕本单元的阅读策略展开;后1—2篇略读课文具有实践性质,帮助学生总结、综合运用在本单元学到的阅读策略。因此,试讲时目标的制定、策略方法的渗透、策略尝试的途径等,最好能按序分解教学梯度,逐步达成试讲目标,再尝试运用,由课内学习延伸至课外阅读。

第二,分解目标。整个单元的安排,形成一个从概念到能力转化的完整过程,单元目标的落实是一个"分解—综合"的递进过程。明确了试讲目标,确定了试讲内容,要对每篇课文的课时目标做出清晰的分解。

第三,层层落实。策略单元最大的教学误区就是对阅读策略的说教,对语文知识的灌输。因此试讲时要避免这种情况的发生,要创设多种情境,通过实践的途径学习和掌握基本的阅读策略。

第一节 三年级上册《总也倒不了的老屋》第一课时试讲

试讲时间:12分钟

一、教材解析

《总也倒不了的老屋》是一篇童话,讲述了老屋和小猫、老母鸡、小蜘蛛之间的故事。课文用反复的手法推进情节的发展,老屋帮助了小动物们,满足了它们各自的心愿。故事的结尾出人意料,也为阅读和预测增添了乐趣。

本单元是一个全新的单元类型,是本套教材中首次以阅读策略为主线组织的单元内容。本单元围绕"预测"这一阅读策略进行编排。《总也倒不了的老屋》是第1篇课文,不仅要帮助学生读懂故事内容,更要学习预测的基本方法和策略。文本的呈现方式与其他课文不同,边侧有7处"预测"旁批,为学生示范"如何预测",并提示预测的线索;课后还有"学习小伙伴"为学生提供揣摩预测思路。本课的教学重难点就是"边阅读边预测,习得预测的基本方法和策略"。第一课时主要是学习根据题目、插图、联系上下文及生活经验等方式进行预测,激发学生对阅读预测的兴趣。

二、试讲目标

(1)认识"暴、喵"等6个生字,重点指导书写"暴"等生字。

(2)能试着一边读一边预测,知道可以根据题目、插图和故事内容里的一些线索进行预测。

(3)初步感受预测的好处和乐趣。

三、试讲流程

(一)趣味导入新课,创设闯关情境

语文课堂欢乐多,同学们做好准备了吗?上课。同学们好!

通过会开口说话的卡通人物——老屋,创设真实而有趣的学习情境,引发学生的好奇心,插上想象的翅膀。

今天呀,老师在课堂上给大家请来了一位新朋友,(师板画)认真听,他还会开口说话:

(师学老屋的语气说话)同学们,你们好呀,我的名字叫总也倒不了的老屋,我已经活了100多岁了,已经很久很久没人来住了,如果你们想知道在我身上发生的故事,就必须完成我设置的关卡。

你们听到了什么信息? 请你来说。你听到这个老屋的名字很特别,让我们一起来读一读——总也倒不了的老屋。(板书课文题目)

你还听到了什么? 请你来说。是啊,如果我们想要知道老屋身上的故事,就要去完成它设置的关卡。

现在就让我们一起去完成老屋爷爷设置的关卡,了解他身上发生的故事吧!

(二)初读课文正音,梳理课文内容

大家都预习过课文,相信第一关一定难不倒你。字词关,谁来挑战?

暴风雨　往前凑　孵小鸡　偶尔　叽叽叫　喵喵

请你来挑战。读得可真好呀,把读音都给读准确了。这里面还有一个汉字非常有趣,它是一个象形字,让我们来看看这个字的演变过程(出示图片),谁能看着图片来说一说它的意思?

你想尝试,请你来说。没错,这个"暴"指的就是一个人双手持农具在阳光下晒米,这样就可以防止粮食受潮了。

你瞧,汉字就是这么有趣,伸出手跟老师一起来写一写吧!(师板书)"暴"字是上下结构,上窄下宽,下面不是"水"。

字词关已经顺利闯过了,我们接下来要来到第二关——阅读关,请同学们自由朗读课文,注意读准字音,读通句子,边读边思考《总也倒不了的老屋》到底讲了一个什么样的故事。

都读完了吧。先请你来说。老屋先为小猫提供了一个安心睡觉的地方,又给老母鸡提供了一个安心孵蛋的地方,最后又为小蜘蛛提供了一个安心织网捉虫的地方,你真是太会概括了。(板书:小猫　母鸡　蜘蛛)

同学们,借助板书我们能更快更好地梳理出课文的主要内容。

这里要求教师模仿老爷爷的口吻进行说话,激发学生的学习兴趣。

抓重点字词进行教学,简洁地梳理课文的内容,省下时间为后面的试讲争取空间。

(三)借助预测批注,学习预测方法

同学们,恭喜你们顺利地经过了前两个关卡的历练,还剩下最后一个关卡,关卡三——发现关,但是这一关有点难度哦,请同学们先擦亮自己的小眼睛,找一找这篇课文和我们之前所学习的课文有什么不同。

你发现了,请你说。你发现了我们今天所学习的课文旁边都有小提示,是的,你的眼睛非常亮,这就是批注,故事旁边的批注呀,都是一位小读者在读故事的时候产生的一连串猜想,我们还可以把它称之为"预测"。(板书:预测)

要想闯过第三关,我们得先学会预测的方法,(板书:方法)来找找看,文中一共有几处预测?

你们都找到了,全文共有7处预测,让我们一起来挑战吧!

1.预测一:老屋总也倒不了,是被施了魔法么?

先来看预测一,谁来读一读? 这个小读者为什么会产生这样的预测呀? 你想说。哦,原来呀,你在读这个题目的时候也疑惑为什么老屋总也倒不了,所以猜测了原因,其实从题目开始我们就可以进行预测了。(板书:题目)

2.预测二:图中的老屋看上去那么慈祥,它应该会答应吧!

我们继续往下看第二个预测,你觉得小读者读到哪里的时候会有这样的预测呢?

你说,你观察到了文章当中的插图,是呀,他面带微笑,这么慈祥,难怪小读者预测他应该会答应。

这位小读者边读课文边看插图,进行了预测。(板书:插图)

同学们,我们在读故事的时候,如果也能关注到插图,老师相信你们肯定会预测得更好。

3.预测三:我想老屋可能会不耐烦了

接下来看预测三,我们一起来讨论一下小读者为什么会这么猜测?

你来说。是呀,这个老屋本来想倒下来,可是这时老母鸡出现了,还要求他站20多天,打乱了他的节奏,所以小读者会猜测老屋

结合课文里小读者的四个预测,来进行课文内容的品读,在揣测小读者预测心理的过程中学习预测的方法。条理清楚,方法明确。试讲者要主动引导学生建立起自主预测的意识,感受到边读边预测的乐趣。

不耐烦了。

同学们,你们在生活当中平时有遇到过类似的事情吗?

你想说。你在课下写作业的时候,别的同学总是来打扰你,你会很不耐烦。

还有吗? 你也想说。你在家里看电视的时候,弟弟总是来问你题目,你也会感觉很不耐烦。

是的,在生活当中,如果我们在很专注地做一件事情的时候,有人总是来打扰你,你的内心就会不耐烦。你们都是通过联系了生活经验进行预测的。(板书:生活经验)

4.预测四:一读到这句话,我就知道,一定又有谁来请老屋帮忙了

故事接下来又会发生什么事情呢? 我们一起来看看预测四。请你们来读一读。老师又有疑问了,"这句话"到底是指哪句话呀? 你找到了。指的就是"等等,老屋!"这句话。

为什么小读者猜测老屋听到这句话的时候,就又会有人来找他帮忙了? 同桌讨论一下。

你发现了。你在文章的前面发现了同样的两段话,老师把它们送到了黑板上,请男生读 读第1自然段,再请女生读一读第2自然段。原来这两段他们都是以"等等,老屋!"为开头,然后就发生了别人向老屋求助的事情。

所以在这里小读者又是通过什么预测的? 对,没错,就是根据课文内容来预测的。(板书:内容)

(四)总结预测方法,首尾呼应情境

同学们,我们在阅读的时候也可以根据题目、插图、联系生活经验和课文内容来进行预测。闯关成功,这个时候,老屋也该出来和大家打招呼了。

(师学老屋的语气说话)你们真是太厉害了! 恭喜你们成功闯过了关卡,其实阅读之旅和今天的闯关之旅一样有趣,我的故事还远远没有结束,期待你们能够运用今天学习到的4种预测方法,在下节课继续去阅读我的故事,我们下节课再见吧!

创设适合的情境进行首尾呼应,再次总结学习到的几种预测方法,为第二课时的学习做好铺垫。

老师也要和同学们说再见了,你们可以运用今天学习到的几种预测方法,课后选择一篇你喜欢的故事去进行预测。今天的课就上到这里,下课。

四、板书设计

《总也倒不了的老屋》板书设计,如图11-1所示。

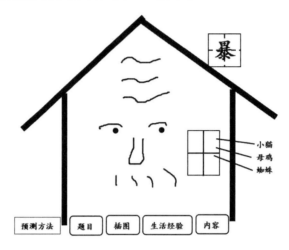

图11-1 《总也倒不了的老屋》板书设计

第二节 四年级上册《蝴蝶的家》试讲

试讲时间:10分钟

一、教材解析

《蝴蝶的家》是《义务教育教科书语文四年级上册》课文第8课,讲述的是"我"为雨中的蝴蝶深感担忧,不断找寻蝴蝶的家而最终无果的故事。这是著名作家燕志俊先生的一篇散文。文章短小,行文简洁,情感真挚。作者用独特的方式表达了对小生命的关爱之情。

这个单元是策略单元,语文要素是"阅读时尝试从不同角度去思考,提出自己的问题"。这一课是本单元的最后一篇课文。教学时要引导学生运用前几课学到的提问方法,在阅读过程中从不同角度提出问题,梳理出有价值的问题,并尝试解决。

提问,是一切学习的开始。这个单元的学习,就是要让学生树立问题意识,养成敢于提问、善于提问的习惯。

二、试讲目标

(1)认识"避、撼"等4个生字,读准多音字"雀"。

(2)能在阅读过程中提出自己的问题,并试着分类。

(3)能筛选出最值得思考的问题,并尝试解决。

(4)有感情地朗读课文,感受作者对幼小生命的关爱之情。

三、试讲流程

(一)复习导入新课,回顾提问方法

同学们,今天我们来一起学习本单元的最后一篇课文,齐读课文题目:蝴蝶的家。

看到这个课文题目,你会有什么问题呢?

请你说,蝴蝶的家在哪里? 请你说,蝴蝶的家是什么样子的呢?

别着急,在解决这些问题之前,我们先请几个同学来说一说学了前三篇课文,你有什么学习收获呢?(指名说)

学了《一个豆荚里的五粒豆》,知道了提问的时候可以从文章的整体或局部提问。

学了《夜间飞行的秘密》,知道了可以从文章的内容、写法、生活启示等不同角度提问。

学了《呼风唤雨的世纪》,知道了如何筛选出对理解课文最有帮助的问题。

总结得非常全面。今天我们就用上这些方法一起来学习《蝴蝶的家》。(板书课文题目并配上简笔画)

(二)初读反馈,梳理内容

1.先来看这些词语,你能读好吗? 请一位小老师来领读。

躲避 震撼 喧嚷 屋檐 麻雀 家雀儿

> 《蝴蝶的家》是提问单元的最后一篇课文,通过复习前几篇课文所学的提问策略,来导入最后一篇课文的学习。在进行试讲设计时,如果能具有大单元意识,在导入时与先前的课文进行勾连,可以更好地体现教师的语文素养。

> 学习字词和梳理课文内容是略教,要紧凑些。

我们跟着小老师准确又响亮地读一读。看,这是一个多音字,你们知道吗?"家雀儿"的学名就是麻雀,用作口语时,它会产生变音,再读:家雀儿。

2.课文主要讲了一件什么事呢? 请大家自由读课文,用下面的句式说一说。

下雨的时候,我因为(什么)而感到(怎么样),不断地(做什么)。

你第一个举手,你来说。是的,课文就是讲了下雨的时候,我因为蝴蝶找不到家避雨而感到着急,不断地寻找解决的办法。

(三)提出问题,梳理问题

这是一篇略读课文,课文题目的下方是我们这篇课文的学习任务,请你仔细地读一读,看看一共有几个任务,分别是什么。

①读课文,提出自己的问题,给问题分类;
②选出最值得思考的几个问题并尝试解决。

请你说。是的,课文就是要求我们提出问题,给问题分类,选出最值得思考的问题,最后解决问题。(板书:提 分 选 解)

那么我们先来进入第一个学习任务,请同学们默读课文,边读边思考,提出自己的问题,写在便利贴上,然后将这些问题整理到小组的问题清单上,时间8分钟,开始!

同学们,你们都读完了吧,你们提出了哪些问题? 来分享吧。

你们组针对文章内容提出的问题是:蝴蝶的家到底在哪里?

针对文章写法提出的问题是:文中为什么要反复出现我为蝴蝶着急? 为什么第1自然段要写雷、电、雨、风,吼叫着,震撼着,这么多对天气的描写?

非常好,你从文章的内容和写法角度提出了问题,如果再能联系生活经验,提出一些问题就更好了,带着这样的思考,谁再来说说你的问题清单?

再看这一组的问题清单。

请你说。指向内容的问题有:蝴蝶的家到底在哪里? 为什么小朋友和小女孩非常确定蝴蝶有家?

利用"导学提示",明确学习任务,然后逐一解决,试讲的流程会很清晰。这一部分是运用已有方法提出问题,对问题进行分类整理,也应略教。

针对写法的问题有:第3、4自然段为什么要用自问自答的方式?文中为什么好几次出现了"着急"?

联系生活经验提出的问题有:其他昆虫如螳螂、天牛的家又在哪里呢?

此外,你们提出了问题:作者是怎样的一个人?

看来同学们已经学会了从不同的角度提出问题并对问题进行了分类。

(四)筛选问题,解决问题

现在进入第二个学习任务——筛选和解决问题。

如何筛选问题呢?对,你非常准确地说出了筛选问题的标准,对理解课文有帮助,能引发深入思考。现在就请同学们按照这样的标准,从小组问题清单中选出最值得思考的1—2个问题,然后将它们贴到这份表格上。

都筛选出了哪些问题?请1号小组代表说。

你们选出了一个最值得思考的问题。蝴蝶的家到底在哪里?推荐理由是作者写了这么多蝴蝶下雨时躲藏的地方。到底哪个是对的呢?蝴蝶的家到底在哪儿?我特别想知道。

2号小组补充。你们的第一个问题和1号组相同,第二个问题是为什么作者在文章中反复写这句话"我真为蝴蝶着急"。推荐理由是这个句子在文中反复出现,是不是藏着什么秘密。

一样的就不要说了,不同的请说出来。你们想知道作者是怎样的孩子。

> 这是本课试讲的重点部分,通过小组自主、合作、探究的方式充分体现了以生为本的理念。教师的作用是在恰当的时机进行适切的点拨,抓住关键词句,创设一个"我"为蝴蝶着急,四处寻找蝴蝶的家的情境,提升试讲的"吸睛指数"。

最值得思考的问题
(1)蝴蝶的家到底在哪里?
(2)为什么作者在文中反复写"我真为蝴蝶着急"?
(3)作者是一个怎样的孩子?

说得真好,不仅说出了问题还说出了自己的推荐理由。带着这样的疑问,让我们一起去课文中找答案吧。

我们先来选择大家最感兴趣的一个问题:为什么作者在文中

反复写"我真为蝴蝶着急"？请同学们阅读课文,勾画出"我真为蝴蝶着急"的语句,反复朗读这些语句,说说自己的感受。

你找到了4处,咱们一起读:

我一想起来就为蝴蝶着急,这样的天气它们能躲在哪里呢?

想到这里,我简直没法再想下去了,心里是那样着急。

我真为蝴蝶着急了。

我真为蝴蝶着急了。

看来,作者真的是非常着急啊!那作者为什么为蝴蝶着急呢?继续找答案。

你说。关键词是——轻盈、斑斓、柔弱,(画蝴蝶)让我们感受到了蝴蝶是那么的弱不禁风,所以作者为蝴蝶担忧,感到非常着急。你是从作者对蝴蝶柔弱的样子描写中,体会出了作者着急的原因。让我们一起来读出这蝴蝶的柔弱吧!

它们的身体是那样轻盈,载不动一个水点;它们身上的彩粉是那样斑斓,一点儿水都不能沾;它们是那样柔弱,比一片树叶还无力……

同学们,这样的身体要承受怎么样的风雨呢?对啊,猛烈的,你从哪儿可以看出来?

请你来说。通过吼叫着、震撼着、喧嚷着(画天气)这些词语让你感受到风刮得——非常猛烈,雷声——震耳欲聋,像野兽一样在吼叫,还有雨幕——黑压压,到处都是湿的。这些关键词让我们体会出雨下得特别大,特别急,这是作者特别着急的原因。(板画恶劣的天气)

这样恶劣的天气,蝴蝶会在哪里呢?

请你来说。你找到了文章的第3自然段,是的,作者不停地自问自答,不停地猜测又不停地否定,这让我们感受到——他是多么为蝴蝶担心呀!

其实作者寻找的地方远远不止这些,我们一起来看——

它们的家会不会是在桥下面呢?它们会不会是藏在树叶下面?

作者不停地找,找寻的地方越来越细致了,似乎就要找到了,却仍然未见蝴蝶的身影。

所以作者越来越着急,越来越担心。同学们,经过4个自然段的学习,我们梳理出作者为蝴蝶着急的原因,下雨时天气的恶劣、蝴蝶的柔弱以及他到处寻觅无果,让我们体会到了作者的担心与着急,还让我们体会出了作者对蝴蝶的关爱之情,看来这个问题真是一个好问题。

蝴蝶的家到底在哪里?蝴蝶真的有家吗?小朋友和小女孩为什么都确定蝴蝶有家?谁找到了相关段落?

请你来说。你从第3自然段找到了答案,你是联系了生活经验,认为小朋友心中的蝴蝶和自己一样,也有家人。下雨的时候蝴蝶飞得急急忙忙的,就是要回家。

那小女孩呢?谁找到了小女孩说的话?请你来说。你真聪明,一下子就找到了。是啊,小女孩和小朋友都是联系了生活经验,通过自己的仔细观察,他们对蝴蝶有一个美好而温暖的家深信不疑。他们这样坚决的态度也让作者急切的心得到了些许安慰。让我们一起来读读文章结尾的这一句话:

她的话说得倒是不错,但我却从来没有见到过下雨时蝴蝶藏身的地方。谁要是能说给我听,我就不着急了。

(五)总结提升,继续质疑

作者为蝴蝶想了这么多,这么细,你觉得文章的作者是一个怎样的人?

请你说。是啊,关爱弱小生命的人。(板书:关爱弱小)

你也要说。你还发现了作者也是一个善于提问的人。(板书:善于提问)

总结人物关爱幼小生命、善于思考、善于提问的品质,并借助课文内容,引导学生在课后自主探究问题的答案。

这篇课文出现了很多问句,仔细观察可以发现,它们都有一个共同点,都是围绕"蝴蝶的家在哪里"进行了一系列的思考,让我们也跟着作者一起关心起了这个问题,可是课文有没有回答这个问题?是呀,没有。

课后我们可以通过查阅书籍或者网络资料,一起来了解。这就是今天的作业。

四、板书设计

《蝴蝶的家》板书设计,如图11-2所示。

蝴蝶的家

提 → 分 → 选 → 解

关爱弱小
善于提问

图11-2 《蝴蝶的家》板书设计

第三节　五年级上册《搭石》第一课时试讲

试讲时间：10分钟

一、教材解析

《搭石》是《义务教育教科书语文五年级上册》第5篇课文,是作者刘章回忆家乡的所见所闻写下的充满温情、意境优美的散文。全文通过"说搭石—摆搭石—走搭石—赞搭石"的顺序展开,赞美了乡亲们无私奉献的美好品质和淳朴民风。

本单元是阅读策略单元,语文要素是"学习提高阅读速度的方法"。改进阅读方法,提高阅读速度,是现代社会工作和学习的需要,也是终身学习和发展的需要。《搭石》作为本单元的开篇,旨在引导学生养成集中注意力的阅读习惯,学习不回读的阅读方法,这是学生提高阅读速度的基础和起点。

文章语言清新、质朴,选取了农村生活中几个平凡的极具画面感的场景,处处体现了乡亲们美好淳朴的情感,教学时要引导学生细细品味"看得见的风景美"和"看不见的人情美"。

二、试讲目标

(1)认识"汛、挽"等6个生字,读准多音字"间",重点指导写好"隔"等生字。

（2）学习快速读课文，能集中注意力，不回读，提高阅读速度。

（3）品读"摆搭石、走搭石"中的典型事例，抓住关键词，感受乡亲们默默无闻、为人着想的品质。

三、试讲流程

（一）紧扣目标，导入课文

今天老师要带大家走进一个新的单元，我们一起来看看单元篇章页给我们提了怎样的要求。对，阅读要有一定的速度，注意学习提高阅读速度的方法。让我们带着这样的要求走进这个单元的第一篇课文，刘章爷爷的《搭石》，跟着老师一起书写课文题目，（板书：搭石）一起读：搭石。

通过勾连整个单元的语文要素，有针对性地在新课开始前提出阅读要求，目标明确。

（二）初读课文，检查预习

1.反馈字词

学习课文之前呀，我们先来攻克字词这个拦路虎：

汛期　间隔　懒惰　平衡　一行人

第一组，小芳你来。你把"间隔、一行人"的多音字读得特别准确，真不错。

人影绰绰　清波荡漾　脱鞋挽裤　协调有序

第二组，请你来。你把这里的四字词语读得正确又有节奏。老师有个疑问，什么叫"脱鞋挽裤"呀？哦，你做了这个动作，想必大家已经理解这个词语的意思了。这个"间隔"的"隔"呀，是一个比较难写的字，同学们拿出手来跟老师一起写一写，注意右下部分里面是一横。眼过千遍不如手写一遍，请同学们打开《语文作业本》来练写两个，要求端正、美观。

通过两组生字新词的检测，了解学生的预习情况，有针对性地辅导难读、难写的词语。

2.初读课文

现在就让我们走进课文，请同学们自由朗读课文，读的时候注意读准字音，读通句子，注意提高阅读的速度。老师会在黑板上给大家计时，请你把你的用时写在课后的横线上，并且思考一下什么是搭石，文章围绕搭石写了哪些方面。开始吧。

(三)聚焦方法,提高速度

1.习得方法

朗读声渐渐安静下来了,哪个同学要来说一说,你用了多少时间? 5分钟,这么快,你是怎么做到的呀? 哦,你读得特别认真,集中注意力读。是呀,这是阅读的一个好方法——集中注意力来读。(板书:集中注意力)

再请你来说一说。你在读到"汛期"的时候,虽然特别难理解这个词语,但是你并没有停留是吗? 是呀,这些不影响阅读的词语,你可以跳着读,这也是一个好方法。

还有同学要说。哦,你用了9分钟,为什么呀? 哦,看到"紧走搭石慢过桥"这句俗语的时候,你不太理解就回过去又读了一下,还停下来想了想。同学们,读的时候可千万不要回过去再读,我们要尽量做到不回读。(板书:不回读)总结到这儿,相信同学们已经掌握了提高阅读速度的方法了。

现在请用上这些方法,再来读一遍课文,读完后看看黑板上的计时器。这一次,速度提高的请举手。看来大家都有收获呢!

2.梳理内容

读课文除了要有速度外,还要有质量。谁能来说说什么是搭石? 请你来说。你一下就定位到了第1自然段,很会提炼信息,马上就到找到了答案,老师给你一个赞。这是作者在"介绍搭石",浓缩成一个词就是——说搭石。(板书:说搭石)那文章围绕搭石到底写了哪些方面呢? 大家快速浏览课文,用这样的方法来提炼小标题。

请你来说。摆搭石,走搭石,最后一部分是赞搭石。(板书:摆搭石 走搭石 赞搭石)

哦,你有补充。是的,"摆搭石"的过程中有"换搭石","走搭石"的过程中有"让搭石",你很会学习,点赞。

同学们,借助着梳理提炼出的关键词,我们就可以了解课文的主要内容了。

在实践中教授给学生加快阅读速度的策略并进行总结,帮助学生更好地学习阅读策略,把握课文的主要内容。也可以借助课后习题1中的"学习小伙伴",让学生了解"不回读"的含义。

(四)抓住关键,品味语言

现在请同学们快速默读课文,找找给你印象深刻的画面,你有怎样的感受? 可以在旁边写写批注,并小组内讨论讨论,等下老师要请一名代表来说一说,开始吧。

1.品味"摆搭石"

大家的小手举得可真高,来,请你来说一说。你找到了这句话:

上了点儿年岁的人,无论怎样急着赶路,只要发现哪块搭石不平稳,一定会放下带的东西,找来合适的石头搭上,再在上边踏上几个来回,直到满意了才肯离去。

你圈了哪些关键词? "无论、只要、一定"这些关联词让你感受到了只要搭石不平稳呀,乡亲们就要来摆、换搭石。现在老师想请同学们来当当乡亲们,老师来采访你们。

谁想来当当这个背着包袱想去女儿家探亲的老奶奶?

请你来。老奶奶,你年纪这么大,太阳这么热,您怎么放下包袱在这里摆搭石呀? 哦,这块搭石不稳了,后面的人可没法走路了呀!

请你来当这位去上工的大叔。

哎,这位大叔,你明明急着赶路,怎么还在这里来回地走来走去,踏来踏去呀? 哦,原来这块搭石还没有搭平稳,你不能安心地离开是吗? 你也太细致了!

同学们,你们看到了怎样的乡亲们呀? 你说。热心的、善良的、负责的、替人着想的。你们能读出他们这样美好的品质吗? 来,请你来读一读。嗯,真是一位特别会为人着想的乡亲,让我们一起来读一读。

是呀,正是这样心善的乡亲们,让搭石变得不一样了,所以刘章爷爷称赞道:

搭石构成了家乡的一道风景。

你觉得这是一道怎样的风景呢? 是的,美的风景,美在人的心里呢!(板书:美)

抓住一个主干问题"课文给你印象最深的画面是什么",重点品读赏析两个部分,一个是"看得见的美",一个是"看不见的美",帮助学生在品中读,在读中悟,体会村民们的美好品质。在此过程中回扣"搭石构成了一道风景"这一句。

2.品读"走搭石"

还有同学想来分享,你为什么喜欢这一句?

他们走搭石时动作特别协调有序。是怎么走的啊?是呀,前面的抬起脚来,后面的紧跟上去,老师想请这列同学一起来走走搭石:

每当上工、下工,一行人走搭石的时候,动作是那么协调有序!前面的——抬起脚来,后面的——紧跟上去,前面的,后面的,前面的,后面的……(这里的语速变得越来越快)

哎呀,同学们走得真是整齐划一呀!怪不得同学们一边看一边还拍打起了节奏。老师也想和大家一起来带着节奏读一读,我读第一句,你们读后面的:

每当上工、下工,一行人走搭石的时候,动作是那么协调有序!

嗯,同学们打着节奏读得真不错,走搭石原来有如此好听的声音呀,难怪作者说——这嗒嗒的声音,像轻快的音乐。

你还有要补充的,请你说。你找到了这一句话:

清波漾漾,人影绰绰,给人画一样的美感。

老师想问问你,什么叫"清波漾漾,人影绰绰"啊?你结合工具书理解了这两个词语的意思。老师带来了图片,我们一起来看一看,人们走在河面上,脚下是清清的河水,倒映着人影,这就是"清波漾漾,人影绰绰",给人以画一般的美感。让我们带着这样的想象再来读一读这句话:

清波漾漾,人影绰绰,给人画一样的美感。

是呀,同学们,走搭石是那样协调有序,富有节奏,真像一幅美丽的画,所以刘章爷爷这样夸——搭石构成了家乡的一道风景。一道美丽的风景!

(五)回顾小结,体会情感

通过这节课的学习,你有什么收获?

你学会了快速阅读的好方法。

你感受到家乡人们的善良、美好。

文章中还有哪些令你印象深刻的画面呢?还蕴藏着怎样的情

感呢? 我们下节课再一起去看看。

四、板书设计

《搭石》板书设计,如图11-3所示。

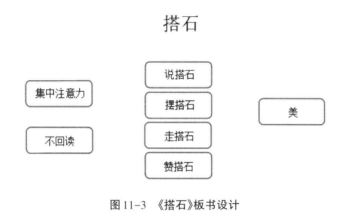

图11-3 《搭石》板书设计

第四节　六年级上册《竹节人》第一课时试讲

试讲时间:8分钟

一、教材解析

《竹节人》是《义务教育教科书语文六年级上册》第10篇课文,这篇文章回忆了作者童年时代做竹节人、玩竹节人以及被老师没收竹节人却也偷偷玩的情景,表现了童年游戏的乐趣,表达了同学们的喜悦与满足,同时也写出了老师的童心未泯,抒发了作者对老师的亲近和理解,字里行间流露出简易的儿时玩具带来的心灵快乐。

本单元是一个特殊单元——阅读策略单元,整个单元以阅读策略为主线组织内容,对"有目的的阅读"进行了有层次、有梯度的安排。《竹节人》通过学习提示,安排了三个不同的阅读任务,引导学生体会阅读同一篇文章。阅读的目的不同,关注的内容、采用的阅读方法也会不同。第一个任务偏重于实用,需要从课文中提取关键信息来完成;第二个任务偏重于体验,需要从字里行间去体会、感受竹节人带给大家的乐趣;第三个任务偏重于叙事,需要把握事情的前因后果和细节去讲述故事。

二、试讲目标

(1)会写"凛、疙"等15个字,积累并理解"威风凛凛、疙瘩"等词语。

(2)快速读课文,能根据不同的阅读目的,梳理课文内容。

(3)聚焦做竹节人和玩竹节人部分,仔细阅读完成"写玩具指南,并教别人玩这种玩具"这一阅读任务。

三、试讲流程

(一)聊聊玩具,走进课文

同学们,你们平时都玩什么玩具呢? 你说。遥控汽车、飞机。你呢? 乐高机器人、玩不凡立体拼图,哇,你们的玩具真是丰富多彩,有些老师听也没听过,玩也没玩过呢!

那么你们想不想知道作家范锡林童年时玩什么玩具呢? 你们瞧,(出示图片或实物)这就是他们那个时候自己制作的玩具——竹节人,距离现在已经过去70多年了,是不是很好奇? 那我们一起走进课文《竹节人》。(板书课文题目)

和学生聊玩具,一定能激起学生的兴趣,试讲者的语气语调也要透出兴奋和羡慕。

(二)读读课文,梳理内容

现在请同学们打开课本,快速读课文,读准字音,读通句子,读的过程当中想一想,课文围绕竹节人写了几个部分的内容,请分别用小标题概括出来。

都读完了吧,看老师这里,有两组词语,而且都是四字词语,谁有信心来当一当小老师来领读一下?

你来读第一组。声音响亮,读得也标准,请坐。

第二组,这名女生来读。嗯,这个词语读得不是特别准确,跟老师读:叱咤风云。还有一个字啊,特别容易写错,那就是"威风凛凛"的"凛"字,拿出小手跟老师一起写,注意右边中间是个"回"。请在生字旁边正确地书写一遍吧。

生字词解决了,那么课文可以分成几个部分呢? 对,四个部

这个部分是落实基础型目标,试讲者花费的时间要少,指导就要精准。

分,分别是——迷上竹节人,制作竹节人,玩竹节人,最后是老师偷玩竹节人。是的,同学们,这就是我们这篇课文的主要内容了。

(三)看看提示,明确要求

同学们,杨绛曾经说过,读书好比串门儿,隐身的串门儿。今天啊,我们就要带着三个学习任务走进《竹节人》这篇文章中去"串门儿"了。

这是小学阶段最后一次学习阅读策略。看看课文题目下面的"导读提示"告诉我们什么呢?

第一句话是说,我们如果读"同一篇文章,阅读的目的不同,关注的内容、采用的阅读方法也会有所不同"。

你会怎么读这篇文章呢? 来,咱们一起看看课文提出了哪三个学习任务,读:

◇写玩具制作指南,并教别人玩这种玩具。

◇体会传统玩具给人们带来的乐趣。

◇讲一个有关老师的故事。

(四)找找关键,理清指南

现在我们来关注第一个任务"写玩具制作指南,并教别人玩这种玩具"。要完成这个任务,我们应该先读哪一个部分呢?

大家很快就找到了,应该要读第二部分"制作竹节人",请大家快速找找相应的自然段。哦,是课文的第3—7自然段。如果要写制作指南,是不是要把每一个自然段都仔细地读一读呢?

啊,我看到你摇头了,不是每一段都要仔细读的? 哦,只要仔细地读第3自然段就可以了。

我们现在要开始写制作指南了,那你觉得我们应该写哪些内容啊? 是呀,需要哪些材料呢? 会有什么样的先后步骤呢? 我们以小组为单位,完成以下学习活动(如表11-1所示),时间6分钟,开始。

抓住单元篇章页里的内容,让学生明确本单元要学习的阅读策略是"有目的的阅读"。

通过小组合作的方式写玩具制作指南,是基于学生的生活经验。同学们平时在一起时,最爱做的事情就是拼装玩具,对制作指南不陌生,但是老师也要提醒他们关注细节。

表11-1　学习活动

学习活动一	
①仔细阅读相关段落,圈出关键词,梳理制作竹节人的基本步骤。 ②小组合作完成"竹节人制作指南"。 ③小组内说一说,改一改。	
竹节人制作指南	
材料准备	
制作步骤(可以抓关键词、图示等)	
注意事项	

刚刚你们在讨论的时候,我边走边看,看到了不同的精彩创作,忍不住拍下来与你们分享。谁来评价这一份?

竹节的线是怎么穿进去的? 友情提醒,要先穿两节短的,手臂一端要打上结,再穿进身体,然后穿腿,再一次通过身体,最后穿另一条手臂,这样别人就知道穿线的顺序了。如果啊,我们把这份说明书加上这么一段注意事项,是不是就很完整了啊?

再来看这一份,是不是眼前一亮? 除了有文字说明,还配上了示意图呢,真是图文并茂,果然不错,大家把掌声送给他。

有没有发现,刚才几个同学虽然呈现方式不一样,但都是将文中的关键信息找了出来。这就叫提取关键词(板书)。按照学习伙伴的提示,我们提取关键词,完成了制作指南。

(五)聚焦重点,了解玩法

这么有趣的竹节人怎么玩呢? 请你默读第8—18自然段,找一找,有哪几种玩法?

你来汇报。一共有三种玩法呢! 这三种玩法你觉得哪种最有趣? 请你与你的同桌选择其中一种玩法,仔细读。我建议边读边圈画有关玩法的动词,然后互相介绍。

你来介绍。这是一人玩法,嵌入、一松一紧。

你再来。两人玩,就是对着打了,不知疲倦,永不倒下,真爽呀!

你还有。哦,还可以来个大变身,装饰成孙悟空、金钩大王来

介绍玩法部分有些空洞,如果能提前做好几个竹节人,让学生玩一玩,通过边演示边介绍的方式就更好了。

一场大战!

　　这么多有趣的玩法啊,你们可真会发现。竹节人是不是真的如书本里写的那么好玩呢? 我心痒痒的,恨不得马上拿起竹节人与你们斗上一斗。可是啊,条件不允许,不如先来看个视频解解馋吧。(播放视频)

(六)回顾学习,布置任务

　　果然如作者所说,确实好玩极了。今天,我们根据自己的阅读目的,找到对应的内容,并且采用合适的阅读方法完成了任务一。给大家布置下一个任务,制作一个竹节人,明天我们一起大战三百回合,下课!

最后再次强调本课学习重点。试讲进入尾声,精气神可不能泄了,因此,说话的时候要带有鼓舞性、激励性。

四、板书设计

　　《竹节人》板书设计,如图11-4所示。

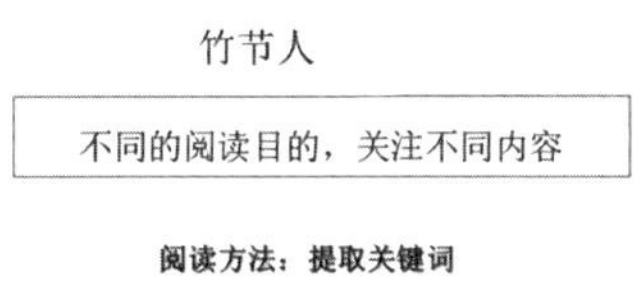

竹节人

| 不同的阅读目的，关注不同内容 |

阅读方法：提取关键词

图11-4　《竹节人》板书设计

第十二章　不同文体课文试讲举例　>>>

第一节　现代诗《童年的水墨画》第一课时试讲

试讲时间：10分钟

一、教材解析

《童年的水墨画》是《义务教育教科书语文三年级下册》课文第18课，这是一组儿童诗，以跳跃的镜头捕捉了乡村儿童生活的典型场景，分别摄取了"溪边钓鱼""江上戏水""林中采菇"三个画面，展现了快乐的儿童生活。诗歌语言生动活泼，感情直率明朗，融童心、童趣于一体，多角度展现了儿童生活的丰富多彩。以"水墨画"为题，把诗和画的特征融为一体，令人回味无穷。

《溪边》一诗生动形象地描绘了儿童垂钓的场景。整首诗的描写既有色彩的点染，又有动静的转换，给读者带来视觉和听觉上的美好感受。

本单元的语文要素是"运用多种方法理解难懂的句子"。作为单元第1课，要注意方法的渗透，如"人影给溪水染绿了""草地上蹦跳着鱼儿和笑声"，都很有诗意，但人影怎么给溪水染绿了？笑声怎么会蹦跳？教师可以引导学生通过联系上下文、结合插图、想象画面等多种方法边读边想象、理解这些难懂的句子。

二、试讲目标

（1）认识"墨、染"等生字，会写"墨"等5个生字。

（2）结合生活经验，联系上下文，理解难懂的诗句。

（3）有感情地朗读，背诵《溪边》，想象画面，体会儿童生活的快乐。

三、试讲流程

（一）借画巧引水墨，趣味导入新课

同学们准备好了吗？咱们开始上课了。

同学们，你们喜欢画画吗？哎，都喜欢，你们平时都是用什么画画的呢？蜡笔，彩铅，水彩。

老师带来了毛笔，还有宣纸和墨汁。当墨汁和水融合，用毛笔在宣纸上作画，你们看

到了什么？是的，墨汁慢慢渲染开了，颜色深浅不一，好不好玩？这就是水墨画，也叫中国画，美得很富有诗意。而今天我们要学的课文就叫《童年的水墨画》。这个"墨"在书写的时候要注意上面宽一些，表示它的颜色是黑黑的，下面是个"土"要稳稳托住。拿出生字抄写本，写一写。

让我们再读课文题目"童年的水墨画"，去看看诗人用笔记录下怎样画一般的童年呢。

(二)初读课文正音，梳理诗歌内容

1.初读感知

请同学们自由朗读课文，注意读准字音，读通句子，找找藏在文字里的画，开始吧。

2.初读反馈

都读完了吧，接下来老师请三名同学分别读一读这三节小诗。

先请你来读。读得真不错，读准了这个"当"字。跟老师再来读一读"当作"。

第二节请你来读。这节诗里"你拨我溅"比较难读，我们一起做做动作读一读：你拨我溅。

第三节，由你来读。你把"蘑菇"的轻声读得很到位。

同学们，你找到藏在文字里的画了吗？

你找到了，你说。哟，你可真会发现，这三幅图画里都有小孩，那这小孩都在画里干什么呢？你看第一幅题目叫做《溪边》，小孩在溪边干什么？对，钓鱼，还有别的说法吗？请你说。溪边垂钓，(板书)垂钓这个词更高级了，你们瞧，在这些小标题后面加上一个词，就能给这幅画取名了。

谁能试着再给第二幅画取个名字？你来。《江上游泳》，真是通俗易懂，谁还有更好的表达？好，特别好，这"戏水"一说出来呀，咱们眼前仿佛就有这样的画面了，江上戏水。(板书)

第三幅画谁来取名字？你说。"林中采蘑菇"可以，能否再简化一下？对了，《林中采菇》。(板书)你瞧，《溪边垂钓》《江上戏水》《林中采菇》，都是咱们童年欢乐的场景。这三首小诗都是表达一个主

用学生日常生活中常常接触到的画画导入，拉近水墨画与学生的距离，帮助学生更好地理解"墨"字的含义。在欣赏水墨画的过程中激发学生的学习兴趣，正式进入新课的学习。注意在请学生回答问题时，要做到不讲废话，简洁明了。

诗歌的教学要注重读，在这个板块，首先要给学生正音，帮助学生读准确。其次巧妙地运用给三幅水墨画取名的方式，帮助学生梳理课文的主要内容。

题,咱们叫这样的诗为组诗。

(三)精读《溪边》,理解难懂句子

1.朗读正音

水墨画咱们要细细品,今天我们就先来品这溪边垂钓图。听老师读,边听边想,你读懂了什么。

溪边

垂柳把溪水当作梳妆的镜子,

山溪像绿玉带一样平静。

人影给溪水染绿了,

钓竿上立着一只红蜻蜓。

忽然扑腾一声人影碎了,

草地上蹦跳着鱼儿和笑声。

从这幅画中,你读懂了什么? 请你来说。垂柳、钓竿、草地、鱼儿,看来同学们读懂了很多啊,老师这也给同学们带来了一些词儿,你能不能也读对呢?

梳妆　染绿　蹦跳　扑腾　钓竿

注意前鼻音"染",轻声"扑腾",把这些词带到课文里,再去读读它吧。溪边……读得真好,小组连读一下,男女生再来对读一下。

2.联系上下文理解句子

经过同学们的朗读,老师眼前仿佛也出现了一幅溪边垂钓图。那么接下来请同学们拿出笔从这些诗句里找出哪些句子是你难读懂的,画一画,圈一圈,在旁边画上一个"?",开始吧。

我们来交流一下。

你说。哦,人是怎么给溪水染绿的?

请你说。人影为什么碎了?

请你来提问。笑声怎么会蹦跳呢?

同学们都很会提问,善于提问的孩子是会学习的孩子。

再读读诗歌,看看能不能在诗中找到些许答案。溪水怎么就把人影给染绿了呢? 读读前面两句,你有什么发现?

垂柳把溪水当作梳妆的镜子,

山溪像绿玉带一样平静。

哦,你有想法,你先来说。通过联系上文可以发现溪水很平静,就像一面大镜子。让我们把溪水和镜子连一连。

仔细看看这面大镜子,有什么呢? 你说。垂柳,还有呢? 山溪。你说。草地。发现了没? 这三个事物都是——绿的! 难怪溪水成了碧绿碧绿的。此刻,我们也在溪边,镜子里还有——我们,于是,溪水把人影都给染绿了,很好,通过联系上下文解决了第一个难题。

3.边读边想象理解句子

还有没有人有别的想法? 你说吧。绿玉带,赶紧圈一圈,这里是什么像绿玉带? 山溪。赶快把山溪和绿玉带连一连,这玉带什么样子的啊?

你来说说看。你通过字面知道了绿玉带是又绿又长的。

你来说。像玉一样亮,这山溪又绿又长又有光泽,难怪碧绿欲滴,把人都给染绿了。

真好,同学们刚才通过自己的探索发现,边读边想象,也能帮助我们解决一些难懂的句子。

在这一片绿中,却有一点红,那是——一只红蜻蜓,它静静地停在我们的钓竿上,和我们一起钓鱼呢!(板书)

咱们一起读前两句,读出那种"静",读出那种"美"。

垂柳把溪水当作梳妆的镜子,

山溪像绿玉带一样平静。

人影给溪水染绿了,

钓竿上立着一只红蜻蜓。

你们的朗读让老师想起了一首诗:蓬头稚子学垂纶,侧坐莓苔草映身。路人借问遥招手,怕得鱼惊不应人。

4.多种方法理解句子

那么接下来请同学们通过小组合作的方式,用我们刚才说的方法去联系上下文,抓住一些关键词句,理解剩下的两个问题,开始吧!

分享时间到。你们理解人影为什么碎了? 是呀,鱼钓上来了,打破了这平静的湖面,人影摇晃起来,看起来就像是——碎了。多形象啊!

请你们说。哦! 你们组解决的是"草地上蹦跳笑声"这个句子,真聪明,联系生活,鱼儿被钓上来了,落在草地上蹦跳着,同学们也很开心,也在那蹦蹦跳跳的,所以笑声也在蹦跳呢。

哦,你见过鱼钓上来,身上滑溜溜的都是水,这小孩一抓它一滑就摔倒了,哈哈哈,大家都笑了。说得真好呀,你联系生活经验,也理解了这句话。(板书)多么欢乐的场景,让我们快乐地读一读吧。

读着读着,你又有什么发现?

这首诗的前半部分是静悄悄的,而最后两句话让我们感受钓到鱼后的欢乐,这一静一动,多传神啊!再来有感情地读一读吧。(板书)

咱们能不能想象着画面来背一背呢?自己试试。

(四)巩固书写生字,回顾小结全文

想必现在这幅溪边垂钓图已经深深地烙在同学们的脑海里了,老师这还有5个生字,希望同学们也能记在心里。

好,请同学们打开《语文作业本》,把这5个字书写一下,注意写字姿势,开始吧。

同学们,这节课我们通过联系上下文,结合生活经验理解了一些难懂的句子,(指着板书)那么下节课我们将用这些方法去小组合作理解《江上戏水》和《林中采菇》。周末的时候也可以去书店看看张继楼的作品《写给同学们的诗》,运用今天学习到的方法理解难懂的句子,你会有不同的发现哦!

> 在最后一个板块总结落实生字的书写,再次强调三种理解难懂句子的方法,为第二课时做好铺垫。

四、板书设计

《童年的水墨画》板书设计,如图12-1所示。

童年的水墨画

溪边垂钓 一红一绿　　联系上下文
　　　　　一动一静　　结合生活经验
江上戏水
林中采菇

图12-1 《童年的水墨画》板书设计

第二节 古诗《石灰吟》《竹石》组诗试讲

试讲时间：14分钟

一、教材解析

《古诗三首》是《义务教育教科书语文六年级下册》第10篇课文,第四单元的人文主题是"理想和信念"。《古诗三首》一课编排了三首咏物诗,立意深远,表情达意含蓄。笔者按照"异中求同,同中求异"的设计理念,尝试将《石灰吟》《竹石》进行组诗教学。通过抓取两首诗之间内在的联系,以话题建构任务,进行有效整合、重组,以此拓展学生学习的深度和广度,不断激发其探究古诗词的兴趣。

学习古诗不仅要了解诗的内容、意思,还要挖掘诗中蕴含的深刻哲理,体会诗人托物言志的表现手法和表达的思想感情。而六年级的学生已经积累了借助注释、查阅工具书等学习古诗的方法,但对诗人表达的思想感情还无法深入把握,这也是需要教师重点指导的地方。教学时,教师可以围绕"查阅相关资料,加深对课文的理解"这一语文要素,引导学生从时代背景、诗人的生平事迹等入手,将所学方法进行综合运用,多维度、多层次感悟诗人的崇高志向和高尚情操。

二、试讲目标

(1)通过多种形式的朗读,感受诗歌的节奏和韵味之美,背诵、积累古诗并能默写《竹石》。

(2)通过借助注释、想象画面等方法读懂古诗大意。

(3)在任务驱动之下,通过比较研读、抓关键词和多种资料的辅助,体会诗人用托物言志的手法表达自己坚贞不屈的精神和正直的崇高气节。

三、试讲流程

(一)复习导入,揭题释题

1.回忆所学,导入新课

同学们,上一节课我们已经学习了《马诗》,一起来背一背。我们在琅琅书声中感受着诗人李贺因渴望建功立业而又不被赏识所发出的悲叹。

2.齐读诗题,理解题意

这节课,我们继续学习两首咏物诗,齐读诗题:《石灰吟》《竹石》。我们在学习《暮江吟》时已经遇到过"吟",它是古代诗歌的一种形式,是"赞颂"的意思,《石灰吟》就是赞颂石灰。

(二)多层朗读,由知到解

1.初读,读准字音

课前,同学们都预习了古诗,谁愿意来读一读第一首诗? 这名同学读得字字清晰,句句响亮。特别要表扬的是"锤""凿"平翘舌音读得很正确。

哪一句诗读起来有难度,需要同学们特别注意? 的确,"粉骨碎身浑不怕"很容易读错,我们一起读这句诗。

谁愿意像刚才那个同学一样读一读第二首《竹石》? 这个同学很有读书的风范,"劲"是后鼻音,要读到位。

2.诵读,读出节奏

同学们,读古诗不仅要读准字音,还要试着把古诗的节奏和停顿读出来,请同学自己试着练习练习。

这两首诗都是七言绝句,我们可以按照一定的节奏进行朗读。哪些同学愿意读一读第一首?

两个同学读起来朗朗上口,一个是按照"四三"的节奏,还有一个是按照"二二三"的节奏进行朗读,这两种停顿方式都可以,谁愿意再来读第二首?

读起来节奏分明,铿锵有力,颇有韵味。我们男女生合作读一读,男生读黑色部分,女生读红色部分,诗题一起读。

3.译读,读懂大意

同学们,小学六年来,我们学习了不少古诗,请同学们回忆一下可以用哪些方法理解古诗的意思。

是的,那就请同学们运用借助注释、展开想象、查找资料这些方法,同桌之间试着用自己的话说一说两首诗的大意。

谁能来说一说《石灰吟》第一、二句古诗的大意? 说得很准确,

新课导入简练自然、巧妙高效。通过两次回顾完成两处知识点的夯实:其一,诵读《马诗》,回顾"咏物诗"这一体裁,并营造诗意氛围;其二,联结《暮江吟》,在再次点明"吟"之含义的过程中理解新诗的诗题。

诵读是古诗学习的基础。教师从易读错字的字音入手,引导学生关注难读句、多音字,再通过对古诗不同诵读节奏的感知和把握,真正落实能正确、有节奏地诵读古诗的教学目标。六年级的学生已具备一定的古诗学习能力。此环节中,教师带着学生回顾古诗学习的方法,给出空间,让学生在自读自学自悟中明白古诗的大意,充分体现"让学于生"的教学理念。

只有经过千万次锤打才能从深山里开采出来,它把熊熊烈火的焚烧当作很平常的一件事。能够借助注释来说古诗的大意,特别是"等闲"的意思。

继续用自己的话说一说第三、四两句诗的大意。看来也难不倒你,即使粉身碎骨也毫不惧怕,甘愿把一身清白留在人世间。

我们班同学的学习能力特别强,谁能挑战一下说一说《竹石》整首诗的意思? 竹子抓住青山一点也不放松,它的根牢牢地扎在岩石缝中。经历无数磨难和打击,身骨仍坚劲,任凭你刮酷暑的东南风,还是严冬的西北风。说得真好! 理解了两首诗的大致意思,我们一起再来读一读两首诗。

(三)比较研读,理解物象

1.初步交流两首诗的相同点

同学们,读着读着你有没有发现石灰和竹子的相似之处?

是啊,石灰和竹子的经历很相似,都历经各种磨难,而且面对磨难都毫不畏惧。

2.聚焦磨难

那么,石灰和竹子在恶劣的环境中分别经历了哪些磨难呢? 请同学们圈一圈字词。

同学们都已经找到了,分别是"千锤万凿、烈火焚烧、粉骨碎身""破岩、千磨万击、东西南北风"。请大家自由读一读这两组词,一边读一边想象仿佛看到了哪些画面。

同学们,千磨万击是千次磨难、万次打击的意思,竹子除了经历破岩和东西南北风之外,还会经受哪些磨难呢? 请你们想象补充。

可见,无论是石灰还是竹子,它们的一生都经受着种种磨难。让我们通过视频来看一看石灰和竹子所经受的磨难。

3.聚焦态度

在面对种种磨难时,石灰和竹子又展现出怎样的态度呢? 请同学们再默读两首诗,用横线画出关键字词。

(1)我们先来交流石灰所展现的态度,那就是若等闲、浑不怕。

将《石灰吟》《竹石》组合在一起教学,正是基于两首诗歌所具有的共同特点。教师敏锐地感受并找准了其中的共性,以此为话题建构的原点,引发学生进行深度学习。学生在探寻石灰、竹子的共性中明确了两者面对的磨难及面对磨难的态度,深刻感受石灰和竹子坚忍不拔、勇敢顽强的形象。还在此过程中习得咏物诗的学习方法——抓住关键词来体会事物的特点。

遭受千锤万击,石灰怕了吗? 遭受烈火焚烧,石灰怕了吗? 显然,这一切石灰都不怕,石灰掷地有声地告诉世人——浑不怕。

(2)我们再来交流竹子的态度。正如同学们所言,那就是不放松、还坚劲。

是啊,面对狂风暴雨,竹子毫不畏惧,而是咬定青山——不放松。

面对冰雪欺压,竹子毫不退缩,而是咬定青山——不放松。

千磨万击之后,竹子依旧——还坚劲。

此时此刻,你仿佛看到了石灰和竹子什么样的形象? 有的同学用从容不迫来形容,也有同学用坚强不屈、坚韧不拔来形容,还有同学用百折不挠来形容,让我们通过朗读把这种形象展现出来。

同学们,在朗读时,我们试着把浑不怕、还坚劲等词读得掷地有声,更能展现出它们的形象。请同学们再齐读这两首诗。

同学们,在刚才的学习中,我们通过抓住关键词来体会了石灰和竹子的特点,这是学习咏物诗的一种方法。

(四)借助资料,领悟志向

同学们,坚强无畏、坚韧挺拔、百折不挠,这些词语都是形容人的,你们为什么就自然而然地来形容石灰和竹子呢?

古人云,诗言志。那么,诗人于谦和郑燮分别借助石灰和竹子想表达怎样的志向呢? 我们不妨查阅相关资料。课前,同学们小组分工搜集了很多资料,比如,我们可以查阅作者生平简介、时代背景、人物评价、同题材的诗等各种材料。

接下来,请同学们按照以下步骤进行四人小组合作学习:

①阅读材料,圈画关键词句;②按照提示,小组交流感受;③体会志向,并写在卡片上;④朗读排练,合作读出志向。

根据同学们的预习反馈,部分同学查阅的资料没有针对性,很难帮助我们理解古诗。这些同学查阅的资料比较好,同学们在学习时可以借鉴。

1.反馈于谦志向

于谦借助石灰想表达怎样的志向呢? 哪一小组先来展示? 你

知人论世是古诗学习的重要方法。在引导学生学习"知人论世"这一方法的过程中,该板块的设计与实施显得特别自然、圆满,很好地规避了给作者贴标签的生硬操作。究其原因,在于"共情"。"共情"之一,由石灰、竹子的拟人化形象自然地联系到诗人所具有的"志";"共情"之二,从学生课前自主收集的资料中筛选出典型信息,理解诗人为何有这样的"志";"共情"之三,通过语言、画作等创设品读情境,用感情诵读表达诗人心中之"志"。整个环节的展开张弛有度,学生在自主、合作、探究的过程中深切感怀诗人的情感,理解诗人的志向,领略咏物诗在精神感召方面的独特魅力。

们小组很会学习,抓住了"生平简介"材料读懂了诗人的志向,请你把卡片贴到黑板上。你们小组能否将这种志向通过朗读展示出来?

诗人还表达了怎么样的志向呢?请其他小组补充。请你把卡片贴在黑板上。哪些小组也读出了这种志向?请起立,请你们一起读一读《石灰吟》,读出诗人的志向。

同学们,资料有很多,我们通过找到关键材料走进了诗人的内心。

当我们来到西湖边的于谦祠时,眼前便会浮现出于谦16岁时意气风发的模样,情不自禁地朗诵——

……

本该受到重奖的于谦,却惨遭陷害。临刑前他一定有无数的话想向世人诉说,但千言万语都不及这四句诗。

人已远去,精神长存,让我们再一次将无限的感动化作深情的诵读。

2.读懂郑燮志向

那么,《竹石》又表达了诗人郑燮什么样的志向呢?

说得真好!通过查阅"时代背景"资料,读懂了诗人的志向。请你把卡片贴在黑板上。你能否将这种志向通过朗读展现出来?

你的朗读让我们感受到诗人不屈不挠、不随波逐流的志向。还表现出诗人怎么样的志向呢?请其他小组补充。

请你把卡片贴在黑板上。此时我们通过查阅资料,领悟了竹子不再是简单的竹子,诗人赋予了它独特的情感。

当我们再一次欣赏《竹石图》时,我们会想到竹子,还会想到一位诗人郑燮,更会想到一首厚重的古诗——《竹石》,我们会这样诵读——

……

同学们,我们通过借助资料读懂了诗人的志向,更读懂了诗人的内心世界,这样的学习方法叫:知人论世。

(五)拓展延伸,深化情感

1.熟读成诵,摘抄积累

一首《石灰吟》,让我们见证了于谦的清廉与正直;一首《竹

> 古诗学习的物化成果在课堂接近尾声时徐徐展现。这一笔笔、一字字、一句句饱含学生对诗人无比崇敬、景仰的心情,是学生内心的自白——我也要成为这样的人。这便达成了本节课在价值观层面的终极目标。此外,本环节还融书法、音乐、绘画等艺术形式于一体,在潜移默化中对学生进行审美熏陶,培养其高雅情趣。

石》,让我们感受到郑燮的铮铮铁骨。让我们用笔尖记录他们的人格魅力。请同学们任意选择一首,注意行款整齐,布局合理。

两位诗人的品格都融入了同学们的一笔一画之中。让我们伴随着音乐,一起再来背一背两首诗,让它们一直留在我们的心间。

2.课堂小结

同学们,在学习咏物诗时,我们不妨通过抓关键词和知人论世的方法,来读懂"人"与"物"的内在联系。

四、板书设计

《石灰吟》《竹石》板书设计,如图12-2所示。

```
            《石灰吟》《竹石》

物    坚强不屈  坚韧不拔  百折不挠    抓关键词

人    不同流合污  坚贞不屈  刚正不阿    知人论世
```

图12-2　《石灰吟》《竹石》板书设计

五、扫二维码免费看视频

(试讲者:陆智强　指导者:王瑛)

第三节　说明文《松鼠》第一课时试讲

试讲时间:10分钟

一、教材解析

《松鼠》是《义务教育教科书语文五年级上册》课文第17课,是法国著名的博物学家布封的作品。课文抓住松鼠乖巧驯良的性格特点、机警敏捷的行为特征、高超的搭窝技巧进行细致而生动的介绍,字里行间蕴含着作者对松鼠的喜爱之情。课文融知识性、科学性、趣味性为一体,以准确说明为前提,以形象化描写为手段,是一篇不可多得的文艺性说明文。

本单元是习作单元,语文要素是"阅读简单的说明性文章,了解基本的说明方法"。与前一篇《太阳》比较,这篇课文的语言风格有很大不同,本文主要运用打比方的说明方法,表现松鼠鲜明的特点:如写松鼠吃东西,"像人们用手一样";写松鼠在高处活动,"像飞鸟一样"。课文语言生动形象:如描写松鼠外形时,用了"玲珑的小面孔""帽缨形的美丽尾巴""直竖着身子"等,让人能想象出它小巧可爱的模样;描述松鼠习性时,对松鼠警觉性强、储存粮食等内容的描写,读起来让人对松鼠顿生喜爱之情。

课文介绍松鼠的信息繁多,教学时要指导学生提取、梳理信息并分条目记录。对课文语言风格的感受,可以采取对比教学,和课后习题中的《中国大百科全书》的内容相结合,感受文艺性说明文的活泼。

二、试讲目标

(1)认识"驯、矫"等8个生字,会写"鼠、秀"等生字,理解积累"乖巧、帽缨"等词语。

(2)了解松鼠的特点,提炼、梳理松鼠的相关信息,并分条目记录。

(3)抓住松鼠外形描写部分,体会文艺性说明文的语言风格。

三、试讲流程

(一)回忆方法,导入新课,梳理全文

1.旧知导入

同学们,上节课我们学习了《太阳》这篇说明文,学习到了哪些说明方法?你说。不错,我们学习了四种说明方法及运用这些说

明方法的好处。

2.揭示文题

这节课,我们要跟着法国著名的博物学家布封去一起看看——《松鼠》。"鼠"是要求会写的生字,跟老师一起书空,注意笔顺,第四笔是"横折",下面的"点"方向一致,最后的"斜钩"要舒展。

3.预习反馈

课前都预习过课文了,老师检查一下字词学习的情况,谁来领读这些词语:

驯良　矫健　苔藓　歇凉　分杈　狭窄　勉强　　圆锥形

你读准了每个字的读音,特别是"杈"的第四声,"锥"的翘舌音。书写的时候还要注意"歇"的右边是"欠"不是"折文"。

4.初读课文

现在请大家用自己喜欢的方式读读课文,完成第一个学习任务:课文告诉我们关于松鼠的哪些知识呢? 请你找到相应的段落,圈圈画画,概括提炼知识点,分条做好记录贴到黑板上来。时间6分钟,开始。

5.反馈梳理

时间到,大家贴了满满一黑板,看得我眼花缭乱啊! 能不能规整规整?

你按照每个段落来整理。第1自然段外形特点,第2自然段活动范围和规律,第3自然段行为特点,第4自然段搭窝情况,第5自然段生育情况。

你有不同意见? 是的,还可以更简洁,后面的4个段落,都是在介绍松鼠的——生活习性。(板书)

我们把松鼠这么多的知识点梳理清楚了,归在一起其实就是一句话,这句话就藏在课文中,你认为应该是哪一句呢?

咱们一起读:松鼠是一种漂亮的小动物,乖巧,驯良,很讨人喜欢。

从回顾前一篇课文的学习导入《松鼠》的学习,这个板块最重要的是梳理课文的内容。试讲时先让学生分条写下来,板贴在黑板上,然后进行归纳整理,理清文章的结构层次。这样的试讲过程清晰,条理清楚。

(二)聚焦外形,感受漂亮,体会写法

1.再读课文

原来在布封的眼里,松鼠是一种——漂亮的小动物。你们都看到过小松鼠,你觉得漂亮吗?那就赶快去读读课文的第1自然段,找找它漂亮在哪里。先自己找,然后同桌交流。

2.交流分享

小手都举起来了,你先来分享。

"玲珑的小面孔",让你觉得很漂亮,老师问你,"玲珑"是什么意思?哦是小巧的,美丽的,精致的,说得对极了,松鼠是个小脸美人,它——面容清秀,眼睛闪闪发光,身体矫健,四肢轻快。

你来补充。你喜欢它的大尾巴。这是"一条帽缨形的美丽尾巴",有谁知道帽缨长什么样呀?哎,来看这张图片,帽缨其实就帽子上的穗状装饰物。我们根据之前学的说明方法,这里运用了什么?对,运用了打比方,更生动形象地说明了松鼠的漂亮。

还有哪一个愿意来分享一下?你说。你们还觉得这是一只聪明的松鼠,是从哪里看出来的? 它们的尾巴老是翘起来,一直翘到头上,自己就躲在尾巴底下歇凉。读着这句话,我们仿佛看到它惬意的样子了。

3.细节研究

咱们一起来读读这一部分,想一想作者是怎么写的:

它们面容清秀,眼睛闪闪发光,身体矫健,四肢轻快。玲珑的小面孔,衬上一条帽缨形的美丽尾巴,显得格外漂亮。它们的尾巴老是翘起来,一直翘到头上,自己就躲在尾巴底下歇凉。

你发现了,写漂亮的时候很有顺序,面容、眼睛、身体、四肢到尾巴。

你发现了,是的,写了松鼠身上最有特点的部分,不是面面俱到。

这是习作单元,课文的学习一定要渗透写法,引导学生"抓住事物鲜明的特点",通过打比方的方法,运用准确、生动的语言进行表达,体会作者对小松鼠的喜爱之情。试讲时,语气语调要轻松、亲切,仿佛在介绍自己家的"小可爱"。

(三)通过对比,感受风格,尝试改写

1.比较异同

现在我们来看看《中国大百科全书》,上面是这样描写松鼠的外形的:

松鼠体形细长,体长17—26厘米,尾长15—21厘米,体重300—400克。

比较一下,与课文的表达有什么相同和不同的地方? 四人小组内讨论交流。

你们小组来汇报。你们补充。是的,虽然都是说明文,语言风格不一样,《中国大百科全书》采用列数字的说明方法,客观严谨,简洁明了,仿佛是对着一只松鼠的标本进行解说,而布封笔下的松鼠,活泼有趣,仿佛在我们眼前蹦来跳去。

你们喜欢这样的表达吗? 这就是文艺性说明文的魅力。

2.尝试改写

现在我们把书翻到第71页,这里的习作例文《鲸》,第1自然段介绍了鲸的外形。你们能不能尝试着把它改写成文艺性说明文呢? 下节课我们一起来展示。下课!

四、板书设计

《松鼠》板书设计,如图12-3所示。

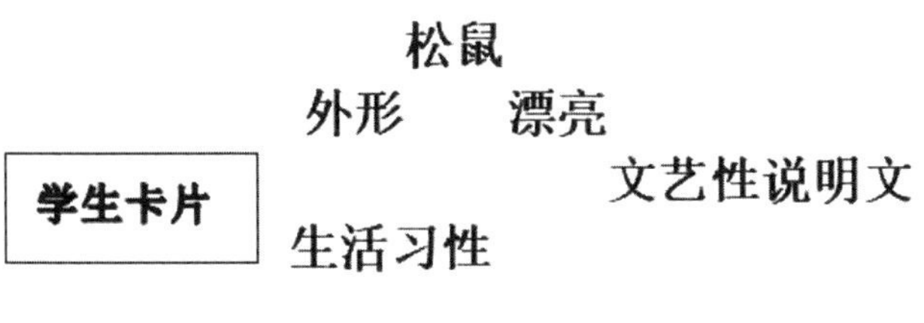

松鼠
外形　　漂亮
学生卡片　　　文艺性说明文
生活习性

图12-3　《松鼠》板书设计

通过两段话的对比,让学生感受到文艺性说明的语言风格,并且进行尝试运用,将《鲸》的外形片段进行改写。学生也可以尝试本单元"初试身手"中《白鹭》的改写,做到学以致用,讲练结合。

第四节　散文《白鹭》第一课时试讲

试讲时间:10分钟

一、教材解析

《白鹭》是《义务教育教科书语文五年级上册》第1篇课文,是郭沫若先生写的一篇抒情散文。课文描写了白鹭的外形和觅食、栖息、飞行时的美,表达了作者对白鹭的喜爱和赞美之情。

全文为"总—分—总"结构,第1自然段和第9—11自然段前后呼应,抒发了作者对白鹭如诗一般美的赞叹。第2—8自然段具体描写白鹭的美,可分为:第一层(第2—5自然段)从颜色、身段写白鹭的外形之美;第二层(第6—8自然段)借助"水田钓鱼""枝头独立""空中低飞"这三幅画面展现白鹭在不同场景中的美。

此外,语言古雅,讲究炼字,白鹭的形象之美和在不同场景中的美跃然纸上。描写白鹭样貌时,借鉴战国末期辞赋家宋玉《登徒子好色赋》中"东家之子,增之一分则太长,减之一分则太短"的写法。作者将长时间细致观察所得,借助文字表述出来,将发自真心的喜爱传达给读者,很值得学生学习。

白鹭之美,在于它在不同场景中展现出来的美。本文采用了对比、夸张等多种修辞方法描摹白鹭在具体场景中不同的美感,值得学生学习、借鉴。

全文文质兼美,结构紧凑,遣词造句生动,用词准确,语言富有诗意,值得一读再读,在读中悟情。

二、试讲目标

(1)认识"鹭、嫌"等6个生字,会写"宜、鹤"等10个字,会写"精巧、配合"等15个词语。

(2)能借助描写白鹭外形的句子,一边读一边想,感受白鹭是一首精巧的诗。

(3)正确、流利、有感情地朗读课文。背诵第1—5自然段。

三、试讲流程

(一)飞花传诗,激趣导入

1.诗句导入

在中国文人的笔下,白鹭是经常入诗入画的一种动物,你会想到哪一句古诗?"西塞山前白鹭飞,桃花流水鳜鱼肥",是呀,张志和笔下的白鹭可真优雅;"两个黄鹂鸣翠柳,一行白鹭上青天",这飞上青天的白鹭怎一个潇洒了得;"漠漠水田飞白鹭,阴阴夏木转黄鹂",如此悠闲,真让人心生向往。

2.揭示文题

这是古代诗人笔下的白鹭,那在大诗人郭沫若先生眼里,白鹭又是怎样的呢? 让我们走进今天的课文《白鹭》。(板书课文题目)

《白鹭》是一篇散文诗,以飞花令的形式导入,既巩固学生先前所学的诗词,诗化的语言也和本文的文体特征相吻合。

(二)检查预习,初读识"鹭"

1.圈画字词

课文虽然只有短短的351个字,但是语言凝练含蓄,有些字词比较生涩,请你认真读一读,把不理解的字词句圈画出来,多读几遍,注意读准字音,读通句子。

2.反馈预习成果,认读字词

课前大家都做了充分的预习,你们都觉得这些词语不太好读,请同学当小老师带大家读。

(1)很多同学都觉得"镜匣"这个词语不好理解,谁来说说它的意思? 是呀,匣子就是一个盒子。而"镜匣"其实就是"镜框"的意思。

(2)(指导书写"匣")"匣"也是我们本课要会写的字,伸出手和老师一起写,横下先写甲,最后一笔竖折把甲装进匣子里。请同学们把"匣"工整地写到《语文作业本》第1题中。

3.梳理课文

同学们,请你们带着收获,再次去品读课文,一边读,一边思考:哪两句话最能体现白鹭在作者心中的印象?

(1)白鹭是一首精巧的诗。

(2)白鹭实在是一首诗,一首韵在骨子里的散文诗。

这一头一尾都在告诉我们,原来在郭沫若的眼里,白鹭是一首——精巧的诗。(板书:精巧的诗)

课文是从哪些方面写出"白鹭是一首精巧的诗"呢?

是的,先写白鹭的外形,再写它的活动。(板书:外形 活动)

(三)精读课文,细读品"鹭"

1.做上批注

接下来,我们带上诗人的眼睛,怀着一颗诗心默读第2—5自然段,一边读,一边想,你从哪些地方感受到"白鹭是一首精巧的诗"?请在旁边做上批注。

2.精读反馈

(1)你找到了这一句:色素的配合,身段的大小,一切都很适宜。(板书:色素 身段)什么叫"适宜"? 那为什么不用"适合"呢?

《说文解字》曰:"宜,所安也。"不仅要适合,还要让人感到舒服。"适宜"就是相合且舒服。作者说白鹭,读:色素的配合,身段的大小,一切都很适宜。都是这样的相合且舒服!

(2)你找到了这一句:白鹤太大而嫌生硬,即使如粉红的朱鹭或灰色的苍鹭,也觉得大了一些,而且太不寻常了。

(出示图片,对比阅读)白鹤虽是大型涉禽,但体长也仅130—140厘米,却被作者嫌弃它不柔和,不细致。我们再看朱鹭、苍鹭,作者知道他们体型不大吗? 从哪看出来? 是啊,"即使""大了一些"这些词语告诉我们作者肯定了朱鹭和苍鹭的身段并不大,但是在他眼中,和白鹭比,还是大了一些。只有白鹭才——精巧、适宜!

作者在这里运用了对比的手法,写出了白鹭的精巧。这就是作者对白鹭的偏爱啊! 我们一起读——白鹤太大而嫌生硬,即使如粉红的朱鹭或灰色的苍鹭,也觉得大了一些,而且太不寻常了。

(3)嗯,你找到了:那雪白的蓑毛,那全身的流线型结构,那铁色的长喙,那青色的脚,增之一分则嫌长,减之一分则嫌短,素之一忽则嫌白,黛之一忽则嫌黑。

联系《说文解字》等资料对不易懂的词语进行推敲,不仅能进一步理解词语的内涵,更能贴近散文诗的韵味,感受其美感。

借助图片和资料能够让学生直观地将这几种鸟类进行对比。愈发鲜明地凸显出白鹭在其中的精巧与适宜。

是呀,雪白、铁色、青色常常出现在中国的水墨画中,白鹭纵情于山水之间,素雅如一幅画,与自然有着和谐之美,颜色和身段相搭配,就如一首精巧的诗,让我们一边读一边想象这清新淡雅的画面吧!

作者在这里还化用了流传千年的典故——《登徒子好色赋》中"东家之子,增之一分则太长,减之一分则太短。"原是形容绝代佳人的,但这样的描写作者还嫌不够,读:增之一分则嫌长,减之一分则嫌短,素之一忽则嫌白,黛之一忽则嫌黑。

"分"和"忽"是古时候的计量单位。一分约等于现在的0.333厘米,一忽约等于0.000333厘米。分明是肉眼难辨,几不可见,但作者却坚定地认为,读:增之一分则嫌长,减之一分则嫌短,素之一忽则嫌白,黛之一忽则嫌黑。

(4)读着读着,你们感受到什么? 这正是作者说的"精巧适宜"啊! 让我们读出作者对白鹭的喜爱和赞美!

3.感受语言

作者将白鹭的精巧适宜用诗描绘出来,真是"多一字则嫌长,少一字则嫌短",这就是作家诗意的语言呀! 让我们把这份美好记在心里,再读一读吧。

4.背诵领会

在你们的朗读声中,这只色素、身段无不适宜的白鹭向我们款款走来,让我们闭上眼睛,和着乐声,边背诵边在脑海中将这只白鹭细细描摹吧。

(四)课堂总结

人是万物的尺度,在作者心中,精巧适宜的白鹭的静态呈现,如同画卷展开后的惊喜,让我们能细细地欣赏白鹭的外形之美,感受到作者朴素自然的审美追求。

课文第6—8自然段描绘了三幅优美的图画,这又是展现了白鹭怎样的美呢? 作者又抒发了什么情感呢? 我们下节课继续学习。

课文中化用的句子颇具诗韵,在理解难懂的字词后,可展开多次诵读,以读促悟,读中悟情。如果试讲时间有限,也可以对此部分内容进行简化。

优美的词句值得多种形式读,一读再读,让阅读成为润泽学生心灵的一道涓涓细流。

四、板书设计

《白鹭》板书设计,如图12-4所示。

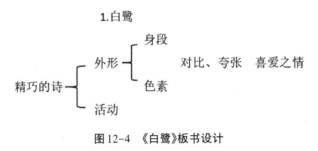

图12-4 《白鹭》板书设计

第五节 小说《桥》第一课时试讲

试讲时间:8分钟

一、教材解析

《桥》是《义务教育教科书语文六年级上册》课文第13课,是谈歌的一篇微型小说,它叙述了一位村支书面对暴发的山洪,以自己的威信、忠于职守的信念和沉稳果决的指挥,将村民送上跨越死亡的生命桥。在党性和人性面前,这位村支书做出了正确的选择,用一位党员的信念和父亲的慈爱筑起了一座不朽的桥梁。课文以"桥"为题,内涵丰富。小说篇幅短小,但情节跌宕起伏,矛盾冲突不断,结尾出乎意料,人物形象鲜明。

本单元是小说单元,单元要素是"读小说,关注情节、环境,感受人物形象"。本篇课文的语言形式也很有特点:一是短句多,五百多字的小说,分成了27自然段,形成了急促、紧张的节奏;二是环境描写精彩,描写雨、洪水和桥的句子,像一根线串联起整个故事;三是小说的"留白"处很有意味,留下的想象空间非常大;四是各种冲突、矛盾交织在一起,一触即发,让人身处其中,如临其境。这么多的学习要点,设计时要"弱水三千只取一瓢饮",追求一课一得。

二、试讲目标

（1）会写"咆、哮"等8个字，积累"咆哮、惊慌"等词语。

（2）借助鱼骨图，梳理课文内容，初步了解小说的表达特点。

（3）抓住人物的言行描写，紧扣情节发展的矛盾冲突，感受老汉大公无私的品质和爱子深切的情感。

三、试讲流程

（一）直接揭题，检查预习

同学们，今天让我们走进谈歌的微型小说《桥》。（板书：桥）

（板画：简笔画桥）老师用两条线就勾勒出桥的轮廓了，这就是简笔画的魅力。微型小说也具有这样简短又意蕴无穷的特点。

请同学们翻开书本，自由朗读课文，读准字音，读通句子，不理解的生字词，联系上下文弄明白。

好，课文已经读过了，但有些生字词未必能读准，请同学们先来读一读：

势不可当 蹚上来 搀扶 祭奠 咆哮 呻吟 嗓子 沙哑

"蹚"读第一声，平舌音，再读。课文中有许多"口字旁"的字，这个"口字旁"写得稍稍偏上一点，能够让字更美观。请同学们挑一个"口字旁"的字，在《语文作业本》上练写一下。

> 试讲者把简笔画与微型小说进行联结，形象地说明了微型小说的特点，很新颖。

（二）借助图示，初探小说

（1）这篇小说，篇幅很短，但相信同学们的阅读感受一定很多，大家可以畅所欲言，发表一下自己的观点。

（手势提示）你说。你来说。你继续。

老师发现大家的感受和理解可以分为三类，有的是关于人物，有的是小说的环境，还有说的是故事情节。这三者也是我们小说中最重要的三要素。

（2）接下来就请同学们再来读一读课文，重点关注环境和情节（板书：环境 情节），尝试完成《语文作业本》上的鱼骨图（如图

> 作为小说单元的首篇课文，要让学生明白小说的三要素及其彼此之间的关系。通过鱼骨图的梳理，很快厘清课文内容，可谓快速高效。

12-5所示）。

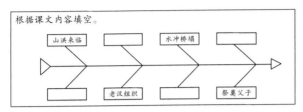

根据课文内容填空。

| 山洪来临 | | 水冲桥塌 | |
| 老汉组织 | | 祭奠父子 | |

图12-5 《语文作业本》上的鱼骨图

哪个同学愿意上来展示一下？你找到了山洪来临，人们惊慌；水深没腿，老汉组织；水冲桥塌，父子牺牲；最后是洪水退去，祭奠父子。

上下看看，鱼骨图有什么规律？是的，上面这一行写环境，下面这一行是人们的行为和反应。

通过这样提取关键词，借助鱼骨图的方式，我们就梳理了小说的主要内容。现在请竖着看看，你又有什么发现呢？

是的，上面的环境和下面的情节是相互关联的。

同学们，读小说，我们要关注情节、环境，更要关注人物。环境的描写和情节的安排都是为塑造人物形象服务的。

(三)抓住冲突,感受人物

接下来就请同学们默读课文，找出描写老汉的情节，抓住人物的语言、动作、神态。想一想，这是一位怎样的老支书呢？在书上做做批注和同桌交流一下。

(1)第一个情节是老支书和村民们发生冲突。

你说。你抓住了外貌和动作描写：

老汉清瘦的脸上淌着雨水。他不说话，盯着乱哄哄的人们。他像一座山。

你从中感受到了——老汉的镇定，老汉像山一样沉默威严，给人们安全感，又有一种震慑力。

你说。是呀，他的语言当中让人感受到了他的镇定自若。

我们一起来读一读：

老汉沙哑地喊话："桥窄！排成一队，不要挤！党员排在

人物的多面性,放在各种冲突中展开,互相区分又互相补充,共同完成了老支书的形象塑造。课文可以抓的要素有很多,必须有取舍,该试讲就是抓住老支书和村民、老支书和儿子之间的冲突展开,把握文章要点,重点聚焦人物形象的刻画。

后面!"

从这样简短有力的语句当中,你感受到了什么?

是呀,在这样危急的情况下,指挥人们有序撤退,真是临危不乱。(板书:临危不乱)

你还有补充。你的补充很深刻,老支书说,党员排在后边,这代表了他先人后己,我们就把这样的理解放入我们的朗读中,好好读一读老支书的行为和语言。

(2)除了他和村民们的冲突,还有他作为父亲和儿子的冲突。同学们,你们一开始就知道他们的父子关系吗?那么老师改一改,在开头的时候就点明他们的关系,你觉得怎么样?

是,课文最后才交代,让人感觉这是意料之外又是情理之中,更能带来震撼。知道了这个结局,再回过来看看老汉的行为,会更加耐人寻味。这其实已经点明了微型小说的特点,情节安排出人意料。

当我们关注到这个关系之后,再回过来读一读这个冲突:

老汉突然冲上前,从队伍里揪出一个小伙子,吼道:"你还算是个党员吗?排到后面去!"老汉凶得像只豹子。

老汉吼道:"少废话,快走。"他用力把小伙子推上木桥。

你们又有什么感受呢?你找到了"揪"这个动词,都说虎毒不食子,父亲都希望自己的儿子能够平平安安的,但这篇文章中的老汉……

你感受到了在群众和党员、村民和儿子的生死抉择当中,老汉选择了以身作则、大公无私。(板书:以身作则　大公无私)

你抓住了"推"这个动作,这用力地一"推",是生死关头的抉择。

你能用朗读表现出来吗?你读出了老汉把生的希望留给了孩子,让我们感受到了父爱如山,舐犊情深。

在这"一推一揪"之间,在情节的发展和矛盾的冲突当中,老汉的形象越来越丰满了。他不仅是一位镇定自若、以身作则、大公无私的好支书,也是一位舐犊情深的好父亲。(板书:舐犊情深)

(四)课堂小结,主旨升华

桥塌了,老汉和小伙子最后被洪水冲走。但是在一年以后,曾经的废墟上可能又会建立起一座崭新的大桥。作为这场天灾的见证者,你们会给这座桥取一个什么名字呢?

你说生命桥。是,这是老汉和他的孩子用生命守过的桥。

你说党员桥。这是老汉心系群众的最好见证。

同学们,这节课我们重点抓住了情节发展和矛盾冲突,从动作、语言、神态当中体会到了老支书的形象。小说中的环境描写又有什么作用呢?我们下节课再去探讨。

课堂小结回扣课文题目,引导学生理解"桥"的象征意义。

四、板书设计

《桥》板书设计,如图12-6所示。

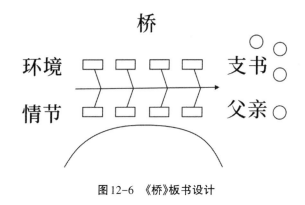

图12-6 《桥》板书设计

这是一个板书示意图,由于试讲时间的关系,有时候可以采用符号来表示要写的板书内容,比如这里的方框表示的是"山洪来临"等内容,圆圈表示的是"大公无私"等体现老汉品质的词语。

第六节 小古文《王戎不取道旁李》第一课时试讲

试讲时间:10分钟

一、教材解析

《王戎不取道旁李》是《义务教育教科书语文四年级上册》第八单元的一篇文言文,选自《世说新语·雅量》。课文短小精悍,语言浅显,描述了王戎与小伙伴一起游玩时,发现道边李树多子,小伙伴争相采摘,王戎却一动不动。旁人询问,他说出了"道旁李树多子必苦"的道理,展现了一个机灵聪慧的神童形象。

本单元围绕"历史传说故事"这一主题编排,单元语文要素是"了解故事情节,简要复述课文"。教材在三年级下册就已经安排了"详细复述"的学习要求,本单元是在详细复述的基础上,进一步提升学生的阅读理解能力与概括能力。课后习题中也配合安排了"结合注释,用自己的话讲讲这个故事"的训练,因此可以与《语文园地七》中的"交流平台"相结合,及时总结复述故事的方法。教学时,要基于学生已有的认知水平和能力基础,紧抓阅读要点,通过借助注释、插图,联系上下文理解文意。通过不同形式的反复诵读,激发学生阅读文言文的兴趣,培养语感。还可以通过为连环画配文、填写图示等策略梳理故事情节,用自己的话讲述这个故事,感受王戎这一人物形象。

二、试讲目标

(1)随文认识"戎、诸"等4个生字。

(2)正确、流利地朗读课文,结合注释、插图等方法理解词语意思,了解故事情节。背诵课文。

(3)明白"树在道旁而多子,此必苦李"的原因,感受王戎的形象。

(4)结合注释,展开想象,用自己的话讲述故事。

三、试讲流程

(一)直接导入,揭示文题

1.明确主题

今天我们进入第八单元的学习,单元导语说:

时光如川浪淘沙,青史留名多俊杰。

意思是说时间像一条河,大浪会淘洗掉沙子,剩下的就是金子。在历史上留下英名的都是出众的人才。

此环节通过单元导语引出课文主人公——王戎,使学生对王戎有个初步印象。借助字源理解"戎"字的意思。

2.初识王戎

今天我们要认识的这位"俊杰"名叫王戎,请你来读一读他的名字。

请看图12-7,"戎"字由两部分组成,"戈"指的是长柄兵器,"十"指的是古代防御的铠甲,一手持武器,一手防御,合起来表示军队、战争的意思。

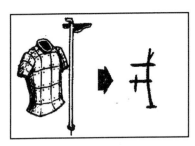

图12-7　戎字图

请同学们拿出课堂《语文作业本》,端端正正写两个"戎"字。

3.揭示文题

王戎从小智慧过人,被称为"小神童"。今天我们要学的这篇文言文就是有关于王戎的故事。请你来读一读题目。字正腔圆,节奏也读出来了。

那从题目中你还知道了什么? 你可真厉害,把这几个关键词语的意思弄明白,就能猜到课文大概讲了一件什么事。我们一起读课文题目。

(二)初读感知,了解情节

1.明确任务

这是第八单元的第1篇文章,我们得先来了解这个单元的任务:

了解故事情节,简要复述课文。

复述课文就是用自己的话讲讲这个故事,但这是一篇文言文,我们该怎么做?

你们太厉害了,语文园地中的"交流平台"也告诉了我们这种好方法。朗读是学习文言文最基本,也是最重要的方法,所以看到

基于学生已有的认知水平和能力基础,紧抓阅读要点,通过不同形式的反复诵读激发阅读文言文的兴趣,培养文言文的语感。通过为连环画排序、配文、填写图示等策略,帮助学生梳理故事情节。

一篇文言文,就是要一遍又一遍地读。

(1)按要求读文。现在,请打开语文书,翻到第110页。自由大声地朗读课文三遍,读准字音读通句子。

(2)指名读,正音反馈。请你读。这个同学不仅把带拼音的字读正确了,还把多音字"折"也读对了。"折枝"在这里读zhé,还有另外两种读音:shé(枝折花落),zhē(折腾)。

(3)读流利。古人在朗读的时候特别讲究停顿,声断气连。听老师范读:王戎七岁,尝与诸小儿游。看道边李树多子折枝,诸儿竞走取之,唯戎不动。人问之,答曰:"树在道边而多子,此必苦李。"取之,信然。(教师最好是背诵并加上动作和表情)

同学们自己试试。我们一起来。

2.厘清情节

听了你们的朗读,老师的脑海里浮现出一些场景,把它做成了四幅画面,但顺序乱了,如图12-8所示,你们能帮我正确排序吗?

图12-8　课文漫画

这些内容还能用简洁的语言来概括。比如,第一句我可以概括成"与诸小儿游"。剩下的内容同桌讨论并完成。其实,这就是文章的故事情节,咱们一起来填一填,完成图12-9的思维导图。(边说边板贴)

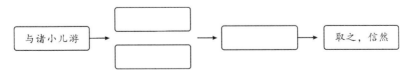

图12-9　故事情节思维导图

(三)研读课文,复述故事

1.借助注释,把故事说正确

课文读好了,故事情节也知晓了,我们现在就要用自己的话来简要复述故事。要完成这个任务可不简单,老师给大家设置了三道关卡,有没有信心来挑战一下?

第一关就是结合注释说故事,在说的时候碰到不理解的字请举起你的手。等下我们一起来解决。

刚才同学们碰到了这些拦路虎,有这些词不明白。那我们把这些词放到文章当中来看看。

"诸"表示很多,现在我们还有没有这样的说法?"各位"可以说"诸位","万事顺利"可以说"诸事顺利","很多小朋友"就是"诸小儿"。这句话的意思你懂了吗?

"多子折枝",指很多李子把树都压弯了。真能干,"折"在这里就是"压弯"的意思。课文中的插图也是重要信息,可不能轻易放过。李子竟把树枝都压弯了,这是一幅多么诱人的画面啊!

"走"不简单。你还会从注释中进行分析,知道文中的"走"就是"跑"的意思。其实三年级的时候我们已经碰到过了,记得吗?

兔走触株,折颈而死。——《守株待兔》 东奔西走 飞禽走兽

看到这么一棵诱人的李子树,同学们都争着抢着跑过去,就是我们所说的一个成语"争先恐后"。

有没有发现一个奇怪的现象?看到这么多的李子,其他小朋友都争着抢着去摘,但只有王戎站在原地,一动也不动,太反常了。这个奇怪的现象也引起了别人的注意,人们忍不住问,(指名说)他回答说。(指名说)他又没尝过,凭什么断定这个李子肯定是苦的呢?听了王戎的回答,人们信了吗?不死心啊,还是去摘了,一尝,结果——真的如王戎说的那样。

此时,你想对王戎说些什么呢?他的聪明具体体现在哪儿?善于观察、勤于思考。(板书)七岁,和他差不多年龄的小朋友都争着抢着去摘李子,只有王戎不动,这样的对比更体现出他的聪慧。

引导学生通过结合注释、联系生活、借助图片等方式把故事说正确,再通过展开想象等方式,将复述故事和把握主要内容有机结合起来,加上合理的想象,把故事说精彩。在"趣读""趣讲"中,让学生学习文言文,爱上文言文。

(板书:对比)其实我觉得,王戎的不动是假的,实际上他才是动得最快的,他动了什么?

(请学生)动眼睛了! 他观察到了……

(请学生)动脑筋了! 他想到了……

小小年纪却有大大的智慧。以后我们做事也应像王戎一样,先经过自己的仔细观察和思考,然后得出结论。

(5)经过大家的努力,这些拦路虎都被扫掉了,相信你能把这个故事说得更好了,谁来试试?

2.借情节图,把故事说流利

刚才我们是看着课文内容说出来的,现在我们挑战第二关,借助刚才的连环画,把故事说流利。自己先试试看。

3.发挥想象,把故事讲精彩

故事说得很完整了,但总觉得似乎缺少点什么。这就是我们要挑战的第三关:请同学们展开想象,试着在重要情节处进行补充,把故事讲精彩。同学们还可以看连环画上同学们的表情,也许会有不少的灵感。同桌互相说一说,你觉得精彩的地方给他一个赞!

你先来。老师喜欢你用"胸有成竹"这个成语形容王戎。

你再来。边讲边演,把其他孩子的馋样儿给表现出来了,真不错。

4.指导朗读,背诵课文

以后要想把故事讲得生动精彩,尤其是这样的小古文,就要适当加上我们的想象,还要背出来。蒙上眼睛背一背。咱们一起来背一背。

(四)课外迁移,拓展运用

本文选自《世说新语》,里面通常是一些类似的小片段,虽短小精悍,但往往几句话就能将人物的个性特点生动形象地表现出来,令人难忘。有兴趣的同学可以结合我们新学到的方法去阅读。

从一个故事到一本书的故事,从一个人的故事到一群人的故事,这样的学习才有意义。

四、板书设计

《王戎不取道旁李》板书设计,如图12-10所示。

图12-10 《王戎不取道旁李》板书设计

第七节 传说故事《牛郎织女(一)》第一课时试讲

试讲时间:10分钟

一、教材解析

《牛郎织女(一)》是《义务教育教科书语文五年级上册》第三单元的第2篇课文。本单元围绕"了解课文内容,创造性地复述故事"这个主题编排了《猎人海力布》《牛郎织女(一)》《牛郎织女(二)》3篇课文。这是又一个以"复述"为主题的单元,三年级下册第八单元为详细复述,四年级上册第八单元为简要复述,本单元课文侧重创造性复述,通过转换人物角色、大胆想象、添加合理情节、变换情节顺序等方法进行复述。民间故事,是古代劳动人民创作并传播的口头文学作品,是前人留给我们的智慧结晶。《牛郎织女(一)》一课故事情节蕴含丰富的想象,充满浪漫色彩,表达了劳动人民对幸福美好生活的期盼和追求。它通过在合理位置进行"添油加醋",来让复述变得更生动,是在《猎人海力布》转换角色的能力上提高了要求,又为《牛郎织女(二)》的改变情节顺序奠定基础。教师要肯定学生能够寻找展开想象的地方,以及在同一处位置展开不同的合理想象的能力。

二、试讲目标

(1)认识"嫂、垦"等10个生字,读准多音字"落",会写"郎、爹"等14个字,会写"嫂子、剩饭"等14个词语。

（2）读懂故事,借助故事情节图梳理故事内容,有顺序地简要复述。

（3）通过自主模仿、合作表演,用补情节、添细节的方法来创造性地复述民间故事。展开想象,把课文中写得简略的地方讲具体,并演一演。

（4）激发学生乐于讲故事的兴趣,愿意与人分享自己的故事。

三、试讲流程

（一）照应前文,明确任务

同学们,我们已经学过了《猎人海力布》。在《猎人海力布》里我们学到了哪种创造性复述的方法? 对,用故事中人物的口吻来讲故事。今天,我们就要在《牛郎织女（一）》中学习另一种新的创造性复述的方法。(板书:创造性)

（二）检查预习,梳理故事

1.反馈预学
课前我们已经预习了这个长长的故事,并完成了一份预学检测单,这是预习单上统计出来的你们觉得较难认的词语:

牛虻、筛草、稀罕、落在后边

自己先读一读,请小老师来领读一下。

2.梳理故事
既然课前都已经读过课文了,那这个长长的民间故事到底讲了一件什么事? 让我们借助"故事情节图"（如图 12-11 所示）先来理一理,完成学习单的第 1 题。

> 试讲开始,先呼应学过的知识,从《猎人海力布》的"以故事中角色的口吻复述"过渡到新的方法,明确今天的学习任务。

> 字词教学从学生的难点中来,快速解决;以情节图高效梳理课文主要内容,并复习简要复述。这样处理干脆利落。

197

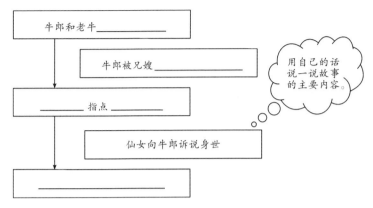

图12-11　故事情节图

这是第一个同学写的,第三句写的是"老牛指点牛郎",和他写得不一样的举手。你是怎么写的? 你写的是"老牛指点牛郎去湖边找仙女",加上这些字好在哪? 是的,这样表述更为准确,情节也更清晰。

这是第二个同学写的。咱们一起读:牛郎和老牛朝夕相处,牛郎被兄嫂赶出家门,老牛指点牛郎找仙女,仙女向牛郎述说身世,牛郎与织女结为夫妻。真了不起,语言简洁、准确。我们照着他的样子用不同颜色的笔修改。

现在谁愿意看着这张图来讲讲这个故事? 是啊,我们抓住"谁干什么"就把故事情节说清楚了。

(三)以文为例,补充创造

了解了故事内容,我们再来看看这个故事的男主人公——牛郎。牛郎,牛郎,他真的姓牛么?

是呀,原本他是没有名字的,因为他每天放牛,大家才叫他牛郎的。

1.通过品读"照顾"情节

老牛就是牛郎最好的伙伴,那牛郎是怎么照顾老牛的呢?

用一个词来概括,那就是——周到。

自由读一读第3自然段,找一找牛郎为牛做的事。完成学习单上(如图12-12所示)的填空。

以"照看周到"为例,在"分享故事"中自然习得"补情节"的创造性复述方法,把学习和运用融为一体。试讲时要注意,表演"牛郎"和"老牛"时要生动自然,体态语言要符合"老牛"的身份。

图12-12 《牛郎织女(一)》学习单

你的字最端正,你来分享。原来牛郎为老牛做了这么多事,挑草地、筛干草、刷牛身、扫牛棚、赶牛虻,夏天天气热就在树林里休息,冬天天气冷就在山坡上晒太阳。

这一自然段举了8个事例,具体体现了牛郎照顾老牛的周到。

2.通过想象补充情节

那老牛对牛郎又如何呢? 接下来我们看第4自然段,它写的是什么内容?

对,文中说"也只有老牛愿意听牛郎的诉说"。

那有具体告诉我们诉说的内容吗?

你找得很准:他常常把看见的、听见的事告诉牛,有时候跟它商量一些事。

牛郎会和老牛分享些什么呢?

现在我是牛郎,你们做牛:老牛啊老牛,明天我们再去那嫩嫩的草地吃饭好吗? 哎,你这老牛回应我一下啊! 对,你要对我点点头,摇摇尾巴,来蹭蹭我的身子,真是聪明的老牛啊!(教师饰牛郎走动询问,学生假装做牛的反应。)

——老牛啊老牛,明天我们多走两步,去小溪的上游喝水好吗? (教师饰牛郎走动询问,学生假装做牛的反应。)

——老牛啊老牛,我唱首歌给你听吧?(教师饰牛郎走动询问,学生假装做牛的反应。)

——老牛啊老牛,我们去看邻居家办喜事好吗?(教师饰牛郎走动询问,学生假装做牛的反应。)

这些都是牛郎和老牛在商量事,那他们还会分享哪些看到的、听到的或者商量的事呢? 请模仿第3自然段把简略的情节说具体,完成如图12-13所示思维导图的填空。

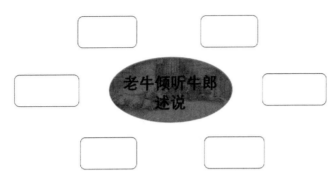

图12-13 《牛郎织女(一)》思维导图

3.通过表演丰富情节

把你的想法写在卡纸上,贴到黑板上。(粉色卡纸代表高兴;灰色卡纸代表难过。)

看着这些不同颜色的板贴,你有没有什么发现? 是啊,牛郎把高兴的、不高兴的都和老牛分享,这就叫"一五一十"。

现在你们是牛郎,老师是老牛,我走到哪,哪里的牛郎就和我分享哦。

这个牛郎说——老牛啊老牛,我有点想念我的父母了,那时候还有人关心我。(教师假装做牛蹭脸的动作)

(走到另一名学生身边)——老牛啊老牛,以后我成家了,我让我的同学们天天带你去吃嫩草。(教师假装做牛高兴地抬蹄子的动作。)

请这位女牛郎——老牛啊老牛,如果兄嫂能对我好一点,那该多好呀!(教师假装做牛露出同情的表情。)

刚才我们的互相分享就是创造性复述的又一种方法——补情节。(板书:补情节)

(四)对比发现,细化创造

1.借助表格,学习细化

同样的情节又可以有不同的说法,请看表12-1。

通过对比,激发思维,感受"添细节"的创造性复述方法,并在师生合作中自然感知绘声绘色的表演更是复述故事的好方法。

表12-1 同样的情节可以有不同的说法

一	二	三
观喜事	牛郎告诉老牛,他看到邻居家的孩子娶媳妇了。	牛郎摸了摸老牛的脖子,望着远方,满脸羡慕,"老牛啊,昨天邻居家的孩子娶媳妇了,妻子骑在马上,邻居的孩子牵着马儿走在前面,那大红花一跳一跳的可真好看。"

你喜欢哪种?说说你的理由。原来,我们给情节添上细节,故事就会更生动。(板书:添细节)

哪个同学愿意上台帮老师一起来讲这故事?你来演牛郎,教师演老牛。交换表演。

其实我们已经在不知不觉中完成高级复述了,那就是边说边演。

2.选择情节,表演细化

现在请选择你喜欢的一个情节,给它补补细节,以四人小组为单位,一人演牛郎,一人演老牛,两人做听众,之后交换表演。

评价标准为:

★声音洪亮,举止大方;

★自然流畅,动作协调;

★代入情感,声情并茂。

请一个小组来展示,其他同学举手指打分。

多么不可思议的老牛啊,居然能和牛郎心意相通,文中还有哪些不可思议的地方呢?我们下节课再来感受。

(五)鼓励复述,呼应单元

老师欣喜地发现我们班的同学不仅敢讲故事了,还会讲生动的故事了,一个个都创造了属于自己的《牛郎织女》,为你们点赞。回去后把你们创造的不可思议的故事分享给父母听吧!

最后向大家推荐一本书,《中国民间故事》,到时候我们要开个民间故事会,比比谁能把故事讲得更生动,更吸引人。

鼓励学生乐于分享故事,并推荐书目,与"口语交际"和"快乐读书吧"相呼应,不失为一种很好的拓展方式。

四、板书设计

《牛郎织女(一)》板书设计,如图12-14所示。

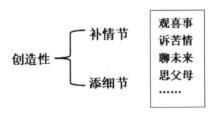

图12-14 《牛郎织女(一)》板书设计

第八节 议论文《为人民服务》第一课时试讲

试讲时间:10分钟

一、教材解析

《为人民服务》是《义务教育教科书语文六年级下册》第12篇课文。第四单元的主题是"牢记先辈与英雄",共安排了《古诗三首》《十六年前的回忆》《为人民服务》《董存瑞舍身炸暗堡》四篇课文,从不同角度去追忆革命先辈的感人事迹,展现他们共同的理想信念与高尚情操,教学旨在引导学生将先辈的光荣传统发扬光大。

《为人民服务》是毛泽东主席于1944年9月8日在张思德同志的追悼会上所作的演讲稿。这篇演讲稿属于议论文范畴,文章论点清晰明确,论述细致缜密,层层深入。语言通俗明了,自然朴实。文章开篇即提出了中国共产党及由其领导的八路军、新四军的宗旨——为人民服务;接着结合当前的实际,从三方面说明如何为人民服务:一是树立"为人民利益而死,就比泰山还重"的生死观;二是正确对待批评,为人民利益坚持好的,改正错误的;三是搞好团结、克服困难等,使人民团结起来。本课的重点是理清文章的思路,了解文章是如何围绕核心论点展开论述的。难点是理解一些意义深刻的句子,以及厘清复杂句子之间的关系。

六年级的学生虽然已经具备一定的阅读能力和搜集资料的能力,但是这篇议论文对学生来说有难度,难在对文章的剖析理解不够深刻。因此,在教学本文时主要采取小组合作、多形式朗读等方法,让学生发挥主观能动性,培养他们分析文章的能力。

二、试讲目标

(1)认识"泰、标"等9个生字,会读多音字"剥、削、兴",会写"泰、葬"。运用查字典的方法,理解并区别多音字的不同字义。

(2)通过多形式的朗读,借助思维导图、圈画等方法梳理课文内容要点,厘清课文的思路,明晰议论文"围绕观点分层论述"的特点。学习课文第1、2自然段,明确演讲稿的主要观点,重点研读第2自然段"如何正确看待生死"。

(3)能按要求梳理信息,结合具体事例,理解重点语句的意思,体会"为人民服务"的内涵。

三、试讲流程

(一)观阅兵亮"服务",未成曲调先有情

1.观阅兵

同学们,你看过国庆阅兵吗?咱们一起来回顾一下。

(视频播放阅兵式)这是1949年的阅兵,这是2019年的阅兵,三军列阵,你听到最多的一句话是什么?大家一起回答我:为人民服务!(板书)

2.析背景

那你知道这句话的来历吗?课前我们都查阅了资料,制作了资料卡,请大家拿出资料卡一起来分享一下。

请你说。是的,《为人民服务》是毛泽东主席于1944年9月8日在张思德同志的追悼会上所作的演讲稿。

你补充。当时抗日战争正处于十分艰难的阶段,毛主席针对这一情况,讲述为人民服务的道理,号召大家团结一致,打败日本侵略者。

看来大家都是有备而来,感谢大家的分享。

3.揭文题

"为人民服务"的口号已经历了70多年风风雨雨,这五个字深入人心。今天,我们就一起走进《为人民服务》这篇议论文,(板书:

落实本单元语文要素"查阅相关资料,加深对课文的理解",引导学生观看阅兵视频,初步感知"为人民服务",交流课前查阅的人物和历史背景资料,初步感受革命人的人生观,同时也巧妙揭示这是一篇议论文,明确告知可以从"论点、论据、论证"来学习议论文。

203

议论文)让我们一起响亮而整齐地读课文题目:为人民服务!

议论文就是围绕一个主要观点摆事实讲道理找到论据,论证自己观点的正确。(板书:观点 论据 论证)

(二)扫字词触"服务",核心观点立眼前

1.初读课文,明确学习任务一

现在请同学们自由朗读课文,完成第一个学习任务:

> (1)自由朗读课文,读准字音,读通句子。
> (2)想一想课文的主要观点是什么?

2.认读字词,扫清文字障碍

先检查一下字词预习情况,请开火车读:

剥削　兴旺　牺牲　目标　泰山　批评　送葬　炊事员

"葬、炊"二字部分同学读音有错误,"葬"是平舌音,"炊"是翘舌音,我们再将"送葬、炊事员"这两个词一起来读一读。

这里还有两个多音字,"剥削"的"削",还念?组个词——削土豆;"兴旺"的"兴",还念?组个词——高兴。据义定音,不难。

那你觉得哪几个字比较难写呢?请你说。你提醒得很好,跟老师一起书空:葬。"死"字书写略扁,注意笔顺。"泰"字底下不是"水"。请完成《语文作业本》第1题"葬、泰"两字的书写。

扫清了字词障碍,通读了全文,你找到了文章的主要观点了吗?是的,课文题目就是作者的观点,他如何解释这5个大字?读读第1自然段,圈出你认为最重要的词。

3.抓住重点,感悟"为人民服务"

请你说。找得很准,就是"完全、彻底"。咱们一起读这段话:

我们的共产党和共产党所领导的八路军、新四军,是革命的队伍。我们这个队伍完全是为着解放人民的,是彻底地为人民的利益工作的。张思德同志就是我们这个队伍中的一个同志。

删去"完全、彻底",可以吗?张思德同志是如何做到"完全、彻底"地为人民服务的?请你说说他的事迹。

他为了救战友牺牲了自己,献出了年仅29岁的生命。这就是"完全、彻底"地为人民服务。

通过扫清文字障碍,让学生更好地读通课文。自读第1自然段,圈画体现观点的语句,了解毛主席开门见山亮出观点的方法。通过对比阅读体会"完全、彻底"表情达意的效果,借助之前的阅读经验让学生感受共产党人为人民服务的宗旨。

（三）深研读探"服务"，四个方面绕核心

完成学习任务二。那课文围绕"为人民服务"讲了哪几个方面的意思呢？请完成《语文作业本》上的思维导图。（学生圈画，教师巡视）

请你来汇报，（随机板书）第2自然段如何对待"死"，第3自然段如何对待"批评"，第4自然段如何面对"困难"，第5自然段如何对待"死去的同志"。具体情况如图12-15所示。

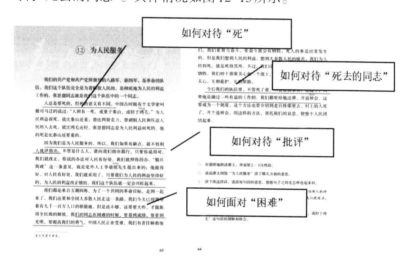

图12-15　《为人民服务》汇报提示

议论文的每一段话都会体现要点或重点，大多会出现在每一段的开头或者结尾。毛主席就是从这四个方面论证自己的观点的。（指着板书说）

（四）深入理解"正确看待生死"

接下来，请大家默读课文第2自然段，思考毛主席是怎样来表达生死观的，用"～"画出相关语句，做好批注。

1.学习"引用"

请你回答。哦，死的意义不同。毛主席引用了司马迁的一句话"人固有一死，或重于泰山，或轻于鸿毛"，（师板书：引用）他是想告诉我们——人本来就是要死的，就是每个人死的价值有所不同，有的人死的比泰山还重，有的人死的比大雁的羽毛还轻。其实在

借助圈画的方法，依托思维导图，读懂每个自然段的内容，进一步厘清了课文的思路，明晰了议论文"围绕观点分层论述"的特点。

试讲这个部分的内容时，注意语气语调的铿锵有力和激情四溢。因为是演讲，要说服别人，还要在理解时发现毛主席是如何层层深入，引经据典，摆出事实，通过对比，强烈表达自己观点的。还可以播放当时的视频，让学生身临其境，学习毛主席的样子进行演讲，增强试讲的感染力。

几千年前，人们就在倡导这种精神了。

同学们，那你们还积累过哪些表示"死的意义"的诗句？生当作人杰，死亦为鬼雄……

2. 发现"对比"

你继续说。毛主席运用对比的手法，(师板书:对比)他说:"为人民利益而死，就比泰山还重；替法西斯卖力，替剥削人民和压迫人民的人去死，就比鸿毛还轻。"将两种完全不同的死法进行了鲜明的对比。

是呀，为人民利益而死，我们可以光荣地称之为"牺牲"，这样的人值得我们敬佩。相反，另一种死法却被众人唾弃。请你大声地读一读这一句，读出你的感情。

3. 找到"事例"

还有呢？请你补充。毛主席还通过举例子的方法，(师板书:举例子)指出"张思德同志是为人民利益而死的，他的死是比泰山还要重的。"

除了张思德同志，你还知道哪些人的死也是"比泰山还重"？

我们课后阅读链接中提及的周总理，英勇赴死的李大钊，在抗战中牺牲的郝副营长等等，他们的死——比泰山还重。

4. 指导朗读

现在请我们以演讲者的身份，向全体成员宣讲"如何看待生死"。要求:演讲者态度严肃，声音响亮，情绪饱满，可以适当增加一些肢体动作。

现在请你来演讲。(请学生)请你再来表明自己的观点。(请学生)

让我们铿锵有力地表明自己的观点，一起读读第2自然段:

人总是要死的，但死的意义有不同……

5. 小结学习

同学们，在第2自然段中毛主席是这样来清晰地阐述自己的观点的，(指着板书)一起读:引用名言、对比论证、举出事例。下节课我们继续感受毛主席这样的说理方式，有兴趣的同学还可以去看看另一篇议论文《真理诞生于一百个问号之后》，体会议论文的魅

对学生而言，论说类文章还不是小学阶段的主要学习任务，共计2篇文章，归类一起学习也未尝不可。

力。下课!

四、板书设计

《为人民服务》板书设计,如图12-16所示。

12、为人民服务

观点:为人民服务

论据:如何对待"死"　如何对待"批评"　如何对待"困难"　如何对待"死去的同志"
　　　　↓
　　　引用名言
论证
　　　对比论证

　　　举出事例

图12-16　《为人民服务》板书设计

第九节　寓言《自相矛盾》第一课时试讲

试讲时间:10分钟

一、教材解析

《自相矛盾》是《义务教育教科书语文五年级下册》第六单元的第1篇课文,选自《韩非子·难一》,主要讲了一个卖矛和盾的楚国人,同时夸耀自己的矛和盾,理由前后矛盾,不能自圆其说的故事,以此告诫人们说话办事要实事求是,不能言过其实,自相矛盾。

《义务教育语文课程标准(2022年版)》中第三学段识字与写字要求"有较强的独立识字能力,体会汉字蕴含的智慧",阅读与鉴赏中要求"能联系上下文和自己的积累,推想课文中有关词句的意思",同时,本课所在的第六单元是以"思维的火花"为主题,以"了解人物的思维过程,加深对课文内容的理解"为语文要素。因此,笔者把教学目标定位为:通过预习反馈、个别指导等方式,完成生字词的读写;通过联系上下文等方式理解较难理解的字,熟读成诵;探究楚人的思维过程,体会寓意,用自己的话讲述故事。

五年级学生学习文言文,已具备了一定的知识水平和学习能力,如借助注释、组词、查找资料、想象等理解课文内容等。学习这篇文言文时,学生对于"了解'其人弗能应也'

207

的原因,探究楚人以及路人的思维过程,从而知晓矛盾的内涵"这个环节有一定的认知困难,学生往往联系《自相矛盾》白话文故事大致了解故事内涵,教师再通过想象补白、思维导图等方式将隐性思维显性化,让学生清晰地了解楚人的思维过程,体会寓意。本课将从三个维度评价学生的学习效果:自主学习的程度,由自我评价作为主要评价手段;合作学习的效度,由同伴评价作为主要评价手段;探究学习的深度,由教师评价作为主要评价手段。

二、试讲目标

(1)通过预习反馈等方式,掌握"鬻"等难读字的读音,读准多音字"夫",会写"矛""盾"2个生字。

(2)通过联系上下文理解"誉"等难理解的字,采用合作朗读等多种朗读形式,正确、流利地朗读课文,背诵课文。

(3)探究楚人的思维过程,了解"其人弗能应也"的原因,体会寓意,并用自己的话讲述"自相矛盾"的故事。

三、试讲流程

(一)情境导入,初识"矛""盾"

1.情境导入

同学们,杭州要举办亚运会了(上课时间为2022年),各国友人都将齐聚杭州,传统文化故事宣讲员开始招募啦! 只要我们能讲好祖先流传下来的一个个充满思维火花的小故事,就都有机会成为合格的小小宣讲员。准备好了吗? 让我们重回春秋战国,开启思维之旅吧。

2.学习生字

你们看,这里有两个甲骨文,猜猜它们是什么字? 对啦,就是"矛""盾"。你能做手执矛盾的动作吗? 发现了吗? 矛用来进攻,盾用来防御。

这是需要书写的生字,注意"矛"不要漏撇,"盾"的下面是"目"。

借助杭州举办亚运会契机,创设"争做亚运会传统故事宣讲员"的情境,拉近文言文与五年级学生的距离,打破以往较为沉闷的古诗文学习氛围,充分调动学生的学习热情。

3.揭示文题

今天我们要讲好的第一个故事,就是和"矛盾"有关的寓言,齐读课文题目:自相矛盾。

(二)初读感知,浅谈"矛""盾"

1.初读课文

请同学们按照要求,自主学习,完成学习活动一:

> 学习活动一
> (1)读准字音,借助注音、注释把课文读正确;
> (2)用自己的话说一说这个故事。

2.反馈预习

现在老师来考考你们的预习情况。谁来给加点字选择正确的读音?

> 读句子,给加点字选择正确的读音,画上"√"
> (4)吾(wú wǔ)矛之利,于物无不陷也。
> (5)其人弗能应(yìng yīng)也。
> (6)夫(fú fū)不可陷之盾与无不陷之矛,不可同世而立。

这个"夫"字最容易读错,"夫"在文言文中放在句首,表示将发议论时读作fú。

这两个长句子比较难读,谁来示范一下?

或曰:"以子之矛陷子之盾,何如?"

夫不可陷之盾与无不陷之矛,不可同世而立。

老师给你们加上节奏线,再读一读:

或曰:"以/子之矛/陷/子之盾,何如?"

夫/不可陷之盾/与/无不陷之矛,不可/同世而立。

正所谓三分文章七分读,现在请和你的同桌读一读。老师与你们合作读。

书读百遍,其义自见。小小宣讲员们,现在你能用自己的话讲一讲这个故事吗?要求把故事讲清楚。试着讲给同桌听一听,再推荐一个同学大大方方地讲给全班同学听一听。

以学生的认知水平为教学起点,重点突破个别字词的认读和长句子的带节奏朗读,更符合第三学段课堂的教学特点。试讲时要注意增加长句子和全文的朗读次数,可将学生带读、学生个别读、小组赛读等形式相结合,确保每个学生都能读准确,读出节奏。

(三)深入文本,了解"矛""盾"

1.聚焦楚人语言,扮演夸耀"矛""盾"

同学们讲故事的基本功很扎实,能把故事讲清楚。从大家的讲述中,我们知道楚人正在——卖矛和盾,你们觉得他卖得——很起劲,哪里感受到的?

★学习"鬻"。哦,你抓住了这个"鬻"字,(PPT出现"鬻"字)上面是粥,下面是三角炊具,这个字的古意是粥,后来就表示卖。

★学习"誉"。在工具书中,"誉"有这三种意思:(1)名声;(2)称赞、赞美;(3)欢乐。你能联系上下文选一选它在文中的意思吗?联系上文,我们得知楚人在市场上卖自己的矛和盾,那么下文肯定在夸赞他的矛和盾。联系上下文理解字意真是学习文言文的好方法。(板贴:联系上下文)

楚人在集市上是如何鬻矛和盾的呢? 完成学习活动二:

学习活动二:扮演楚人,集市鬻矛盾

(1)思考,楚人(　　　)地誉矛与盾? 写在卡纸上,说明原因。

(2)小组内轮流演一演楚人,可自选道具。

来,把你们的卡纸贴到黑板上来。(指着黑板)

有的小组写的是"卖力"地誉,"热情"地誉。

有的小组写的是"夸大其词"地誉,"牛头不对马嘴"地誉,"前后矛盾"地誉。看来,"英雄所见不同"啊!

★首先请"自信地鬻"这个小组来汇报吧。从你们的汇报中,我们听出来了,楚人正在极力夸赞自己的矛和盾,这广告打得可真响亮啊!

★再请你们组,"夸大其词地誉",也来演一演吧。听着听着,我们不禁心中存有一丝疑惑:这么厉害的矛,遇到这么厉害的盾,会怎么样呢?

2.梳理路人思维,完成"矛盾"导图

不仅我们心存疑惑,一个路人也疑惑如此。我们一起把路人的疑惑梳理一下吧! 请同学们完成表12-2的填写。以子之矛陷子

从合作学习楚人的语言入手,初步感知楚人"鬻矛盾"的逻辑思维,再以"或"之惑切入,用思维导图梳理楚人言语的自相矛盾,让学生顿悟:不可陷之盾与无不陷之矛,不可同世而立。再链接《语文作业本》中的选择题,让学生明白"自相矛盾"的寓意。试讲时要步步递进,层层深入,不可操之过急。

之盾,究竟会出现几种可能呢?

表12-2　预测

	盾	矛
可能1	盾完好	
可能2		
可能3		
可能4		

小组讨论,组长负责记录。

讨论后,完成的表如表12-3所示。

表12-3　预测完成表

预测结果	盾	矛
可能1	盾完好	矛折
可能2	盾完好	矛完好
可能3	盾陷	矛折
可能4	盾陷	矛完好

这4种可能出现的现象可以分别得出什么结论? 把序号填入表12-4的括号中。

A　吾盾之坚,物莫能陷也。

B　吾矛之利,于物无不陷也。

表12-4　结论表

	盾	矛	结论
可能1	盾完好	矛折	矛质量不好,(B)不成立。
可能2	盾完好	矛完好	矛没有刺破盾,(B)不成立。
可能3	盾陷	矛折	矛和盾质量都不好,(AB)不成立。
可能4	盾陷	矛完好	盾质量不好,(A)不成立。

同学们,咱们一起来梳理一下这四种可能出现的结果:

盾好,矛折或不折,那么"吾矛之利,于物无不陷也"不成立;

盾陷,矛折或完好,那么"吾盾之坚,物莫能陷也"不成立;

如果两败俱伤,那么这两个观点,都不成立。

看着这个结论,谈谈你的感受。你说。你说。

是啊,楚人没想到自己说的话前后不一致,是有冲突的,所以他"弗能应也"。

咱们一起读:

或曰:"以子之矛陷子之盾,何如?"其人弗能应也。

3.想象楚人内心,了解"矛盾"内涵

如果你就是楚人,听了路人的话后,你会做何思考呢? 完成《语文作业本》第5大题的第2小题,如图12-17所示。

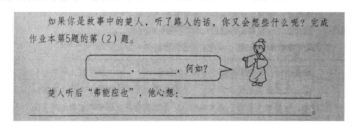

图12-17　完成习题

(请学生)他心想:坏了,坏了,牛皮吹过头了。

(请学生)还会想:哎,我这是"搬起石头砸自己的脚"呀!

此时,楚人才明白"无不陷之矛"与"不可陷之盾",不可同世而立。(板书:不可同世而立)这样的好事是不能同时存在的。

(2)咱们一起读:夫不可陷之盾与无不陷之矛,不可同世而立。

4.联系社会生活,链接"矛盾"行为

(1)我们的生活中,有没有自相矛盾的行为呢? 我们一起来完成《语文作业本》第6题。

(2)谁来反馈? 哦,第三个选项"网络与学习"是可以"同世而立",只要处理好他们之间的关系,都能促进学习,所以并不矛盾。

第一、第二个选项告诉我们,无论说话做事,都应前后呼应,实事求是,切不可言过其实呀!

(四)选择情境,讲演"矛""盾"

小小宣讲员们,同桌合作,选择一个情境,把这个有趣的小故事用自己的话绘声绘色地讲演出来吧!

以宣讲为始,以宣讲为终,完成课堂情境的闭环。在完成"用自己的话讲故事"的学习任务时,板块二只要求讲清楚,板块四要求在此基础上讲生动,有一个讲演程度的进阶。

学习活动三：选择情境，讲演故事

情境选择（以下情境皆以有翻译器等方式能帮助无障碍沟通为前提）：

（1）在河坊街偶遇一个外国小朋友，吵着妈妈讲关于中国的故事。

（2）在西湖边偶遇一位外国老爷爷，对中国文化特别感兴趣。

提示：选择一个情境，演一演，讲演时可以添加上人物的表情和动作哦！

你可以单独讲，也可以同桌合作，可以是原文，也可以用自己的话，还可以两者结合。

请这两组上来比拼吧！

讲得绘声绘色，还有动作表演，不愧是优秀的宣讲员，把掌声送给他们！

（五）拓展阅读，启迪思维

这则小古文选自《韩非子·难一》，《韩非子》一书中，还有许多寓言故事，比如《郑人买履》《买椟还珠》等，让我们好好去阅读韩非子的著作，作为小小宣讲员，我们要向国际友人传播更多的中华优秀文化哦。

课文情境创设完整，前后呼应。试讲者要有大局观，学一篇带一本，做好文化的传承与宣讲。

四、板书设计

《自相矛盾》板书设计，如图12-18所示。

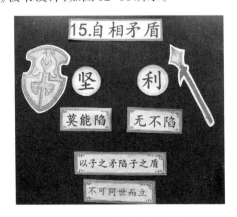

图12-18　《自相矛盾》板书设计

第十节　神话《普罗米修斯》第二课时试讲

试讲时间：12分钟

一、教材解析

《普罗米修斯》是《义务教育教科书语文四年级上册》第四单元的第3篇课文,改写自古希腊神话,讲述了人类因为没有火,生活非常悲惨,天神普罗米修斯为了帮助人类,勇敢地"盗"取火种,遭受了宙斯残酷的惩罚,他不屈不挠,后来得到大力神的救护,终于获得自由的故事。普罗米修斯是为民造福、不惜牺牲自己的精神典范。课文同时还塑造了有正义感的赫拉克勒斯,正义却怯懦的赫淮斯托斯,凶狠的宙斯等鲜明的人物形象。

这篇课文所在的第四单元围绕"神话故事"这一主题编排,人文要素是"神话,永久的魅力,人类童年时代飞腾的幻想",语文要素是"了解故事的起因、经过、结果,学习把握文章的主要内容"以及"展开想象,写一个故事"。根据单元语文要素,神话故事的特点有二,一是感受神奇的想象,二是体会鲜明的人物形象。

由于这篇课文是本单元第3篇课文,且已经完成了第一课时的教学,更侧重于第二条语文要素,所以本课在教学时,更多的是采取分享交流的方式。先师生合作,聚焦一个主要人物,让学生总结方法;再从扶到放,四人小组交流其他人物;最后以点带面,结合"快乐读书吧"的内容进行整本书的阅读教学,创建一个读书分享活动,让学生发散思维。

二、试讲目标

(1)通过师生合作、四人小组合作等形式,交流故事中触动自己的情节。

(2)通过抓关键词句,动作和语言的描写,感受鲜明的人物形象。

(3)结合"快乐读书吧",创建读书分享会,交流希腊神话中印象最深刻的人物,感受神话的魅力。

三、试讲流程

(一)前景回顾,概述主要内容

1.复习回顾

同学们,在上节课中,我们一起登上了古希腊最神奇的山脉奥林匹斯山,认识了奥林匹斯众神,你们还记得他们的名字吗? 谁来叫叫他们的名字? 请你读,其他同学跟读。(板贴众神姓名)

故事就是围绕这几个人物来展开的。上节课,我们已经梳理出这个故事的主要内容,完成了《语文作业本》的第5题。在第5题的旁边,有这样一个小泡泡,你来读一读里面的内容(如图12-19所示)。

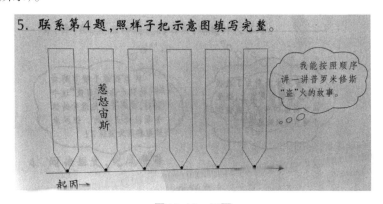

图 12-19　习题

2.按序讲述

小泡泡中有些什么要求? 是的,要按顺序,讲清故事。你来挑战一下吧! 很好! 你按照故事的起因、经过、结果的顺序,讲得很清楚。

谁还想来试一试? 不错! 这一说呀,故事给我们留下的印象就更深刻了。

(二)师生合作,聚焦普罗米修斯

1.自主学习

看来,同学们都喜欢这个故事。那么,你最喜欢故事里的谁

根据课后习题,第一部分采用了复习导入的方法,先让学生读好众神姓名,对第一课时的字词教学进行复习。再根据《义务教育教材语文作业本》的第5题紧扣本单元语文要素"了解故事的起因、经过、结果,学习把握文章的主要内容"来简要讲述故事,加深学生对故事的印象,具有单元整体意识,渗透学习方法。

呢?——普罗米修斯。老师跟大家一样,也非常喜欢普罗米修斯。那么在这个故事中,普罗米修斯的哪些故事情节,深深触动了你呢?请同学们再次打开课本,细细地默读课文,找到深深触动你的语句,用横线画一画,并圈一圈关键的词语,可以在旁边写一写你的感受。

2.分享交流

我们来分享交流一下。来,你先来。

(1)你找到的是这句:"普罗米修斯的双手和双脚……不向宙斯屈服。"你圈的关键词语是"锁"。是的,一个"锁"字,让我们感受到普罗米修斯被锁在高加索山上,还遭受风吹雨淋,真是太痛苦了!

(2)此时的普罗米修斯正在遭受惩罚和苦难,你还从哪些词或短语中感受到了? 是啊,一个"死死地锁",(师画三角形强调)让他全身动弹不得。如果把你的双手双脚锁起来,你是什么感觉?——没办法动弹,很难受。请你带着这种想象和感受,再读读这句话。从你的朗读中,我们感受到了普罗米修斯的痛苦。我们一起读。(生齐读)

(3)还有哪些同学也是找到了这句,想要补充? 真好,你抓住了"日夜"这个词语,是呀,普罗米修斯这样的痛苦,不是一天,也不是一夜,而是——日夜,这说明他承受的痛苦时间——很久很久,他真是太坚强了!(师画三角形强调)你体会得真深刻,也请你读一读。谁来评价一下他的朗读? 你评价得真贴切,特别是他读到"锁、日夜、风吹雨淋"这几个词语时,更让我们感受到普罗米修斯的痛苦了,带着这种想象和感受,一起读一读。(齐读)

(4)面对这些痛苦,普罗米修斯始终没有向宙斯屈服。读着这些话,你觉得普罗米修斯是一位怎样的天神? 是呀,坚强、勇敢、舍己为人……你们说得真好,请你们把这些词语写在词卡上并贴在黑板上。

3.小结学法

回顾一下刚才的学习,我们刚才是用了什么方法来分享交流的? 谁来说说。是的,默读课文,画画句子,圈圈关键词,再说说、

本环节聚焦于课文的主人公普罗米修斯,抓住三个关键的句子,重点抓一些关键的词语,通过想象画面体会普罗米修斯的痛苦和坚强不屈。在交流了第一个句子后,结合《语文作业本》提示泡泡内容,总结方法:先找关键句,再抓关键词,说一说感受。然后半扶半放,通过这样的方法继续交流。在学到描写普罗米修斯的句子时,创设几个情境,让学生通过多形式朗读来感受普罗米修斯的坚定和无私奉献,体会人物语言的魅力。

写写自己的感受。通过这样的学习,我们就对人物有了更深的理解和感悟。

4.深入交流

关于普罗米修斯,还有哪些地方触动了你呢?用上我们刚才的学习方法,谁来和我们分享一下?

(1)你来分享。你分享的是这一句:"狠心的宙斯……尽头。"你概括得很到位,他真是一个勇敢的神!(给词卡,贴)是呀,"凶恶的""尖利的"这样的词语深深刺痛了我们的心,请你带着这种感觉,再来好好地读一读吧。

(2)还有同学补充吗? 请你说。你抓住了重点,从"白天吃光了,晚上又长出来",普罗米修斯的痛苦没有尽头,即使这样,普罗米修斯还是——不肯屈服,他真是太伟大了!(给词卡,贴)

一年过去了,十年过去了,一百年过去了,普罗米修斯一直被——锁在那个可怕的悬崖上。人们也不知道他究竟被锁了多少年,所以作者只能这样写道——(生齐读)许多年。(师画三角形强调)同学们,让我们一起朗读,来帮这位伟大的天神分担一丝痛苦吧!

普罗米修斯还有哪些言行深深触动了你?

(3)你找到了这句:"为人类造福,有什么错?"你从"绝不、更不"这两个词语中体会到了普罗米修斯的坚定。请你带着坚定的语气再来读一读。从你的朗读中,我感受到了一股坚定的力量。我们一起读。

(4)还有同学补充吗? 同学们都发现了普罗米修斯说的第一句话是反问句,反问句加强了他拯救人类的那种坚决的态度。其实"为人类造福,有什么错?"这句话的意思就是——为人类造福,没有错。是的,这一反问,更让我们感受到——普罗米修斯的决心,感受到他对人们的——爱和无私奉献。(写在词卡上)整个故事中普罗米修斯虽然只说了这一句话,却异常有力量,这就是语言的魅力。(板书:语言)(音乐起)

请你读:面对沉重的铁链,他说——

请女生读:面对悬崖绝壁,他喊道——

普罗米修斯的言行举止还有许多地方值得细细品味。如果试讲时间充裕可以再回到前文普罗米修斯盗取火种的情节。从"决心""冒着生命危险"中体会普罗米修斯盗火是非常危险的事,但是他依然为了人类去盗火,表现了普罗米修斯的善良,对人类的同情和奉献精神。太阳车"飞驰"说明速度很快,体现出普罗米修斯盗火的艰难。"喷射火焰"可以看出火焰很猛很大,面对这样的危险,普罗米修斯依然冒着生命危险,体现出他的勇敢,为民造福的决心。这些细节对人物塑造起了作用。

再请男生读:面对烈日暴雨,他呐喊——

我们一起读:面对鹫鹰的啄食,他不屈地呐喊——

(三)小组交流,体会人物形象

除了普罗米修斯,文中的其他几个人物也请大家来评说评说。现在请同学们四人小组内交流讨论。

你们小组第一个来汇报。你们讨论的是赫拉克勒斯。你们体会得真到位,看到普罗米修斯遭受苦难,别人都怕,但大力士却勇敢地救下了他,请写在词卡上。(词卡贴:勇敢)大力士是怎么救的?请同学们圈一圈大力士的动作——"挽""搭""射""砸"。这一连串的动作毫不犹豫,让我们看到了一个怎么样的赫拉克勒斯?有力量、有正义感、敢作敢为。(生写板贴)通过这一连串的人物动作,我们可以体会到赫拉克勒斯不仅力气大,还非常有正义感。(板书:动作)

还有小组想分享吗?请你们小组来分享一下。你们分享的是火神赫淮斯托斯。你真会学习,抓住了关键词"敬佩",火神很有正义感,因为他觉得普罗米修斯没有错,他也不认可宙斯严厉的做法。小组成员还有补充吗?是呀,从"悄悄""不敢违抗",可以看出他虽然有正义感,但是很懦弱。相比之下,赫拉克勒斯就显得敢作敢当!

还有其他分享吗?你们小组来说一说。真好,你还从"气急败坏"这个词语联想到了宙斯得知普罗米修斯从天上取走火种后暴跳如雷的样子。还有人补充吗?是的,"最严厉""立即执行"突出了宙斯的霸道、专制和冷酷无情。

读着读着,扣人心弦的故事和鲜明的人物形象,就在我们的脑海中留下了深刻的印象。(回顾板书)这就是神话故事的一大特点。(板贴:鲜明的人物形象)

(四)延伸拓展,交流印象深刻的人物

1.深度思考

走出故事,让我们再想一想,如果不是赫拉克勒斯解救普罗米

这一部分就放手让学生以四人小组合作交流汇报的形式来感受其他的人物形象。通过抓"挽""搭""射""砸"一系列动作体会赫拉克勒斯的人物形象。通过抓"敬佩""悄悄""不敢违抗"等体会赫淮斯托斯正义却懦弱的特点。通过抓"气急败坏""最严厉的惩罚""立即执行"等感受宙斯的霸道、专制和冷酷无情。把这些人物印象写在词卡上贴起来,最后再回顾板书进行小结。课堂由扶到放,还检测了学生的学习情况。

首先结合学习过的三年级上册的预测单元设置了一个思考题,如果不是赫拉克勒斯解救普罗米修斯,你认为普罗米修斯会获得解救吗?主要目的就是让学生在感受了人物鲜明的形象之后,思考背后的人文

修斯,你认为普罗米修斯会获得解救吗?你来说。是呀,他还是会获得解救,因为其他正义的神会解救他。还有谁会解救他呢?你来说。是呀,被他救助过的人类会齐心协力解救他。因为普罗米修的爱与正义,终会感动所有人,爱是相互的。也许还有无数种可能,这就是神话故事的魅力。

2. 链接书本

这个月我们一起读了《希腊神话》这本书,文中提到的人物还出现在了其他故事中,一定给你留下了不一样的印象,谁来和我们分享一下?如果你能带上小报或思维导图就更好了。

通过你的分享我们发现了原来赫拉克勒斯这个大英雄也有鲁莽、残暴的缺点,你学会多角度地看待一个人物,感谢你的分享。

还有同学想分享吗?同学们看,原来天神宙斯也并非全是缺点,作为众神之首,天下之主,他也有许多无奈,许多可取之处,我们要一分为二地看待这些人物。

3. 课后小结

神话,永久的魅力,人类童年时代飞腾的幻想。课后我们一起继续读神话故事,感受神话中神奇的想象和鲜明的人物形象,体味中外文化之魅力!

四、板书设计

《普罗米修斯》板书设计,如图12-20所示。

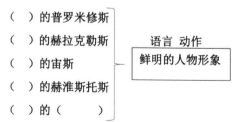

图 12-20 《普罗米修斯》板书设计

价值,让学生懂得人心向善的道理。哪怕他说的是普罗米修斯最后不会获救,从悲剧的审美艺术角度来看,普罗米修斯身死,爱却永存,这样的结局其实也能让学生感受到舍己为人和无私奉献的精神。

结合"交流平台"与"快乐读书吧"内容,进行整本书阅读,分享交流古希腊神话中印象深刻的人物与情节。孩子在阅读过程中其实可以感受到古希腊神话中的神更像人,他们有喜怒哀乐、有优点也有缺点,比如宙斯,等等。通过这次读书分享让他们从课文中的扁平人物形象发散到立体人物形象中去。最后也可以让学生进行比较阅读,对比中外神话,谈谈自己的发现。

第十三章　同课异构试讲举例

>>>

第一节　三年级下册阅读课《海底世界》第一课时试讲

案例一　试讲时间:8分钟

一、教材解析

《海底世界》是《义务教育教科书语文三年级下册》第23篇课文,语言通俗易懂、生动有趣,从海底的宁静、声音、动物、植物以及矿产五个方面向读者展示了海底世界奇异的景色和丰富的物产。课文整体结构清晰,采用总分总结构,而且中间分述部分的每一个段落都是围绕一个意思来写的。

本课教学应围绕课后习题中的前3个问题展开。结合课后练习第1题,先整体感知课文内容,了解课文是从哪几个方面介绍海底世界的。通过课前调研,发现对海底动物感兴趣的学生人数最多。因此,本课教学时主要聚焦课文第4自然段,聚焦课后第2题的第一个句子,提炼活动方法、活动特点及发现列数字、作比较、拟人等方法。最后尝试仿写、学习运用,为本单元的习作奠定基础。

三年级的学生已具备初步的默读和理解能力,可以通过课前预学、课堂反馈,明晰文本结构的方法。同桌合作,提取关键词交流;深入感悟把海底动物活动方法写清楚的写法,如运用视频帮助学生理解"肌肉伸缩运动";读演结合理解"反推力";采用对比的方式,引导学生体会表达的生动及趣味性,并朗读积累。四人小组合作,提供丰富的素材和视频资料,评写结合提升表达力。

二、试讲目标

(1)认识"窃、私"等10个生字,读准多音字"差",以及"储量、窃窃私语"等容易读错的词。

(2)正确、流利地朗读课文,通过抓关键句说出课文是从哪儿让我们感受到景色奇异和物产丰富的。

(3)聚焦第4自然段,学习把动物活动方法写清楚的写法,仿写其他海洋动物的活动。

三、试讲流程

(一)结合预习,情境导入

1.情境导入,激发兴趣

嗨,同学们好！我是福瑞斯老师,欢迎来到我的神奇校车。今天,我们要去探索的地方是神奇的——海底世界。(板贴课文题目并齐读。)

通过“神奇校车”的故事情境引导学生带着好奇心进入海底世界,激发学习兴趣,营造轻松的学习氛围。

2.预习反馈,学习字词

准备好了吗？我们出发啰！出发之前,同学们都做了攻略,这是大家认为比较难读、难认的词语,(课件出示:储量 金属 窃窃私语 差异)谁来读？你来。你再试试。你们把这里的“储、属、差”翘舌音读得真准确,大家学着她的样子一起读一读。

基于学生的学习起点,结合课前预习单的反馈,学习两组词语,引导学生发现词语的构词特点和差异,巧用句子将字词进行拓展运用。

“窃窃私语”是什么意思呢？请你说。是的,我听得到,你听得到,他听不到,这就是“窃窃私语”。

这是“差”在字典里的意思,(课件出示,如图13-1所示)你能根据这个意义来选选读音吗？

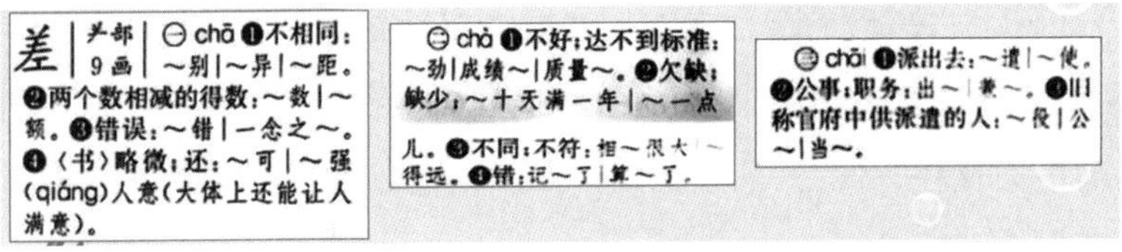
差 丷部 9画 ㊀chā ❶不相同:~别|~异|~距。❷两个数相减的得数:~数|~额。❸错误:~错|一念之~。❹〈书〉略微;还:~可|~强(qiáng)人意(大体上还能让人满意)。

㊁chà ❶不好;达不到标准:~劲|成绩~|质量~。❷欠缺;缺少:~十天满一年|~一点儿。❸不同;不符:相~很大|~得远。❹错:记~了|算~了。

㊂chāi ❶派出去:~遣|~使。❷公事;职务:出~|兼~。❸旧称官府中供派遣的人:~役|公~|当~。

图13-1 字典里的解释

请你来选。爸爸出差(chāi)回来了,差(chà)不多7点到站。小明打算去接爸爸,在离火车到站相差(chā)十分钟的时候迎接。同学们和他选择的一样吗？非常好。

(二)总览全文,厘清结构

1.初读课文,找出中心句

在去一个陌生的地方之前,我们首先要对这个地方有一定的了解,请同学们自由读课文,注意读准字音,读通句子,想一想,海底世界给我们留下了什么印象,请用横线画出课文中的句子。

海底世界给我们留下了什么印象? 谁来汇报一下?

请你说。你找到了这一句,咱们一起读:

海底真是个景色奇异、物产丰富的世界。

是的,这篇课文就是围绕着景色奇异、物产丰富来写的。(板贴)

2.再读课文,完成练习

课文是从哪几个方面介绍海底世界的呢?(板贴:几方面)请打开《语文作业本》,完成第4题。

一起来看第2自然段和第3自然段,这两个小朋友的看法不一样,第一个同学写的是"海面上波涛澎湃的时候,海底依然很宁静",第二个同学写的是"海底依然很宁静",你们更喜欢谁的呢?

是的,他们分别用了"直接摘录"和"概括"的方法,在第四单元的时候我们已经学过了这两种方法,如果能把"依然"去掉,那就更简洁。

课文就是通过这五个方面来把海底世界写清楚的。(板贴:宁静　声音　动物　植物　能源)

当我们要分析从哪几个方面来写事物的时候,可以按顺序找自然段,然后找出关键句,运用摘录法或概括法,之后提取信息。

(二)聚焦段落,感悟表达

1.布置任务,自主学习

课前,同学们都对海底的动物特别感兴趣,现在,请跟随福瑞斯老师的神奇校车一起去探索吧! 看我们的学习锦囊:

(1)读:默读第4自然段。

(2)画:画一画写了几种动物以及每种动物的活动方式。

(3)说:选择你最感兴趣的海底动物与同桌交流。

2.问题探究,互动交流

(1)反馈五种动物的活动方法。

谁愿意来说说你找到的动物呀? 是的,有海参、梭子鱼、乌贼、章鱼和贝类共5种。他们有的爬,有的游,有的后退,还有的巴住不放! 真是各有各的活动方式呀! 谁愿意来分享一下自己喜欢的动

通过抓关键句来整体感知课文内容,提升思维敏捷性。

此环节紧扣单元要素展开,结合预习单反馈直面难点,引导学生从整体入手,学习交流抓关键信息概括段落的方法。

物呢?

(2)提取关键词,随机交流。

预设一:海参靠肌肉伸缩爬行,每小时只能前进四米。

(交流感受)哇,小海参来了! 你是用肌肉伸缩来爬行的呀。人走四米要多长时间呀? 是的,几秒钟。海参却要用——1小时,可真慢呀!

带着这样的感受,你来读。你让我看到了一只慢悠悠的海参。大家一起读。哇,一群懒懒的海参。

预设二:有一种鱼身体像梭子,每小时能游几十千米,攻击其他动物的时候,比普通的火车还快。

(学生交流)瞧,梭子鱼来了! 游得好快呀! 你从哪里看出来的? 几十千米,把数字一列,和普通火车一比,就把梭子鱼游得快的活动方式写清楚了。

男女生合作读一读,男生当海参,女生当梭子鱼。从你们的朗读中,我仿佛看到了懒洋洋的海参,急匆匆的梭子鱼。

预设三:乌贼和章鱼能突然向前方喷水,利用水的反推力迅速后退。

(动作理解反推力)你们想表演乌贼和章鱼呀? 大家欢迎! 真好,原来它们是利用水的反推力迅速后退着行动的呀!(做后退动作)它们的活动方式可真是与众不同啊! 咱们一起表演着读读这一句。

预设四:还有些贝类自己不动,却能巴在轮船底下做免费的长途旅行。

(朗读交流,演一演"巴")还有些贝类自己不动,却能巴在轮船底下进行免费的长途旅行。那怎么才能获得这优越的待遇呢? 是的,要"巴"住。你们觉得这是"巴"吗?(师做双手摸着桌面的动作)那你们来试试。现在你们的桌子就是船,你来"巴一巴"。你巴得真牢呀,老师扯都扯不下来呢! 是的,多聪明的贝壳,多开心的旅行呀! 我们一起开心地读一读吧!

(作业反馈)读着读着,《语文作业本》的这道题(如图13-2所示),一定难不倒你。

> (2)画"___"句子中的加点部分写得真好,因为它(   )。
> (填序号)
> ①写出有些贝类自己不会动,只能靠轮船前行。
> ②把贝类当作人来写,写出它们很聪明,能借助轮船节省
> 自己的力气。

图13-2 习题截图

是的,把贝类当作人来写,这就是拟人的写法,(板贴:拟人)写出它们很聪明,能借助轮船节省自己的力气,就这样把这些贝类有趣的活动方式写清楚了。

(小结)作者用上"列数字""把它当作人来写""和其他事物比较"等方法,把海底动物的活动方式写清楚了。

(四)迁移运用,以评促学

1.视频导入,激发兴趣

还有很多海洋动物活动方法也很有意思呢!请大家仔细欣赏。(播放海底动物活动的视频)

你看到了什么?哦,看到水母举着小伞在运动。你呢?是呀,大海龟四条腿划着水,很悠闲。还有鲸鱼、海马、鲨鱼等等,他们的活动方式也是各有不同。

2.合作学习,互评互改

有了视觉上的体验,快来动笔记录下来吧!老师给大家带来了学习锦囊——四人小组合作仿写。明确写话要求:每组选择四种海底动物,每人各写一种;从几个方面把活动方式写清楚;写完后小组交流,合作修改,并贴在学习单上,组合成一段话。

(展示小组写话成果,对照评价单点评:

★围绕动物的活动方式;

★★从几个方面写动物的活动方式;

★★★能把活动方式写清楚。)

我们先来看看这个小组的写话成果,对照这张评价表来评一评哦!能够围绕动物各有各的活动方法来写,并且写得很清楚,三颗星!

这个小组语言非常生动有趣,用上"几种动物间比较""把它当作人来写"等方法把动物的活动方式写得特别清楚!你们都是评价小能手!现在学着这一组的样子,试着修改自己的小练笔吧!

(五)总结回顾,感受奇妙

今天和福瑞斯老师一起游览了海底,知道了作者通过五个方

本环节紧扣"活动方法",通过语句感受作者是如何来描写海底世界五类动物的活动方法的,体会句子表达中"举例子、比较、拟人"等方法,为下一步的仿写语言训练做好铺垫。

在学习作者如何写好动物活动方法的基础上,本环节为学生搭建运用平台。结合构段的方法,运用拟人的手法来完成写话练习。从读到写,通过层层递进的一系列语文学习活动,唤醒学生已有的语言积累,提高学生的思维能力与表达能力。

面来把海底世界写清楚。我们还重点研究了动物们的活动方式，发现了把动物活动写清楚的奥秘，让我们不由得感叹：海底真是个景色奇异、物产丰富的世界！

最后，回归本次"神奇校车"之旅，激发学生对阅读的期待。

四、板书设计

《海底世界》板书设计1，如图13-3所示。

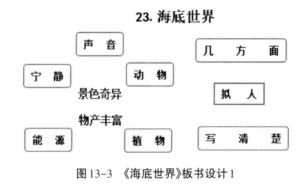

图13-3 《海底世界》板书设计1

案例二 试讲时间：8分钟

一、教材解析

统编语文教材以双线组织单元，加强单元整合。从三年级开始，在每个单元导语中明确语文要素，并在课文中落实语文要素、贯穿方法的学习与运用。

本单元语文要素是"了解课文是从哪几个方面把事物写清楚的"。这是对本册第三单元"了解课文是怎么围绕一个意思把一段话写清楚的"的提升。

《海底世界》是一篇介绍海底的科普知识性课文，结构清晰，从海底很宁静、有声音、动物活动、植物差异很大、矿产丰富五个方面介绍了海底世界奇异的景色和丰富的物产。教学时考虑本单元人文主题是"我们奇妙的世界"，因此可将整个单元的学习当作一场奇妙的旅行，通过创设大情境激发学生学习内驱力。在畅游海底世界过程中，通过潜水情境来学习和理解新词，以继续游览海底深处来提取课文信息,了解课文是从哪几个方面把事物写清楚的,以争当讲解员的形式来将海底世界的内容介绍清楚,全程情境的创设与任务巧妙融合。在设计任务时,将文本阅读与自主合作探究相结合,对于简单的问题,组内互助解决,遇到分歧时,师生共同探讨。在小组合作时,提前告知评价标准,开展自我评价和相互评价,且教师对同伴评价进行再评价。

二、试讲目标

(1)根据潜水情境会认"窃、私"等11个生字,会写"宁"等生字,知道在书写笔画较少的生字时,要把笔画写得舒展一些。

(2)借助关键语句,梳理文章结构,理清课文是从哪几方面介绍海底世界的。

(3)小组合作学习,多种形式朗读品味语言文字,读懂第2、3自然段是如何围绕一个意思写清楚的,从而了解海底世界景色奇异,物产丰富。

三、试讲流程

(一)创设情境,揭示文题

同学们,我们这个世界非常奇妙。上一站,我们已经欣赏了天空和大地的珍藏。今天这一站我们就去游一游海底世界吧!(板贴课文题目)齐读课文题目。

跟老师一起,穿上潜水衣,戴上护目镜,别忘了背上氧气瓶哦,准备好了吗?跳!哇,你看到了什么?这是——海参,它是靠肌肉伸缩爬行的。它是谁?章鱼。它呢?乌贼。章鱼和乌贼是靠反推力前进的,看,这就是反推力。(播放视频)

咱们继续往下潜,刚才海面还是——波涛澎湃,越往下就很——宁静了。跟着老师一起写一写"宁",写笔画较少的字时,要把笔画写舒展些。你也试着写一写。

> 创设情境带领学生们进入海底世界,一边游一边看,顺便学习相关生字词,很是有趣。学写"宁"字,结合《语文作业本》和"语文园地"的书写提示,让学生注意笔画较少的字和笔画较多的字在书写时的区别。

(二)巧借导图,梳理文脉

1.布置任务

潜水员们,刚才在大海里游览了一番,想不想去大海深处看看？那赶快打开《语文作业本》,小组合作学习,讨论完成图13-4。

4.课文是从哪几个方面介绍海底世界的? 填一填。

```
┌───────────────────────┐
│                       │
└───────────────────────┘
┌───────────────────────┐
│                       │
└───────────────────────┘
┌───────────────────────┐
│                       │
└───────────────────────┘
┌───────────────────────┐
│                       │
└───────────────────────┘
┌───────────────────────┐
│ 海底蕴藏着丰富的能源    │
└───────────────────────┘
```

┌───────────────────────┐
│   │
│   │
└───────────────────────┘

提示:可以想一想每个自然段是围绕哪句话来写的。

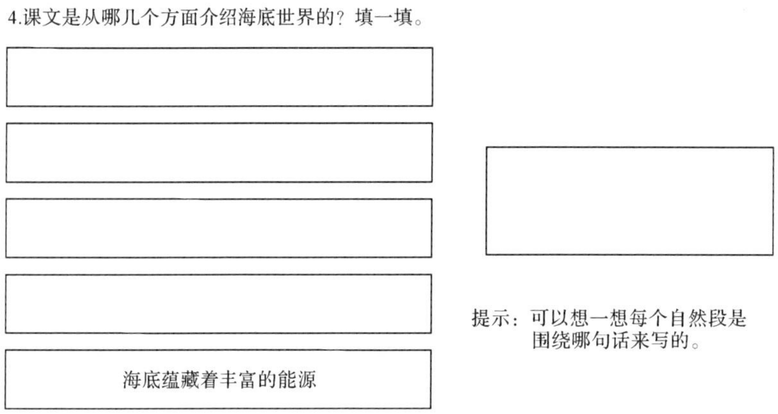

图13-4 思维导图填写

想一想,每个自然段是围绕哪句话写的? 选一选,你们观点一致的,将答案写在绿色卡纸上,争议较大的,写在黄色卡纸上。张贴时,与自然段序号对应。还有一个重点,读——把字写端正。开始小组合作吧。写好的自主上来贴。(巡视)

表扬中间组的同学在很认真地浏览大家的学习成果了。

2.交流汇报

去掉类似的,剩下这些,(指着板书)我们发现总结句和第2、4、5自然段的关键语句非常一致,说说你是怎么找到的?

请你说。我听懂了,你摘录了这个段落的关键语句,理解了整个自然段,很会学习。

第3自然段,我们看到了两个不同的答案:海底有声音;海底的动物常常在窃窃私语。我们请写"海底有声音"这句话的同学来说说看,你是这么想的? 哦,你找到了这两句话:海底是否没有一点儿声音呢? 不是的。原来这是一个问句,并且自己做了回答。这说明海底是有声音的,你运用了"概括法"。看来第四单元学得很扎实。(板贴:概括法)写下面这句话的小组? 你说。嗯,直接摘录,

通过表格、小组合作学习,引导学生归纳总结,提取课文信息。在这里,试讲者勾连了本册教材第四单元所学"围绕一个意思把一段话写清楚"的方法,都助找到了不同位置的关键句。

简单明了。(板贴:摘录法)其实这两句话都是可以的。

能干的你们已经发现了,课文就是通过这五个方面(指着板书)写清楚海底景色奇异和物产丰富的。

(三)精读语言,感受奇异

各位优秀的潜水员,了解了海底的大致情况,那我们来当一当讲解员啦,小组选择感兴趣的一个方面介绍海底世界,细读这一方面,把内容介绍清楚。讨论时间5分钟,开始吧。

1.第2自然段,感知"宁静"之奇异

哪个小组先来讲解? 你们来。采访一下,讲解哪一方面? 海底很宁静。好,开始吧。这一组介绍得特别清楚,从哪两方面介绍海底的宁静的? 是呀,风浪影响不到海底,说明海底——风平浪静。厉害,会用成语概括,还介绍了光线黑暗。光线黑暗和宁静有什么关系呢? 想一想。

请你说。你联系了生活实际,我们的夜晚也是如此,又黑又静,原来光线描写也是为了告诉我们海底很宁静。你们看,不光是整篇课文,哪怕是一个段落,我们也可以从几方面把事物写清楚。感谢这一小组让我们感受了海底的宁静,让我们一起当当讲解员,读——

海面上波涛澎湃的时候,海底依然很宁静。最大的风浪,也只能影响到海面以下几十米。最强烈的阳光也射不到海底,水越深光线越暗,五百米以下就全黑了。在这一片黑暗的深海里,却有许多光点像闪烁的星星,那是有发光器官的深水鱼在游动。

2.第3自然段,感知"有声"之奇异

还有哪个同学也想来当当讲解员? 你们打算介绍海底世界哪个方面? 海底有声音。第一位讲解员你先来说。谁来点评一下他的讲解? 请你来试试。一个会说,一个会听,你听出他用了排比的方式介绍了好多声音:有的……有的……还有的……

第二位讲解员,开始吧。他讲解得如何? 你说。你关注到他运用了一连串的比喻:有的像……有的像……还有的像……

下一位讲解员已经迫不及待了,你还有发现呀? 是的,不同的

试讲者重点抓了第2自然段"海底的宁静"和第3自然段"海底的声音"进行教学,展现了海底世界的新奇有趣。通过仿说第3自然段的方式,让学生想象海底的各种声音,运用拟声词、排比和比喻,让我们对海底世界有了感性的认识,这是一种很好的语言积累运用活动。

时候发出的声音不一样,怪不得作者说——海底并非宁静得没有一点儿声音,小动物们在窃窃私语呢! 什么是窃窃私语? 哦! 嘘——多有意思啊,各位讲解员们,你们都去过海底,还听到了其他动物的窃窃私语吗? 和同伴说一说吧。

你来。哦,像小猫一样喵喵,真可爱。你呢? 像小鸡一样唧唧。你跃跃欲试,你来说。哇,还对其中一种鱼进行了跟踪! 它吃东西的声音是吧嗒吧嗒,行进的时候是咕噜咕噜,遇到危险是嘶啦嘶啦! 太好玩啦,你们真是金牌讲解员啊!

这么奇妙的海底,让我们再一起来读一读吧:

海底是否没有一点儿声音呢? 不是的。海底的动物常常在窃窃私语。你用水中听音器一听,就能听见各种声音:有的像蜜蜂一样嗡嗡,有的像小鸟一样啾啾,有的像小狗一样汪汪,还有的好像在打鼾……它们吃东西的时候发出一种声音,行进的时候发出另一种声音,遇到危险还会发出警报。

(四)小诗结语,再续旅程

小小讲解员们,海底世界还有很多奇妙的事物,我们下节课再来汇报吧。最后,一首小诗送给大家:

海底,一片黑暗,却有微光,那是鱼儿在游弋。

海底,一片宁静,常有声响,那是动物在私语。

整堂课的设计与众不同,前后呼应,完成了一次海底探险活动,并且活动还会继续,激起了学生再学习的欲望。

四、板书设计

《海底世界》板书设计2,如图13-5所示。

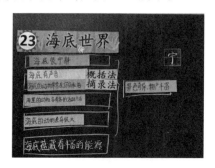

图13-5 《海底世界》板书设计2

第二节　五年级下册阅读课《手指》第一课时试讲

案例一　试讲时间:10分钟

一、教材解析

《手指》是《义务教育教科书语文五年级下册》第22课,是丰子恺先生写的一篇散文。手指本是寻常之物,作者却用风趣幽默的语言和拟人化的手法,生动地刻画了五个鲜明的手指形象,以自己独特的感受具体描写五根手指不同的姿态和性格——各有所长,各有所短,令读者联想到生活中类似的人,进而在会心一笑中感悟生活哲理:团结就是力量。

本单元的语文要素是"感受课文风趣的语言"。风趣的语言除了生动有趣、使人发笑外,往往还能让读者在一笑之余有所回味。此前,三年级上册已经安排过"关注有新鲜感的词语和句子""感受课文生动的语言"等语文要素。本单元再次聚焦语言,让学生感受语言的风趣,是对语言感受力要求的进一步提升。

二、试讲目标

(1)借助"手指名片",梳理五指各自的作用。

(2)聚焦拇指,借助"风趣品鉴卡",通过个体研读、全班交流,体会拇指最肯吃苦的特点,感受文章语言的幽默风趣,习得作者的表达特点,完成"手指相声稿"。

(3)举办相声大会,借助"手指相声稿"依据评价标准介绍手指。

三、试讲流程

(一)认识手指特点

1.揭示文题

同学们,你了解相声吗?相声是一种能令人开怀大笑的形式,

教师创设说相声的情境,是为了和单元语文要素"感受课文风趣的语言"相呼应,简洁有效。

给人带来无穷的欢乐。今天,我们来举办一场"相声大会",用幽默风趣的语言介绍手指。让我们齐读课文题目:手指。

2.找中心句

要想介绍好手指,就要先品味丰子恺先生的语言,读好课文可缺不了。请同学们翻开课本,自由朗读课文,想一想课文是围绕哪一句话写的。

(1)疏通字词。不着急,我们先来挑战一下生字词,看看这些词语你能不能读好。

研脂粉　蘸笔墨　推笔杆　窈窕

请你读。这第三个词呀有难度,这是一个多音字——杆。什么时候读第三声呢? 是的,表示较小的圆木条时,读第三声。同学们,让我们再一起来读一读吧!

(2)交流中心句。文章围绕哪一句来写的呢? 你找到了吗? 请你说。你有一双火眼金睛,找到了这一句:

一只手上的五根手指,各有不同的姿态,各具不同的性格,各有所长,各有所短。

从这句话中,你了解到课文从哪几方面写手指? 请你说。是的,从作用、姿态和性格三个方面写的。

3.完成手指名片

五根手指各有什么样的样貌、什么样的作用呢? 我们一起来为我们的手指朋友们填一填手指名片(如图13-6所示)吧。(师巡视)

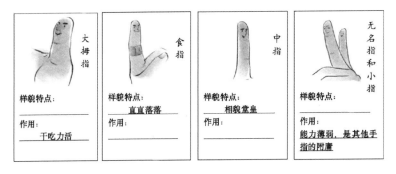

图13-6　手指名片填写

完成了吗? 请一位手指发言人来介绍我们的手指朋友。请你来。老师给你一个小小建议,你能不能把"样貌特点"和"作用"不说进去,直接说"大拇指头大而肥,还肯干力气活",是不是更加清晰了呢? 再试试看。口齿清晰,声音响亮,看来你已经有当相声演员的底子了。相信通过接下来的学习,大家也能像他一样,摇身一变,在我们的相声大会上大放异彩。

(二)品读手指形象

1.制作手指推荐卡

要想表演好相声,风趣幽默可不能少。丰子恺先生是怎么介绍大拇指的呢? 接下来,我们一起写一写丰子恺先生的风趣秘诀。默读第2自然段,选择一句圈画批注,写一写这个句子为什么会让你觉得很有趣。写完后,同桌之间读一读,说一说,完成图13-7的填写。

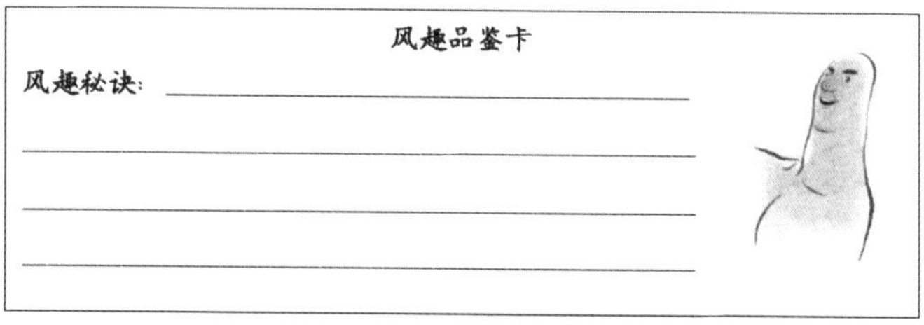

图13-7　丰子恺先生的风趣秘诀

2.交流汇报

(1)预设一:身体矮而胖,头大而肥。

你第一个举手,你来说。这么快就找到了第一个秘诀,拟人。(板书)

现在你就是有着这样外形的大拇指,请你加点夸张的动作,加点夸张的语气,读出大拇指的风趣幽默吧。

(2)预设二:拉胡琴,总由其他四指按弦,却叫他相帮扶住琴身;水要喷出来,叫他死力抵住;血要流出来,叫他拼命按住;重东西要翻倒去,叫他用劲顶住;要读书了,叫他翻书页;要进门了,叫他揿电铃。

你找到了第二个秘诀,你说。嗨——这个大拇指是个全能王,会做非常多的事情。好多人叫他干活,他不停地在忙碌着,活像一个连轴转的陀螺。你发现语言风趣幽默的秘诀了吗? 一起说——夸张。(板书:夸张)

谁能把这句话读好? 血止不住了,再用力一点呀大拇指,使劲儿! 你再来读一读。大拇指为了止住血,可是拼了他的老命呀,你看丰子恺先生写得可真风趣呀! 是呀,作者就是用夸张的手法写

通过朗读课文、画出中心句,培养学生对文章内容把握和对文章初步理解的能力。同时,引导学生把握文脉——"趣"。以不同手指的"趣"引入,明确学习任务,激发学习兴趣。

出了这份风趣。

3. 对照生活，展开联想

这样的大拇指，会让你联想到生活中哪些人？你联想到了清洁工人，你很会观察。你还想到了农民伯伯，你有一颗感恩的心。

4. 学习小结

同学们，生动的拟人、极致的夸张，这些风趣幽默的秘诀都被你们找到了，成为一名优秀的相声大师指日可待！

丰子恺先生的文字有其独特的特点，教学中以"趣"为引，充分尊重学生阅读中的个体阅读体验，在理解内容风趣的同时，通过理解词语、体验、朗读等多种教学策略，初步感受丰子恺先生通过拟人、夸张等写法写出的风趣，为之后的教学任务打好基础。

（三）真操实练：举办相声大会

现在，相声大会即将开幕，大家准备好了吗？

1. 完成相声稿

想一想，大拇指还有哪些作用呢？让我们先来完成你的相声稿（如图 13-8 所示）。写完后，让我们用风趣的语言再来夸一夸大拇指，在四人小组内推选最佳表演者上台展示。

手指相声稿
今儿个我们一起来聊聊大拇指。别看他矮矮胖胖，作用可多了去了！嘿！拿笔写作业，叫他________；哟！拿筷子吃饭，叫他________；嗨！________，________。介绍结束了，来点掌声呗！

图 13-8　手指相声稿

2. 展示分享

相声大会正式开始，谁能代表小组上台来讲相声？作为听众，我们要仔细听，过会儿各位大众评审可是要评选出我们班的相声大师呢！

请同学们根据这几条标准（如图 13-9 所示）来评价评价他的表演。

评价标准	
1. 能清楚介绍外貌和作用。	☆
2. 能恰当地用拟人、夸张等修辞手法或丰富的动词进行介绍。	☆
3. 语言通顺流利，声音响亮，能加上动作或表情，表演很生动。	☆

图 13-9　评价标准

第一位相声大师请上场——嗨,拿筷子吃饭,叫他满桌子飞跑,你吃得畅快,他跑得腿软。掌声掌声!

再来一位——嘿,姐姐叫他绣花,毕恭毕敬,丝毫不敢懈怠,不然一针扎你见血。有趣有趣!

同学们,我们的相声大会举办得非常成功,这离不开我们对丰子恺先生幽默语言的品味,离不开大家的共同努力。本次相声大会圆满结束,我们下次再会!

学以致用,学生把学到的风趣幽默的方法迁移运用,以相声大会的形式进行落实,从感悟语言提升到运用语言。试讲时,教师语言也要体现幽默,还要辅以夸张的动作表演,犹如相声演员一般,才能达到最佳效果。

四、板书设计

《手指》板书设计1,如图13-10所示。

图13-10 《手指》板书设计1

案例二 试讲时间:10分钟

一、教材解析

《手指》是丰子恺先生写的一篇散文。文章开门见山指出每个人都有十根手指,一只手上的五根手指各有所长,各有所短。接着就以风趣幽默的语言具体描写五根手指的不同的姿态和性格。最后阐明了一个道理:"五根手指如果能团结一致,成为一个拳头,那就根根有用,根根有力量,不再有什么强弱、美丑之分了。"

文章语言风趣幽默,结构清晰严谨,主题鲜明突出。全文紧紧围绕五根手指不同的姿态和性格进行描写,运用拟人、比喻、排比、夸张、举例等多种表达方法,刻画出了姿态栩栩如生、性格迥然不同的五根手指。

本单元围绕"风趣与幽默"编排了三篇课文,语文要素是"感受课文风趣的语言"。本文是一篇精读课文,语言的风趣幽默是它最大的特点。因此在教学这篇课文时,我们除了在了解课文主要内容的基础上,认识五根手指的不同特点,体会手指带给我们的启示,还应重点了解作者采用了什么表达方法来表现他的风趣幽默。

二、试讲目标

(1)认识"拇、弦"等9个生字,会写"搔"等9个生字。联系生活和插图理解"堂皇""窈窕"等词语的意思。

(2)借助思维导图,厘清五根手指各自的姿态,借助表格,厘清五根手指各自的作用。通过多种形式的朗读,初步感受课文语言的风趣与幽默。

(3)感知课文的写作方法,仿照课文的表达特点,迁移运用。

三、试讲流程

(一)创设情境,揭示文题

1.课前游戏

课前我们先来做个小游戏吧!同学们喜欢拍照吗?我们来比一比,看谁最会摆pose,加上手的动作,我们来个三连拍。准备好了吗?咔嚓!咔嚓!咔嚓!

(利用希沃传屏)看,老师镜头中的你们是这样的。

(适当对学生的pose进行点评)这小手变成了小耳朵,真可爱。

还有这张,小手化身成爱心,传递出了浓浓的爱意。

看来呀,有了手指的加入,你们的pose更精彩了。

2.揭示文题

同学们,刚才我们用手指摆出了丰富多彩的pose。生活中,这五根手指我们时时看到,常常用到,却很少留心去观察它们。今天就让我们来重新认识一下它们。一起走进课文,(板书课文题目)一起读:手指。

通过课前拍照摆拍,借助多媒体实时呈现,让师生之间迅速达成一种互动的默契,让人眼前一亮。

（二）厘清思路，比谁最美

1.初读串联

在丰子恺先生的眼里，一只手上的五根手指，各有什么不同的特点呢？你能不能用文中的话来说一说？你的反应最快，你来说。你找到了这一句：

一只手上的五根手指，各有不同的姿态，各具不同的性格，各有所长，各有所短。

真是找得又快又准确。这些特点，可只有通过"比一比"才能够体现出来，那文中，他们在比什么呢？是呀，比姿态、比性格、比所长、比所短，在今天的课堂上，我们就来举行一次大比拼。第一场，比一比谁最美。

2.整体感知

请同学们打开书本，自由读课文，要求读准字音、读通句子，难读的地方多读几遍。思考：五根手指谁最美？找出课文中描写五根手指姿态的句子，圈出关键词，完成学习单中的思维导图（如图13-11所示）。

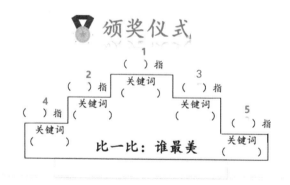

图13-11　思维导图

3.初读反馈

让我们看看同学们的思维导图。这是谁的？来，请你上来和大家分享一下。

你认为在这次的大比拼中，不幸排名最后的手指是谁？是呀，大拇指连美都算不上，肯定无法和大家比美了！

初读课文，整体感知板块不走寻常路。通过"手指大比拼，比比谁最美"的方式，梳理课文内容，理解难懂词语。这里借鉴了薛法根老师执教的《手指》一课设计。借鉴别人的好东西，为我所用，这也是一种很好的试讲方式。

那么排名第四的呢？对呀,是食指,他不窈窕,直直落落。那么什么是"窈窕",你们知道吗？是呀,身材要好,那你看看老师,可以用"窈窕"来形容吗？谢谢你,所以像老师这样身材苗条,曲线优美的女子可以用"窈窕"来形容,那咱们班哪些女孩子很窈窕？大家都用"窈窕"来形容你,真是名副其实。看来,你们已经都理解了"窈窕"的意思。

你继续分享！嗯,你分析得真不错,无名指和小指并列第二,因为书上说他们体态秀丽,样子可爱。(师板贴:秀丽可爱)同意的举手。

那么,最美是谁？嗯,你认为中指最美,因为书上说他——最堂皇。什么叫堂皇？你们知道吗？你的词汇量可真丰富,相貌英俊是堂皇的一个要求。老师给你们带来了两个人,认识他们吗？没错,就是诸葛亮和武大郎,那么他们之中,谁可以用堂皇来形容呢？大家的意见都很一致,所以堂皇,就要跟诸葛亮一样,不仅要身材魁梧,还要气宇轩昂。明白了吗？

同学们,你们的结果和他一样吗？看来,小评委们的眼光非常一致,现在请你,把"最美冠军"的金牌戴到中指的头上。

(三)再读课文,比谁最强

五根手指的相貌、样子,本来你看不出差别,但是丰子恺先生一写,你马上能辨别出谁美谁丑。这是第一比,现在第二比,比什么？一起读,比一比,谁最强。

1.再读课文

请同学们再读课文,四人组成评审小组,找出每根手指干的活儿,想一想都是什么活儿,然后排序,完成任务袋中的任务(具体如图13-12和图13-13所示)。

在"比谁最强"板块里,抓住大拇指的特点,通过罗列所做事情,师生合作表演、朗读,充分感受丰子恺先生的语言魅力,并进行发现、提炼,让学生习得写作密码,可谓是一气呵成,趣味十足。试讲时一定要注意语言的夸张、风趣,并配上相应的动作和表情。

再读课文，四人组成评审小组，完成任务卡：

1. 找出每根手指干的活；
2. 想一想都是什么类型的活；
3. 进行排名。

任务挑战限时6分30秒！

图 13-12　　　　　　　　　　　　　图 13-13

2.再读反馈

同学们，神秘任务完成了吗？下面，我们来看看各个小组的结果。请你们组来汇报，让我们掌声有请他们上台。请A组的四个组员来分享一下，每个组员分享一个部分。分享时，需带领大家读一读手指们"干的活"，同学们边跟读，边判断他们这样归类，对不对。

请你先来带我们来读一读大拇指的活。（领读词语）你们组觉得他干的都是体力活，同学们赞成的举手。看来，第一关难不倒大家，请你把"体力活"贴到大拇指的头上。

请你来带我们读一读食指的活。（领读词语）你们组觉得他干的都是——技术活。同意的请举手，通过。

请你来带我们读一读无名指和小指的活。你们组觉得他们干的都是享乐活。

那么中指呢？并不出力，和其他四指共同完成打招呼、搔痒痒。可是老师觉得啊，这个痒痒，我搔不起来，我的蚊子块好像不见了呢！火眼金睛的你们，有没有发现什么问题？你的反应可真快，这个"搔"字，特别容易错，这里面就漏了它的蚊子块——中间的"点"。拿起你们的右手，一起写写。左边是提手旁，右边写的时候注意笔顺，先写横撇，再写捺，然后写"点"，下面一个虫字。

感谢这个组的分享，非常棒。

3.深度研读

同学们，这么一比，我们就会发现，最美中指却最弱，最丑的大拇指却最强。真是人不可貌相，海水不可斗量。让我们把"干活能手"的金牌戴到大拇指的头上。

那么他为什么会是最强呢？（PPT出示：大拇指段落）我们一起来看这段话中大拇指具体是怎么做事的呢？谁找到了相关句子？

嗯，原来大拇指得当琴师；哦，他又化身为水管工啦；天哪，还得当医生；真是一个大力士呀；原来他是我们的书童呀；唉，缺了大拇指连门都进不了！看来，不止孙悟空会72变，咱们的大拇指也会。

你认为大拇指的哪一个角色很了不起，接下来你就读哪一句。同桌之间互读，试着

241

配上动作吧。

你来读。停停停,水都要喷出来了,你再用点劲儿啊。

再来读!死力抵住,啊呀,幸亏有你,水才没有流出来。

拼命按住,多亏有你止住了血。

用劲顶住,真不愧为大力士呀!

4.师生合作

大拇指真是当之无愧的冠军啊!老师也很想跟你们一起来读一读这段话。让我们带着这样的感受合作读一读,老师读黑色部分,你们读红色部分,还可以试着配上刚刚的动作哦!

大拇指在五指中,形状实在算不上美。身体矮而胖,头大而肥,构造简单,比人家少一个关节。但在五指中,却是最肯吃苦的。例如拉胡琴,总由其他四指按弦,却叫他相帮扶住琴身;水要喷出来,叫他死力抵住;血要流出来,叫他拼命按住;重东西翻倒去,叫他用劲顶住。讨巧的事,却轮不上他。例如招呼人,都由其他四指上前点头,他只能呆呆站在一旁;给人搔痒,人舒服后,感谢的是其他四指。

5.聚焦方法

这么有趣的大拇指,作者用上了哪些写作小妙招呢?同桌之间讨论一下吧。

(1)生反馈,师点评。你关注到了句式和标点,是呀,这里运用了排比;(板书:排比)"死力""拼命",命都要豁出去了,太夸张了;(板书:夸张)整段话,都把大拇指当成人来写;(板书:拟人)对呀,还举了很多例子。(板书:举例)

(2)归纳口诀。你们可真会学习,老师要把刚刚找到的方法串起来,奖励你们一句写作口诀——妙用夸张拟人写,巧用排比举例写,让我们一起读一读吧!

(四)方法迁移,学以致用

现在,我们试着用一用这样的写法,选其中一个器官,写一写你五官的特点。

这里结合课后习题进行拓展训练。如果时间允许,最好能展示1—2份学生作业,如果能进行分享、交流、点评就更好了。

1.看视频

请看五官趣味视频。

2.小练笔

看笑了,是不是很有趣? 现在请你做做"代言人",写五官中的一个部分,计时5分钟。记得用上我们刚刚的写作小妙招,像丰子恺一样,写得幽默一点,风趣一点。(教材学习活动三,如图13-14所示。)

现在请你做做"代言人",选择五官中的一个部分,写写他的姿态和作用。限时五分钟,注意要用上刚刚学到的小妙招,写得幽默风趣。

图13-14 学习活动三

3.反馈,评价

(略)

(五)学习小结,布置任务

同学们,这节课我们通过比谁美、比谁强,了解了手指的姿态和作用,还学会了丰子恺风趣幽默的表现手法,下节课,我们继续比一比他们的性格,猜猜丰子恺最爱谁,请你继续做裁判员! 下课!

四、板书设计

《手指》板书设计2,如图13-15所示。

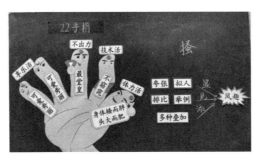

图13-15 《手指》板书设计2

第十四章　整篇课文试讲举例

>>>

第一节 四年级上册阅读课《为中华之崛起而读书》整篇课文试讲

第一课时 试讲时间：10分钟

一、教材解析

《为中华之崛起而读书》是《义务教育教科书语文四年级上册》第七单元中的课文，记叙了周恩来少年时代在奉天读书时的事情，他耳闻目睹了中国人在被外国人占据的地方受洋人欺凌却无处说理的事情，从中深刻体会到伯父说的"中华不振"的含义，从而立下了"为中华之崛起而读书"的志向。少年周恩来博大的胸怀和远大的志向，能启发学生思考读书的意义。

课文层次巧妙，过渡自然。课文没有按照事情发展的顺序叙述，而是采用了倒叙的手法，先出示结果，再追述原因，一开头就向读者展现了在奉天东关模范学校的一节修身课上，魏校长和同学们围绕"为什么而读书"展开对话的情境。同学们的读书目的，有的是为"家父"，有的是为明理、光耀门楣，都是为了满足个人的需要。少年周恩来不同的回答让大家震惊，他把个人的学习与民族振兴的大业联系起来，要为祖国的兴盛和民族的振兴而学习、奋斗，然后阐明立志的缘由。原来周恩来在被外国人占据的地方真切感受到"中华不振"，他不愿自己的民族再这样软弱，不愿意自己的同胞再受这样的欺凌。

课义从生动的情境描写开始，制造悬念，步步释疑，引人入胜。课文记叙的事情发生在20世纪初，学生对当时中国的社会状况和周恩来的生平了解比较少，要指导学生在课前搜集相关资料，为深入理解课文做准备。

本单元的语文要素是"关注主要人物和事件，学习把握文章的主要内容"。这一要素是在三年级"了解故事的主要内容"基础上的进一步提升。本册教材在第四单元安排了"了解故事的起因、经过、结果，学习把握文章的主要内容"的要素，本单元在此基础上，学习如何关注主要人物和事件，把握文章的主要内容。《为中华之崛起而读书》一课侧重引导学生通过先弄清每件事讲了什么，再把几件事连起来的方式把握文章的主要内容。同时关照本单元的人文主题"家国情怀"，通过文中的具体事例，与语言文字的理解运用相结合，学习周恩来为中华之崛起而读书的远大志向，对学生进行立德树人教育。

二、试讲目标

(1)正确认读并规范书写本课生字词,正确读写"严肃、默默"等词语。

(2)正确、流利、有感情地朗读课文,学会运用"主要人物加事件"的方法概括课文主要内容。品读重点语段,深入体会文中人物的思想感情。

(3)了解当时的社会背景,抓住关键词句品读,体会少年周恩来立志的原因,感受周恩来的远大抱负。

三、试讲流程

(一)畅谈理想,情境导入

1.畅谈理想,导入新课

同学们,老师想问大家,你们每天来上学是为了什么?(请学生回答)为了学习到本领,为了学到知识,为了长大实现自己的理想。有那么一个人在百年之前对我刚刚的这个问题有着不同的想法,他是这样说的,(板书课文题目:为中华之崛起而读书)一起读:为中华之崛起而读书。

2.结合预学,梳理字词

上课前老师收集了大家的预习单,发现这些字词很容易读错,请一位小老师来带大家读。

(1)正音。"惩处"的"惩"是后鼻音,你读对了。这个"模"是多音字,不同的读音有着不同的意思,请同学们借助PPT上给出的提示完成下面的句子练习:他昂首挺胸的模(mú)样堪称模(mó)范。

(2)正形。请看这个同学写的"赞",错在哪儿了?是的,左边这个"先"的竖弯钩没有变成竖提,请同学们拿起笔和老师一起写。第一个"先"的竖弯钩要变成竖提,写的时候要注意上宽下窄,请同学们在生字抄写本上端端正正写两遍。我们要写方方正正的中国字,做堂堂正正的中国人。

由问题引入,既贴近学生生活,又自然链接到主人公——少年周恩来,引发阅读期待。当然,也可以事前让学生收集有关周恩来的资料,交流后导入课文题目。

(二)初读课文,梳理事件

1.初读课文

通过预习课文,我们知道了这个人是——少年周恩来。(板书:周恩来)课文写了关于周恩来的哪几件事? 请同学们拿起书本读准字音、读通句子,不懂的地方多读几遍,并且完成《语文作业本》的第4题的第2小题。课文写了哪三件事? 先用简洁的语言说一说,再填写在方框内。

2.梳理课文

我们来看看这几名同学梳理的事情。小冰同学是通过找了三个不同的时间节点来概括,亮亮同学是按照地点变化梳理内容,都是很不错的方法。

我们来看第一件事。在这件事情中出现了这么多的人物,有魏校长、同学、还有周恩来,在概括的时候是不是都要说进去呢? 是呀,我们只要抓住主要人物和他所做的事就行。你能再说一次吗? 对了,第一件事就是写了"周恩来立志要振兴中华"。(板书:立志振兴中华)

学着这样概括,谁来修改第二件事? 周恩来从伯父处听到了"中华不振"。(板书:耳闻　中华不振)

第三件事,你来说。周恩来目睹了"中华不振"。(板书:目睹)

3.概括内容

我们之前通过学习事情的起因、经过和结果的方法来梳理课文的主要内容,那这三件事之间有着怎么样的因果关系呢?

你发现了,你说。是的,课文是在倒叙,先写"果"再写"因"。(板书:果　因)请大家用上"之所以……是因为……"或者"因为……所以……"来说一说课文的主要内容,先同桌互说。请你来说。你再来说。

(小结)是呀,之所以少年周恩来会立志振兴中华,是因为他耳闻目睹了中华不振。通过"主要人物+事件"的方式,我们把主要内容概括得简洁明了。(板书:主要人物+事件)这也是本单元的语文要素:关注主要人物和事件,学习把握文章的主要内容。

关注单元语文要素,勾连第四单元已经学习的"起因、经过、结果"概括法,引导学生从"一件事"到"多件事",提升其概括能力。

（三）聚焦段落，批注感受

1.对比体会

后两件事促使了少年周恩来立下了为中华之崛起而读书的誓言，我们一起来看一看究竟发生了什么事。请同学们默读第15到第16自然段，圈画出那些让你感受到中华不振的语句，在旁边批注你的感受。

你找到了这一句，请你读：这一带果真和别处大不相同：街道上热闹非凡，往来的大多是外国人。

外国人占据的地方果真和别处大不相同，那别处又是一番怎样的景象呢？

老师带来一段视频。（学生观看街道萧条的视频）没错，半殖民地半封建社会的旧中国民生凋敝，经济衰败，到处一片破败之相。

2.品读原因

继续说，你看到了一名可怜的女人，读：只见人群中有个女人正在哭诉着什么。一问才知道，这个女人的亲人被外国人的汽车轧死了，她原本指望巡警局给她撑腰，惩处这个外国人，谁知中国巡警不但不惩处肇事的外国人，反而训斥她。

是啊，亲人被外国人的汽车无情地轧死了，她怎么能不伤心？怎么能不悲痛？怎么能不哭诉呢？

现在她仅仅是希望中国巡警能给她一个公道，但结果呢？换来的是什么？（师带读）

中国巡警不但不——惩处肇事的外国人，反而——训斥她。

此时此刻，你看到了怎样的巡警？是的，可恶。他们不但不为中国人撑腰，还成了外国人的走狗。

这都是——中华不振啊！

你又看到了什么？

是的，围观的人是怎么做的？他们纷纷攥紧了拳头，可是又无能为力，我们一起来读一读这个句子：

围观的中国人都紧握着拳头，但这是在被外国人占据的地盘里，谁又敢怎么样呢？大家只能劝慰这个不幸的女人。

通过对比、资料介入、人物形象品读等方法，沉浸式体悟"中华不振"，让情绪积累到达顶端，再以读促悟，拉近学生与文本的距离。试讲者在这个部分试讲时要到位，表情是严肃的，情绪是激昂的，声音是有力的，再辅以握拳等动作就更好了。

谁又敢怎么样呢？只能紧紧地握着拳头；谁又能怎么样呢？只能使劲地握着，咬牙切齿地握着。这都是——中华不振啊！

(四)总结事件,体悟情感

此时此刻,我们的心里有什么感受？

难受！愤怒！难以置信！这就是100多年前真实发生的事件。让我们一起再来读读这个部分:一个星期天,周恩来背着伯父——

周恩来看到的仅仅是一个很小的事件。请看图片,当时的中国被帝国主义列强瓜分着,旧政府腐败不堪,人民生活在水深火热之中。租界路口甚至还出现了"华人与狗不得入内"的标语。

此时的周恩来心里在想什么呢？咱们化身小小周恩来,想一想,写一写。下节课再来交流。

> 在目睹了"中华不振"之后,少年周恩来心里会想什么？通过这样一个角色的代入,引发学生深度思考,为后续的学习打下基础。

四、板书设计

《为中华之崛起而读书》板书设计1,如图14-1所示。

22. 为中华之崛起而读书

主要人物+事件

周恩来　立志振兴中华　（果）

耳闻⌉

　　├中华不振　（因）

目睹⌋

图14-1　《为中华之崛起而读书》板书设计1

第二课时　试讲时间:10分钟

一、试讲目标

(1)继续了解少年周恩来立志的原因,抓住重点句和关键词发挥想象,揣摩人物的内心世界,深入体会文章内容。

(2)通过展开想象,情感渲染,读课后补充资料等方式理解课文内容,并通过多种形式的读,体会人物的思想感情。

（3）感受少年周恩来的博大胸怀和远大志向,树立为国家繁荣、民族振兴而刻苦学习的远大理想。

二、试讲流程

(一)回顾导入,研读"中华不振"

1.学习"耳闻"事件

上节课,我们跟着少年周恩来去了一趟被外国人占据的地方,看到了令人愤怒的一幕。其实在"目睹"事件前,少年周恩来刚到沈阳时,伯父就告诉他没事不要到被外国人占据的地方去玩。

打开书,找一找。咱们一起读伯父的话:奉天有些地方被外国人占据了,不要随便去玩,有事也要绕着走,免得惹出麻烦没有地方说理。

可当时好奇的周恩来想知道为什么,于是伯父告诉他原因,一起读:中华不振哪! 是的,伯父告诉他这是为什么。(指着板书:中华不振)

少年周恩来这时候只是"耳闻"了中华不振,所以用文中一个词来说,就是——疑惑不解,直到他亲眼目睹了中国妇女的哭诉事件,才真正体会到"中华不振"。

同学们,现在你们能体会到伯父当时的心情了吗? 想一想我们应该怎么来读。老师和你们合作读,你们是少年周恩来,我是伯父。

"中华不振哪!"你看到老师是怎么读这一句话的? 是的,我就是带着"沉郁的表情"——眉头紧锁、语气沉重。谢谢你的评价。同学们,现在请你们当当伯父,再读这句话:中华不振哪!

2.深度体会"不振"

同学们,中国妇女的亲人被外国人的汽车轧死了,她原本指望巡警给她撑腰,谁知中国巡警不但不惩处外国人反而训斥她,就是因为——中华不振;周围人敢怒不敢言,只能劝慰这个不幸的女人,就是因为——中华不振;伯父让他不要去外国人占据的地方,也是因为——中华不振哪!

通过找关键句,来体会耳闻事件中伯父的心境,进而体会少年周恩来立志的决心。沉浸式学习,体验式朗读,揣摩人物内心,体会蕴含的思想感情。

此时的周恩来真正体会到"中华不振"这四个字的沉重分量,如何把祖国人民从苦难和屈辱中拯救出来呢? 这个问题就像一把烈火燃烧着周恩来的心。

(二)结合实际,研读"立志"

1.体会人物想法

从那以后,少年周恩来就常常一个人在沉思,他究竟在想些什么呢?

上节课,老师要求大家化身小小周恩来,写一写自己的想法,现在拿出来交流交流吧!

你先来。你在深思,怎么才能把祖国和人民从苦难和屈辱中拯救出来。

你继续。你要决心拯救这个积贫积弱的旧中国。

你想去求学,走出国门,学习知识和本领。

千言万语,化成一句话,(指着板书)他想——为中华之崛起而读书!(生齐读)

2.明确读书目的

让时光穿越,回到那节修身课吧! 请大家分角色读读课文的第一部分,想想有什么读不懂的地方? 你说,什么是"光耀门楣"? 你知道,你来说。是的,就是"光宗耀祖"的意思。

大家一起来比较一下各个同学读书的原因,有什么发现? 是的,同学读书是"为家父""为明理""为光耀门楣",而周恩来与众不同,怪不得魏校长听了为之一振! 让老师和你们一起分角色来表演读:你们为什么而读书?

读完了课文里学生们的读书原因,老师也想了解一下大家的志向,请问你们为什么而读书?(手势请学生)

你想实现保家卫国的理想。

你想成为一名画家,画出祖国的大好河山。

你想救死扶伤,成为一名医生。

是呀,同学们,振兴中华需要各行各业的中国人一起努力才能实现。为中华之崛起,有志者当效周生!

(三)补充资料,深度学习

1.了解生平

(出示图片资料)同学们,立志容易,实现难。少年周恩来立下志向后,是怎么做的呢? 咱们一起来看看。

图一：这是青年时期的周恩来，在法国勤工俭学，之后加入了中国共产党。

图二：这是红军二万五千里长征时期的周恩来。

图三：这是新中国成立后的周恩来，他在视察煤矿，一心建设国家，发展经济，提高人民生活水平。

图四：这是癌症晚期的周恩来，他在第四届全国人大第一次会议上抱病作《政府工作报告》，重申我国实现四个现代化的宏伟目标。

2.链接课后

这九个字是他终身为之奋斗的目标啊！并且一直坚定不移地践行着这个目标，当年周恩来出发去日本前写下了这样一首诗，请同学们看看课后这首诗：

大江歌罢掉头东，邃密群科济世穷。

面壁十年图破壁，难酬蹈海亦英雄。

结合注释，先试着读一读，再理解诗句的意思。你读出了什么？是的，周恩来一直孜孜不倦地在探索中国崛起的道路，甚至为此做好了牺牲生命的准备。同学们，天下兴亡，匹夫有责，正是因为有像周恩来这样老一辈革命家的不懈奋斗和努力，才有了我们现在美好的生活。在70周年国庆阅兵仪式上，有人在微博上这样写道：这盛世，如你所愿。

（四）情感升华，提升主旨

同学们，学到这儿，老师想再次问问大家，你们刚才立下的志向，愿意一生为之努力吗？

让我们以伟大的周恩来总理为典范，沿着伟人的足迹走下去，为中华之腾飞而读书吧！老师期待着。最后让我们怀着对周恩来这一代老革命家的崇高敬意齐读课文题目——为中华之崛起而读书！

三、板书设计

《为中华之崛起而读书》板书设计2，如图14-2所示。

通过补充图片资料和课后诗句等多种语文学习资源，展开想象，情感渲染，将学习具象化，将思维可视化。

课尾将情感体验升华，感受少年周恩来的博大胸怀和远大志向，树立为国家繁荣、民族振兴而刻苦学习的远大理想并为之付诸行动。

22.为中华之崛起而读书

主要人物+事件

周恩来　立志振兴中华　（果）奋斗一生

耳闻
　　　　中华不振（因）
目睹

图14-2　《为中华之崛起而读书》板书设计2

第二节　四年级下册阅读课《母鸡》整篇课文试讲

第一课时　试讲时间：10分钟

一、教材解析

《母鸡》是《义务教育教科书语文四年级下册》第14课，出自语言大师老舍先生之手，全文语言表达简明精妙、通俗恰当，内容朴素真诚，十分能打动人心。《母鸡》这篇课文淋漓尽致地表现了老舍作品的特质。

《母鸡》这篇课文描写了作者对母鸡从"讨厌"到"不敢再讨厌"的态度和情感变化。开篇老舍先生就用一句"我一向讨厌母鸡"直接鲜明地表明了自己的态度。接着在前3个自然段，分别从母鸡叫声难听、欺软怕硬和爱居功炫耀三方面阐明了自己为什么讨厌母鸡。第4自然段作为过渡段，出现了转折——"可是，现在我改变了心思"。紧接着用4个自然段的篇幅，详细叙述了母鸡在获得母亲这一身份后所表现出的"负责，慈爱，勇敢，辛苦"。作者被这伟大的母爱深深震撼到了，于是"不敢再讨厌母鸡了"。

在教学时，除了让学生自行划分两大部分，更重要的是引导学生对文本进行精读，用心体会文本的语言表达。通过反复阅读课文，在文中圈点勾画出母鸡孵出小鸡前后作者态度变化对应的语句，更直观地理解作者运用欲扬先抑这种写作手法表达的情感，感受对比的表达效果。学完后再与前一篇课文《猫》进行对比，说说在表达上的同与不同，体会语言大师写作的奥秘。

二、试讲目标

(1)认识10个生字,会写15个生字。

(2)有感情地朗读课文,重点感受母鸡令人讨厌的形象。

(3)初步体会"我"对母鸡的态度前后变化的原因。

三、试讲流程

(一)激发兴趣,导入新课

同学们准备好了吗? 我们开始上课了! 可爱的动物是人们的朋友,那你喜欢哪一种动物? 来模仿一下它的声音吧! 嗯,喵喵、汪汪、叽叽可真形象!

在上一节课呀,我们已经认识了老舍笔下淘气古怪又可爱的小猫,今天我们来认识认识老舍笔下的母鸡,请你伸出手跟老师板书课文题目。(板书:母鸡)

通过联系学生生活实际、模仿生活中的小动物叫声,带动课堂气氛,使导入部分更加活泼生动,调动学生学习兴趣。

(二)检查预习,落实字词

请同学们大声读读课文题目。真响亮,从你们的声音当中,老师已经感受到你们的迫不及待了! 但是,要想认识这位母鸡可不容易,得先过字词关,来看大屏幕。(伸手示意看屏幕)这些字词一定难不倒已经预习过的你们。

第一行请你来试一试。嗯,你把"疙瘩"的轻声读得特别准确,我们一起读一读。第二行请你来读一读。哦,你读对了"可恶"这个词,"恶"是一个多音字,除了"wù",还读"è",凶恶,"ě",恶心。

老师还发现,同学们的预学单上"警"字写得不美观,伸出小手来跟着老师写一写这个字。(板书:警)要注意它是一个上下结构的字,"敬"写得扁扁的,下面的"言"第一横最长,接下来的两横比较短。现在请你们打开生字抄写本,工工整整地写上两遍吧!

教师抓住课文中的多音字、后鼻音的字等来指导读音,抓住难写字的字形结构、关键笔画来指导书写,可以让字词教学言之有物。注意在试讲时要设计有针对性的评价,如你把后鼻音读得特别标准,你把左右结构的字写得非常匀称,你的撇捺写得真舒展,等等。

(三)初读感知,了解态度

现在我们已经熟练掌握了字音和生字,让我们把它们送回课本,边读边思考:作者对母鸡是什么态度?用横线画出相关的句子。

你找得最快,请你来说:我一向讨厌母鸡。我不敢再讨厌母鸡了。这是作者对母鸡的两种态度,一向讨厌和不敢再讨厌。(板书:一向讨厌　不敢再讨厌)

作者为什么会有这样的态度上的转变呢?让我们一起走进课文。

(四)全班交流,品读"讨厌"

看!(伸手示意屏幕)老舍先生呀,因为讨厌母鸡,甚至给母鸡写了一份诉状呢!但是他不小心把墨水打翻了,你能来帮他补充完整吗?接下来请同学们默读课文,找一找老舍先生讨厌母鸡的原因,圈出关键词,总结出原因,写在诉状上。

请同桌讨论,看看能不能写得更完美。

老师已经把你们的控诉状请到黑板上来了。

第一个,是你写的,请你来分享。哦,老舍先生讨厌母鸡的原因,是因为它"叫声难听",(板书:叫声难听)你找到了这个句子。

(师有感情地范读)听吧,它由前院嘎嘎到后院,由后院再嘎嘎到前院,没完没了,并且没有什么理由,讨厌!有的时候,它不这样乱叫,而是细声细气的,有什么心事似的,颤颤巍巍的,顺着墙根,或沿着田坝,那么扯长了声如怨如诉,使人心中立刻结起个小疙瘩来。

(伸手示意屏幕)我们来听听这嘎嘎声,你感到了什么?烦躁?讨厌?是呀,这么难听的声音,老舍写作的时候听到,吃饭的时候听到,休息的时候还听到,真是令人讨厌极了!我们一起来读读这个句子吧!我已经感受到你们的讨厌了!

它现在细声细语是有什么心事吗?哦,没有。这个词语"如怨如诉"是什么意思?是的,像是抱怨,又像是诉苦。你觉得母鸡可能会说些什么?你说——它可能会说:"今天主人怎么只给我130颗米,比昨天少了3颗!"请你说——"我天天下蛋都累死了,也没人给我按摩,我真是这个世界上最命苦的动物了。"

学起于思,思源于疑。通过质疑让学生去发现问题,带着问题去读书,有利于提高学生学习的主动性。同时,本篇文章在情感表达上的一个特点就是先抑后扬,这两个句子是课文板块划分的线索,抓住了这样的关键句,提纲挈领,建构出简约的教学框架。

以"控诉状"为情景,将整个板块串联在一起,很有整体感。引导学生通过朗读深入感知母鸡令人讨厌的形象,为下节课学习先抑后扬打好基础。这部分的原文句子较多较长,如果试讲时间充裕,可以有感情地多范读几句,体现教师朗读基本功。

这只母鸡真像一个怨妇在抱怨,真是太令人讨厌了。让我们带着感情再读读这句话。你们读得真好,老师仿佛亲眼看到了这只讨厌的母鸡。

再请小语同学来分享。哦,"欺软怕硬",(板书:欺软怕硬)是你控诉的,真好。阅读,就是要把文字背后的东西读出来。来分享一下你的发现吧!没错,这就是事实,母鸡欺负比自己忠厚的鸭子,比自己弱小的母鸡,甚至还"下毒手",咬下"一撮毛"来,这就是欺软怕硬。我们一起凶巴巴地、恶狠狠地来读一读这个句子。读得可真好,老师已经感到有点害怕了呢!

还有最后一条控诉,请琪琪来读一读你的依据吧!是啊,真是爱"居功炫耀"。(板书:居功炫耀)不过,老师想问聋人真的听见了吗?哦,显然是没有的。作者运用了夸张的修辞手法来写母鸡的声音之大,真令人讨厌!咱们再夸张地读读这句。

(五)小结课文,留下悬念

可是,现在我改变了心思,我看见一只孵出一群小雏鸡的母鸡。这句话是课文第4自然段,这是一个过渡段,它有承上启下的作用。(手指板书)前文写的都是老舍"一向讨厌"母鸡,后文写的就是"不敢再讨厌"母鸡了。

老舍先生为什么会发生这样重大的转变?你能找到相关的句子读一读吗?你来说。

哦,你关注了第9自然段,是因为母鸡负责,慈爱,勇敢,辛苦。(板书:负责 慈爱 勇敢 辛苦)

没想到前面的叫声难听、欺软怕硬、居功炫耀,现在变成了负责,慈爱,勇敢,辛苦。这是怎么回事呢?是呀,因为它成了一位鸡母亲。(板书:母亲)一个母亲必定就是一位英雄。下节课我们继续认识母鸡的另一面。下课!

通过板书,梳理课文两个部分的矛盾冲突点,留下悬念,让学生对下节课有所期待。

四、板书设计

《母鸡》板书设计1,如图14-3所示。

14 母 鸡

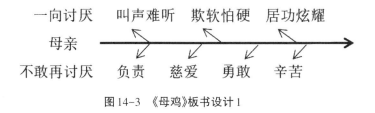

图 14-3　《母鸡》板书设计 1

第二课时　试讲时间:10 分钟

一、试讲目标

(1)有感情地朗读课文,体会"我"对母鸡的态度前后变化的原因。

(2)重点感受母鸡作为一个母亲的形象,体会母爱的伟大。

(3)比较《母鸡》和《猫》在写法上的特点。

二、试讲流程

(一)回顾旧知,导入新课

同学们,通过上节课的学习,我们已经整体感知了课文的内容。老师要先考考同学们,看哪个同学把上节课学到的内容深深记在脑子里了。

请问课文主要写了作者对于母鸡的哪两种截然不同的感情呢? 你反应最快,请你先来。是的,一向讨厌和不敢再讨厌,跟着老师一起板书。(板书:一向讨厌　不敢再讨厌)

作者讨厌母鸡什么? 你坐得最端正,请你来说说。是的,作者讨厌母鸡的叫声难听、欺软怕硬、爱居功炫耀,上节课你一定很专注。伸出手跟着老师板书。(板书:叫声难听　欺软怕硬　居功炫耀)

作者为什么不敢再讨厌母鸡? 你来说说。是的,母鸡负责,慈爱,勇敢,辛苦,咱们一块儿写。(板书:负责　慈爱　勇敢　辛苦)

此环节意在回顾上节课所学内容,唤醒学生旧知,使学生学习不脱节。但本环节要写的板书多且集中,会显得较为枯燥,建议改为板贴形式节省时间。

（二）小组合作，品读母爱

1.合作学习

上节课我们通过前3个自然段的学习，感受了母鸡令人讨厌的形象。这节课，我们走进后半部分的学习。同学们，老舍先生的用词是很严谨的，他写母鸡"负责，慈爱，勇敢，辛苦"，母鸡真的就是这样，请你到文中找出相关语句，体会母鸡的品质。

这个学习任务，我们通过小组合作的形式来完成。小组合作要求，请你读：①自主读，找到相关语句做上批注；②组内成员分享交流；③小组派代表汇总分享。

开始。时间到。

2.小组分享

（1）请你们小组来分享。你们小组找到了这个句子：

不论是在院里，还是在院外，它总是挺着脖儿，表示出世界上并没有什么可怕的东西。

这句话中，老师把几个词语隐藏了，请你对比着读读。"不论""还是""总是"能去掉吗？是呀，不能。这些词说明母鸡不论何时何地，时刻警戒着。你仿佛看见了一只（示意生答）——负责的母鸡。让我们一起读读。

（2）请你们小组继续分享。你们还找到了这句话，让我们聚焦到这一句，读：（伸手示意屏幕，师有感情地读）

一只鸟儿飞过，或是什么东西响了一声，它立刻警戒起来：歪着头听；挺着身儿预备作战；看看前，看看后，咕咕地警告鸡雏要马上集合到它身边来。

当一只鸟儿飞过，母鸡是怎样做的？请你圈出词语。请你来分享。你圈出了"立刻警戒""歪着头儿听""挺着身儿""看看前，看看后""咕咕地警告"。老师把它们都标红了，（伸手示意屏幕）你发现这些词都是？都是动作。让我们一边做做动作，一边读读。你仿佛看到一只怎样的母鸡？一只负责的、勇敢的母鸡。

这只母鸡"咕咕地警告"，它可能会说什么？靠窗的女孩子请你。哦，它可能在说："快过来！危险，到妈妈怀里来！"说得真有感

此环节以小组合作形式展开，任务分工明确，有利于学生自主学习能力的提升。《义务教育课程标准（2022年版）》指出：学生是学习的真正主人，是学习和发展的主体。以学生为主体的课堂教学实质就是强调自主、合作、探究，以学生的"学"为中心，为主线，教师围绕"学"而教，课堂以"学"来组织。

情,老师仿佛听见了鸡妈妈急切的呼唤。前文的母鸡,叫声是(示意生答)——难听的、令人讨厌的。现在你觉得它的叫声?是啊,充满母爱。

(3)感谢上一小组的精彩分享,请你们小组来补充。你们小组找到了第8自然段。在夜间若有什么动静,它便放声啼叫,顶尖锐,顶凄惨,无论多么贪睡的人都得起来看看,是不是有了黄鼠狼。你们小组从两个"顶"字和"无论多么贪睡""都得起来"中体会到了母鸡的辛苦、负责。你们可真会抓住关键词语来品读。

(三)拓展延伸,升华主题

1.体会情感

像这样的句子还有很多很多,作者的字里行间,无不隐藏着他对母鸡的感情。你觉得作者老舍对母鸡是怎样的情感?喜爱。

仅仅是喜爱吗?请看,作者说"我不敢再讨厌母鸡了",能否改为"我不再讨厌母鸡了"?为什么不能?你读出了什么?是呀,作者对母鸡不仅仅是喜爱,更是充满了崇敬之心。(板书:崇敬)

原先的母鸡叫声难听、欺软怕硬,还爱居功炫耀,现在的母鸡负责、慈爱、勇敢、辛苦,这样的变化全是因为什么?是的,这全是因为这只母鸡成了一位鸡母亲。一个母亲必定就是一位英雄。老舍先生为什么这样说?他要写的仅仅是鸡母亲吗?请看资料,老舍先生的另一篇作品《我的母亲》。

是啊,老舍先生其实不仅仅是写鸡母亲,他想夸赞的是全天下的母亲,特别是那给了他生命,不辞辛苦、无怨无悔地为了家庭付出一切的母亲。

2.联系生活

此时此刻,你想对自己的母亲说些什么?你特别想说,请你来。你想对妈妈说:"妈妈,您白天辛苦工作,晚上要照顾我和妹妹,您辛苦了。"你是一个懂感恩的孩子。你也想说,请你分享。你想对妈妈说:"妈妈,您又上班又要照顾我们家,您辛苦了,以后家务活我帮您干!"你真是一个勤劳懂事的孩子。请最后一排的男孩子说。你想对妈妈说:"妈妈,您太操劳了,您是世界上最伟大的妈

通过抓住"不敢"这个词,引导学生深入体会老舍先生对母鸡的敬佩之情,再拓展老舍先生的《我的母亲》,将鸡母亲形象转化为人类母亲形象,并迁移至自己的母亲身上。从文本到抽象再到具象,环环相扣。既让学生通过文本学习,感知了母亲的伟大与辛苦,学会感恩母亲,又通过对自己母亲的感恩,加深了对文本的理解。

妈,我爱您!"你真是一个会表达爱的孩子。

3.指导朗读

让我们带着对母爱的崇敬,再读第9自然段。

它负责,慈爱,勇敢,辛苦,因为它有了一群鸡雏。它伟大,因为它是鸡母亲。一个母亲必定就是一位英雄。

(四)学习写法,尝试运用

1.比较写法

《猫》和《母鸡》都是老舍先生的作品。比一比,你觉得这两篇课文在表达上有哪些相同和不同之处?是的,它们都是老舍先生写的,它们都是描写动物,都表达了作者对动物的感情。段落都是按总分的结构写的。同学们真会观察!你有补充,请你。是呀,它们的写法不同。《猫》的写法是明贬实褒,而《母鸡》呢?老师听到不少同学说"前后对比"。没错,是对比的写法。(板书:对比)

(手指板书)我们来看,作者在写这篇文章时,明明想要赞扬母鸡负责、慈爱、勇敢、辛苦,却先写它的叫声难听、欺软怕硬、爱居功炫耀,把它写得这么令人讨厌。像作者这样,为了赞扬、肯定某人或某种事物,先贬低、否定它的写法,就是对比写法的其中一种,叫"先抑后扬"。(板书:先抑后扬)

2.尝试练笔

请你拿出作文纸,试着用上这种写作方式,写一写自己喜欢的小动物。一会儿我们一起来点评。评星要求请你读:①描写一种动物,写清对动物的感情,+1☆。②用上先抑后扬的写法,+2☆。

开始。时间到。老师把这篇小练笔投到屏幕上了,大家一起来点评。请你来说说。你觉得应该给他四星,为什么呀?哦,因为他不仅用上先抑后扬的写法,写出了对小狗的喜爱,而且写得又工整又通顺。你真是会赞美别人的孩子,感谢你的点评。

请同学们课后同桌之间再互相读一读,评一评,体会先抑后扬这种写法的好处。下课!

本单元习作目标为写自己喜欢的动物,试着写出特点。在学习了语言大师的优秀写作方法后,进行练笔运用是有必要的。但本课时内容较多,如果时间不充裕,可以将练笔的要求在课上讲明,将练笔安排为课后作业。

三、板书设计

《母鸡》板书设计2，如图14-4所示。

14 母 鸡

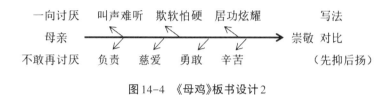

图14-4 《母鸡》板书设计2

参考文献

[1]方贤忠.教师专业发展的4项基本技能:备课、说课、观课、评课[M].上海:华东师范大学出版社,2013.

[2]曹爱卫.小学语文说课指导[M].南昌:江西教育出版社,2022.

[3]雷玲.听名师讲课:语文卷[M].2版.上海:华东师范大学出版社,2016.

[4]吴忠豪.语文到底教什么[M].武汉:长江文艺出版社,2022.

[5]浙江省教育厅教研室.浙江省学科教学关键问题研究丛书:小学语文[M].杭州:浙江教育出版社,2021.

[6]王崧舟.崧舟细讲文本:小学语文教材文本解读与教学设计[M].武汉:长江文艺出版社,2021.

[7]中华人民共和国教育部.义务教育语文课程标准[S].北京:北京师范大学出版社,2022.

[8]人民教育出版社课程教材研究所小学语文课程教材研究开发中心.义务教育教科书教师教学用书[M].北京:人民教育出版社,2019.

[9]吴忠豪,薛法根.小学语文名师文本教学解读及教学活动设计[M].上海:上海教育出版社,2019.

[10]余琴.浙江小学语文最新课例精选[M].上海:文汇出版社,2020.

[11]史春妍.感受祖先的智慧 讲好古老的传说:二下《黄帝的传说》(第一课时)教学实录[J].小学教学设计·语文,2023(6).

[12]徐佳.体验中学习 感悟中继承[J].小学教学设计·语文,2022(12).

[13]魏蓓.统编教材预测策略单元教学现状与对策[J].小学语文教师,2022(1).

[14]浙江省教育厅教研室.义务教育教材语文作业本[M].杭州:浙江教育出版社,2022.

后　记

恍恍惚惚间,参加工作已经有33个年头了。

于是,单纯地想,我是不是可以写一本书?算是对自己从事小学语文教学工作的总结与回顾。一个人走着,总要留下脚印吧!

突然,大门被敲响了,是我的学员们相约一起来看我,他们给我送上鲜花和水果,一张卡片上这样写道:"一定是上天安排的,让我遇见了您!在我35周岁之前,终于成了一名有编制的教师。未来我会牢记您的教诲,脚踏实地,努力成为一名好老师!"

这样真诚的、喜悦的语言,这些年一直在我耳边回响。在别人需要的时候我能帮他们一把,正所谓"赠人玫瑰,手有余香",我很快乐,为他们,为自己。

于是,我有了决心和勇气,把这些年积累的经验整理出来,同时开始疯狂地查找有关试讲的文献资料,却发现相关资料少之又少,这更坚定了我要写书的决心,有些事,总要有人去做。

书,很实用,但有很多不够严谨的地方,欢迎大家批评指正。如果你看了此书,有一丝丝启发就是对我最大的鼓励;如果你不吝赐教,就是我最大的幸运。

年轻时,我总是对自己长得矮小很介意,我爸说:"长得矮好,你会不停找垫脚石。"于是我拼命读书,用书做我的垫脚石。结婚时,我介意自己的手小,手指短戴戒指不好看,我爸又说:"手小好,不会想着一手遮天。"于是我遇事认真,追求理性。

现在,我不再年轻,爸爸也老了。我很感谢他,到现在我还没糊涂。

此书能顺利出版,我还要感谢很多人,《小学教学设计》土冬精主编,像大哥一样给我诸多建议,王琦、俞红燕、刘晓芬、陆智强、蒋燕苏、陈立、金晓思、刘少萍、金春燕、陈佳佳、沈佳慧、白植烽、黄秀平、方璇、李欢、蔡熠雯、宋睿琳、桂双、李扬等老师帮助我整理资料,特别是儿媳郑琰的鼎力相助,编辑厉勇的认真细致,还有我的学员、家人的支持,在此一并感谢。

王　瑛

2023年8月于保元泽第